곽선희 목사 설교집
34

주도적 신앙의 본질

곽선희 지음

계몽문화사

머 리 말

　'복음은 들음에서' — 이는 진리이며 우리의 경험입니다. 하나님께서 우리에게 주신 복 가운데 가장 큰 복은 말씀을 주신 것입니다. '말씀이 육신을 입어서 오신 것'입니다. 말씀을 주셨고 들을 수 있게 하셨고 마음문을 열고 받아 믿게 하신 것, 참 놀라운 은혜입니다.

　말씀은 단순한 지식이 아닙니다. 추상적인 이론이 아닙니다. 말씀은 선포되는 하나님의 계시적 능력인 것입니다. 말씀의 권능, 그 능력을 알고 체험하면서 비로소 '말씀 안에서 태어나는 생명적 기적'이 나타나게 됩니다. 오늘도 그 말씀이 증거되고 새롭게 선포되고 있습니다. 설교가 곧 말씀입니다. 성령의 역사와 함께 끊임없이 이루어지는 생명의 역사입니다. 이 선포되는 말씀, 증거되는 진리를 통하여 구원의 능력은 항상 새로워집니다. 말씀 안에서 새 생명이 탄생하고 말씀 안에서 영혼이 소생하며, 그 큰 능력 안에서 우리는 강건해집니다. 우상을 이기는 능력의 사람으로 성장해가는 신비롭고 놀라운 사건을 강단에서 늘 경험하고 있습니다.

　여기에 또다시 설교말씀을 모아 책자로 내어놓습니다. 소망교회 강단을 통하여 하나님께서 우리에게 주신 말씀입니다. 이제 그 말씀을 책자로 엮어 내어놓음으로써 우리가 시간과 공간을 초월하여 개별적으로 하나님을 만나게 되는 '말씀의 역사'에 귀중한 방편이 되고자 합니다. 책자라는 그릇에 담긴 이 말씀들은 읽는 자의 마음 안에서 또다른 '말씀의 신비한 기적'을 낳게 되리라 확신합니다.

　한 시간 한 시간의 설교를 위하여 간절히 기도해주신 소망교회 성도들과 이 책자를 출간하기까지 수고해주신 여러분께 진심으로 감사를 드립니다. 그리고 또다시 영광을 오직 하나님께 돌리면서……

곽선희

차 례

머리말 —— 3
이 일을 다시 생각하라(사 46: 8-13) —— 8
믿음이 없는 세대(막 9: 14-24) —— 19
선행에 있어 낙심하지 말라(갈 6: 6-10) —— 30
저 안식에 들어가기를 힘쓰라(히 4: 4-11) —— 41
영생하는 샘물이 되리라(요 4: 6-19) —— 53
평강으로 지키시리라(사 26: 1-7) —— 64
양 한 마리의 의미(눅 15: 1-7) —— 73
참자유함이 있는 곳(고후 3: 12-18) —— 85
큰 구원을 아는 사람들(창 45: 1-8) —— 94
첫사랑을 잃은 인간상(계 2: 1-7) —— 104
좁은문으로 들어가라(눅 13: 22-30) —— 114
내 말을 네 마음에 두라(잠 4: 1-9) —— 125
주도적 신앙의 본질(눅 13: 6-9) —— 135

내일을 기다리라(수 7: 6-13) ——— 146
온전한 구원의 속성(빌 2: 12-18) ——— 156
보내심받은 자의 실체(마 10: 16-22) ——— 168
모세의 불신앙(민 20: 7-13) ——— 178
하나되게 하신 것을 지키라(엡 4: 1-8) ——— 190
개혁신앙의 용기(갈 1: 6-12) ——— 201
정직함을 찾은 자의 고백(시 32: 1-7) ——— 212
한 경기자의 윤리(고전 9: 22-27) ——— 222
이 사람의 감사(눅 19: 1-10) ——— 232
여기 있는 것이 좋습니다(막 9: 1-8) ——— 243
선행을 배우라(사 1: 10-17) ——— 253
받은바 은사의 확증(롬 8: 31-39) ——— 264
나는 섬기려 왔노라(마 20: 24-28) ——— 274
주의 길을 예비하라(사 40: 1-5) ——— 285

곽선희 목사
장로회 신학대학 졸업
프린스턴 신학석사
풀러신학 선교신학박사
인천제일교회 목사
장로회 신학대학 교수 역임
숭의여자전문대학 학장 역임
서울장로회신학교 교장 역임
소망교회 목사

곽선희 목사 설교집 제34권
주도적 신앙의 본질

인쇄 · 2003년 7월 25일
발행 · 2003년 7월 30일
지은이 · 곽선희
펴낸이 · 김종호
펴낸곳 · 계몽문화사
등록일 · 1993년 10월 11일
등록번호 · 제16—765호
전화 · (02)917-0656
정가 · 13,000원
총판 · 비전북 / (031)907-3927
ISBN 89-89628-08-3 03230

* 잘못 만들어진 책은 바꾸어 드립니다.

주도적 신앙의 본질

이 일을 다시 생각하라

너희 패역한 자들아 이 일을 기억하고 장부가 되라 이 일을 다시 생각하라 너희는 옛적 일을 기억하라 나는 하나님이라 나 외에 다른 이가 없느니라 나는 하나님이라 나 같은 이가 없느니라 내가 종말을 처음부터 고하며 아직 이루지 아니한 일을 옛적부터 보이고 이르기를 나의 모략이 설 것이니 내가 나의 모든 기뻐하는 것을 이루리라 하였노라 내가 동방에서 독수리를 부르며 먼 나라에서 나의 모략을 이룰 사람을 부를 것이라 내가 말하였은즉 정녕 이룰 것이요 경영하였은즉 정녕 행하리라 마음이 완악하여 의에서 멀리 떠난 너희여 나를 들으라 내가 나의 의를 가깝게 할 것인즉 상거가 멀지 아니하니 나의 구원이 지체치 아니할 것이라 내가 나의 영광인 이스라엘을 위하여 구원을 시온에 베풀리라

(이사야 46 : 8 - 13)

이 일을 다시 생각하라

그리스의 신화 가운데 이런 이야기가 있습니다. 한 여인이 스틱스강에 와서 영원한 나라로 건너가기 위해 기다리고 있습니다. 뱃사공이 말을 했습니다. "강을 건너가는 데는 한 가지 조건이 있습니다. 그것은 선택의 문제인데, 레테호수의 물을 마시고 갈 것인지 마시지 않고 갈 것인지 그것은 당신이 결정을 해야 됩니다." 이 여인은 물었습니다. "그 물을 마시면 어떻게 되는데요?" "이 물을 마시면 지난날의 괴로웠던 모든 일을 까맣게 잊어버리게 됩니다." 이 여인은 눈을 반짝거리면서 대답하기를 "그렇게 좋은 물이라면 제게 주세요. 마시겠습니다." 뱃사공은 여기에 한마디 덧붙였습니다. "하지만 괴로웠던 일을 잊어버리는 동시에 좋았던 일도 함께 잊어버리게 됩니다. 미워했던 일도 잊어버리고 또 사랑했던 일도 잊어버리고, 성공했던 일도, 실패했던 일도, 슬픈 일, 고통스러운 일, 그리고 행복했던 추억도 다 잊어버리게 될 것입니다." 이 여인은 고민에 빠졌습니다.

이사야 43장 18절에 보면 "이전 일을 기억하지 말며 옛적 일을 생각하지 말라"고 확실하게 가르치십니다. 이제 불과 석 장을 넘긴 46장, 오늘의 말씀 8절에서는 "이 일을 다시 생각하라"하시고 9절에서는 "옛적 일을 기억하라" 말씀하십니다. "잊어버리라"하시더니 이제는 "생각하라" 말씀하십니다. 이제 선택은 내가 하여야 됩니다. 저는 마음아픈 일을 한번 겪었습니다. 1963년 어느 주일날, 미국 뉴저지에 있는 Morisplain Presbyterian Church라고 하는 교회에 가서 설교를 하게 되었습니다. 영어로, 좀 서툰 영어로 어쨌든 설교를 하였는데 예배끝에 몇사람이 모여앉아 차를 나누면서 담소하게 되었습니다. 나이많은 할머니가 한국에서 온 목사, 당신에게 내가 한마디 질문을 하겠소, 하더니 정색을 하고 담담한 목소리로 제게 묻습니다. "당신네 민족끼리 싸우는 전쟁에 왜 우리나라 청년들이 가서 죽어야 하나요?" 알고보니 그 할머니의 손자가 우리 한국전쟁에서 전사하였다고 합니다. 저는 할말을 잃었습니다. 우리민족끼리 싸우는데 왜 미국청년이 와서 죽어야 했는가—설명하려들면 복잡하지만 이 할머니에게는 뭐라고 설명을 할 수가 없었습니다. 마음이 아팠습니다. 여러분, 1950년 6월 25일, 그날도 바로 오늘같이 주일이었습니다. 주일날 전쟁이 터졌습니다. 군인들과 공무원들이 쉬고 있는 그날, 휴가가고 없는 그날 전쟁은 터졌습니다. 이렇게 일어난 전쟁으로 사상자가 무려 520만, 이산가족이 1000만, 유엔군만도 15만 명이 이땅에서 죽었습니다. 여러분, 이것을 잊어서는 안됩니다. 전쟁은 죄악입니다. 이유야 어쨌든 전쟁은 막아야 합니다. 전쟁은 없어야 합니다. 전쟁은 변명의 여지 없는 죄악입니다. 6·25전쟁, 그것은 승자도 패자도 없는 전쟁이었습니다. 전쟁은 언제나 죄악이 그 뿌리요, 언제나 실수로 이루어지는 것입니다. 이러한 결과가 있을 것이라고 생각했으면 누구도 전쟁을 일으키지 않습니다. 역사적으로 모든 전쟁은 인간의 욕심과 죄와 그리고 오판으로 이루어진 것입니다. 실수로 이루어진 것입니다. 우리는 그것이 왜 있었는지, 그 결과가 무엇인지, 그 깊은 곳에 무슨 의미가 있는지, 이것을 잊어서는 안됩니다. 절대로 잊어서는 안됩니다. 독일에 바이츠체커라고 하는 대통령이 있었습니다. 1985년, 제2차세계대전 패전 40주년 기념식에서 그는 이렇게 말하고 있습니다. "과거에 대하여 눈을 감는 자는 현재에도 눈이 멀게 됩니다." 깊이 새겨들을 말입니다. 전쟁은 인간의 실수에서 이루어졌습니다. 그러나 하나님께서는 당신의 뜻을 그 전쟁 속에서 이루어가고 계십니다. 여러분, 과거에 매이면 미래가 없습니다. 그러나 과거를 잊으면 같은 일을 반복하게 됩니다. 그 과거에서 벗어나지 못합니다. 저는 얼마전에 베트남전 휴전 25년을 기념하는 베트남사람들의 행사를 「타임」지를 통하여 보았습니다. 베트남 아가씨가 하나, 조그마한 오토바이를 타고 웃음이 만면한 채 거리를 질주하는 모습이 커버에 실렸습니다. 아름다워보였습니다. 내막은 이렇습니다. 베트남사람들이 그 전쟁을 통해서 얼마나 많은 희생을 치렀습니까. 사이공은 남녀 인구비례가 1대 7이었습니다. 남자가 거의 다 죽고 없는 것입니다. 여자밖에 없다할 정도였습니다. 이렇게까지 어려운 일을 겪었는데도 과거를 잊었다고, 과거로부터 벗어났다고, 과거에 매이지 않았기에 오늘의 베트남을 일구어냈다고들 합니다. 그렇습니다. 뼈아픈 과거가 있었습니다. 그것을 잊어서는 안됩니다. 그러나 거기에 매이지는 말아야 하는 것입니다. 그래서 그들은 종래에 원수였던 미국사람들과 친하고, 우리나라사람들도 가서 싸웠는데 한국하고도 친하고, 이러면서 미래를 향하여 나가는 것을 봅니다. 퍽이나 부럽게 느껴졌습니다. 여러분, 과거를 잊어서는 안됩니다. 가난했던 때 잊어서는 안됩니다. 내가 병들었던 때 잊어서는 안됩니다. 내가 실패해서 낙심하고 미래가 캄캄하게 보이던 그때를 잊어서는 안됩니다. 사실은 사람에게 있어서 경험한 것만 내 지식으로 남는 것입니다. 건망증환자에게는 경험이 없습니다. 우리가 과거에 경험한 것, 뼈아프게 경험한 것, 엄청난 값을 지불하고 깨달은 것, 이것 잊어서는 안됩니다. 미국의 달렌바하라고 하는 분이 낸 통계에 의하면 사람은 그 기억이 시간과 함께, 시간이 경과하면서 착오가 생기고 그 정확성이 점점 떨어져나간다고 합니다. 사건직후에도 사실은 똑바로 기억하는 것같아도 10%내지 15%밖에는 기억하지 못하다가 한 달이 지나가면 벌써 22%를 잊어버리게 된다고 합니다. 그리고 착오가 생기고, 1년이 지나가면 50%가 벌써 착오에 빠지는 것입니다. 사건에 대한 이해가 엉뚱한 방향으로 가고 있는 것입니다. 그것이 인간이다, 하였습니다. 사실이 그런 것같습니다. 여러분, 사건이 있으면 원인을 알아야 됩니다. 그 사건 속에 하나님의 역사가 있음을 확실하게 깨닫고 그것 또한 잊어서는 안될 것입니다.

    6·25전쟁—깊이 생각해봅시다. 얼마전에 남북이 정상회담을 가졌습니다. 저는 그 정상회담 장면을 TV로 유심히 보면서 마음이 아팠습니다. 저 앞에 걸려 있는 글을 보니 "조선은 하나다"하였습니다. 그래서 「타임」지에서는 이렇게 말하고 있습니다. '빅 쇼가 평양에 있었다. 스포트라이트는 도난당했다.' 평양회담의 주역이 김대통령인데 어느 사이에 조역이 되고 김정일씨가 주역이 되었다, 스포트라이트는 도난당했다, 이것입니다. 엉뚱한 쇼가 되고 말았습니다. 여러분, 다시한번 생각해봅시다. 손에 손을 잡고 "우리의 소원은 통일…" 노래를 부릅니다. 그러나 한 사람은 '주체적' 방법으로 통일할 때가 왔다고 뉴스에 발표하면서 공산주의통일을 생각하며 노래를 부르고 한쪽에서는 이렇다할 약속도 없는데 일방적으로 자유의 통일이 오는 줄로 착각하고 노래부르고 있습니다. 이런 쇼가 어디에 있습니까, 도대체. 완전히 동상이몽(同床異夢)입니다. 여러분, 자세히 보십시오. 역사를 똑바로 보십시오. 이것을 알아야 합니다. '온민족의 사회주의주체사상화, 온나라의 공산주의화'라고 하는 이 이데올

로기는 변하지 않았을 뿐만 아니라 변할 수도 없습니다. 여러분 6·25 전쟁이 우리에게는 '전쟁' 입니다. 그러나 북한에서 이르는 말은 '해방전' 입니다. 절대로 '전쟁' 이라고 말하지 않습니다. 국토통일을 위한 해방전, 민족통일을 위한 해방전이라는 것입니다, 지금도. 왜? 저들은 생각합니다. '미제국주의' 라고 하는 외세 때문에 남한사람들이 지금 노예처럼 고생을 하고 있다, 해방하자, 지성인들과 자본주들 때문에, 이 지배계급 때문에 남한에 있는 인민들은 지금 얼마나 고생을 하고 있느냐, 해방하자—해방전입니다. 오늘도 마찬가지입니다. 그 뜻을 분명히 알아야 합니다. 우리는 이 6·25전쟁을 통해서 중요한 것을 배웠습니다. 전에 듣도보도 못했던 말이 있습니다. 이념이라고 하는 것, 이데올로기, 이것이 그렇듯 무서운 줄 몰랐습니다. 이념이 사람을 이렇게 바꾸는 줄 몰랐습니다. 세상이 이렇게 달라지는 줄 몰랐습니다. 이념이 도대체 무엇입니까. 우리는 그저 가정이요, 화평이요, 사랑이요, 민족이요, 통일이요… 그러면 되는 줄 알았지 이념이라고 하는 이것이 이렇게 무서운 줄은 몰랐습니다. 다른 사람 아닌, 우리가 존경하는 김구 선생도 "아, 민족이면 그만이지 이념은 무슨 이념이냐"하고 주위의 만류도 뿌리치고 가서 김일성씨를 만났는데, 만나보고는 깜짝놀랐지 않습니까. 이념이 그렇게나 무서운 것인 줄 몰랐거든요. 우리는 우리가 일본사람들손아귀에 있을 때, 독립을 위해서 애쓴 우리네조상들을 압니다. 각 나라에서, 특별히 중국에서 독립을 위하여 얼마나 애썼습니까. 독립운동가들의 그런 수고를 우리가 압니다. 그러나 오로지 독립, 오로지 통일만 생각했지 여기에 이데올로기가 있다는 것을 몰랐습니다. 공산주의자들과도 함께 독립운동을 하였습니다. 그런데 해방이 딱 되고보니 새정신이 드는 것입니다. 마침내 다같이 속았습니다. 문제입니다. 민족 위에 이념이 있습니다. 이념이 사람을 이렇게 만듭니다. 아버지가 아들을 죽이고, 아들이 아버지를 죽이고… 누구도 서로 믿을 수가 없고… 얼마나 무서운 세상인지. 이 이념에 한번 탁 걸려들면 사람이 그렇게 악해질 수가 없습니다. 그렇게 달라질 수가 없습니다. 원래 이념이라는 것은, 공산주의이론, 그 철학을 다 말씀할 수는 없지마는, 생존경쟁적이고 유물사관적 철학이지마는, 변증법적 유물론입니다. 'The end justifies the means' ― 결과가 방법을 정당화한다, 이것입니다. 소위 이상적인 사회, 프롤레타리아 독재, 아름다운 세상을 이루기 위해, 평등한 세상을 이루기 위해서라면 수단과 방법은 문제가 안된다, 하는 것이 철학입니다. 결국은 엄청난 희생을 불러왔습니다. 무자비합니다. 이렇게 사람이 달라질 수가 없습니다. 어제의 친구가 오늘은 전혀 딴사람으로 나타납니다. 이게 이념입니다. 이념이 얼마나 무서운지를 우리는 6·25전쟁을 통해서 비로소 경험하였습니다.

또한 전쟁은 해방이 아니라는 것을 우리는 알았습니다. 전쟁이란 승자도 없고 패자도 없습니다. 그 결과로 사람들의 마음은 얼마나 사악해지는지 모릅니다. 생각이 얼마나 잘못돼나가는지, 인간성이 파괴되는 것을 보았습니다. 전쟁은 절대로 문제의 해결이 아니라는 것을 알았습니다. 파괴는 수복이 아닙니다. 저 북쪽에서는 해방전, 남쪽에서는 수복전. 그런데 북쪽으로 밀고올라가면서 많은 희생을 치렀고, 중공군의 개입으로 후퇴하면서 함포로, 비행기로 그냥 폭격을 해버렸습니다. 그 당시에 찍어놓은 사진들을 북한에 가면 보여줍니다. 보면 기가 막힙니다. 완전히 초토화해버렸습니다. 이렇게 된 것을 보면서 저들은 여기서 한이 맺힌 것입니다. 거기서 몽땅 죽었고 그 죽은 자들의 아이들이 오늘와서 지도자들이 된 것입니다. 실제로 그럽디다. "우리는 아버지도 어머니도 없습니다. 어버이수령님뿐입니다." 왜요? 전쟁고아거든요. 고아원에서 키워가지고 오늘의 정치가를 만든 것입니다. "우리는 한이 맺혀 있어요. 남한을 적화통일하기 전에는 절대로 우리는 평안할 수가 없습니다. 그래서 무력을 키우고, 그래서 전쟁준비를 하고, 장군님이 말씀만 하시면 하루 아침에 남쪽은 불바다로 만듭니다." 제가 수없이 들은 말입니다. 그렇게 해놓고 오늘까지 왔습니다. 왜? 과거를 잊지 못해서입니다. 누가 전쟁을?―이유야 어쨌든 그것은 상관하지 않습니다. 이걸 누가 해결할 수 있겠습니까. 그런고로 전쟁도 해결의 길이 아니요 수복의 길도 해결의 길이 아닌 것입니다. 특별히 혁명은 평화의 길이 아닙니다. 혁명 아무리 해도 소용없습니다. 파업이다, 혁명이다, 마지막에는 지난 데를 보십시오. 남는 것이 뭡니까. 재밖에 없습니다. 사람만 못쓰게 되고요. 혁명은 절대로 평화의 길이 아닙니다. 문제를 해결하는 길이 아닙니다. 결국은 공산주의종주국인 러시아도 중국도 저렇게 아주 어려움을 겪지 않습니까.

더 소중한 것이 있습니다. 자유는 거저 주어지는 것이 아니라는 사실입니다. 우리는 이만큼의 자유를 누리고 있으나 지금 북녘땅에는 자유가 없습니다. 말문이 막힐 정도입니다. 남쪽에는 차가 많다, 우리집에도 차가 몇대 있고… 그랬더니 그분들이 웃습디다. "그 차 타고 어딜 다닙니까?" 다녀본 일도 없고 다닐 일도 없거든요. 자유가 없습니다. 우리가 누리는 이 자유가, 엄청난 이 자유가 거기에는 없습니다. 이 자유가 공짜로 주어진 것입니까. 이를 위하여 얼마나 많은 희생이 있었습니까. 얼마나 많은 사람이 죽었습니까. 그리하여 오늘의 이 자유를 우리는 누리고 있는 것입니다. 자유는 값비싼 것입니다. 그 소중함을 모르면 안됩니다. 이것을 모르는 사람은 자유할 자격이 없습니다. 거저 주어지는 것이 아닙니다.

뿐만아니라 무서운 전쟁의 재난 속에도 하나님의 은총이 함께하였다는 것을 우리는 역력히 보았습니다. 하나님의 은총이 함께하였다는 것, 결코 잊어서는 안됩니다. 우리가 저 낙동강까지 밀려갔을 때, 그대로 함락당하고 통일되고마는 것이지요, 사실이야. 그런데 UN군이 개입함으로써 우리를 이만큼 지켜주었습니다. UN군이 어떻게 파송되었습니까. 그 과정을 보면, 도저히 있을 수 없는 일이 터진 것입니다. UN안전보장이사회에서 군대를 파송하게 되는 것인데 그 몇 안되는 회원국 중에 소련이 있어 거부권을 가지고 있었습니다. 결정은 민주주의적으로 되는 것이 아닙니다. 한 사람만 거부권행사를 해도 일이 틀어집니다. 그런데 거부권을 가진 소련대표 몰로토프 외상이 그날따라 안전보장이사회에 참석을 하지 않았습니다. 왜? 중국이 공산화하면서 모택동이 일어났을 때, 모택동정부를 미국이 인정하지 않고 장계석만 밀어주고 있거든요. 여기에 화가 나서 "나 그러는 미국인들 모이는 데 안가!"하고 불참한 것입니다. 그때에 UN군 한국참전이 결정된 것입니다. 소련으로 보아서는 이것이 역사적인 실수였습니다. 우리로 보아서는 오로지 하나님의 은총이었습니다. 있을 수 없는 결정이 이루어진 것입니다. 유엔군 파송이라는 것은 세계역사상 두 번 있었지마는 다 별로 시원치 않았습니다. 오로지 한국에 파송한 UN군, 그것만 성공케이스로 남아 있습니다. 16개국 UN군대가 와서 우리를 보호해줌으로써 오늘의 자유를 지켜보게 되었습니다. 이의 소중함을 알아야 합니다. 거저 주어진 것이 아니라 하나님의 은총이 있었음입니다.

그뿐입니까. 그리스도의 사랑이 있었습니다. 온 인류역사에 이렇게 고난당할 때 그렇듯 많은 구호물자가 보내어진 역사가 없습니다. 지금 어느 나라에서 이렇게 어렵고 저렇게 어렵다 하지마는 아무리 모아도 그만한 구호물자가 모여지지를 않습니다. 그런데 우리나라 전쟁 때는 온세계가 들러붙어서 구호물자를 보내주었습니다. 보십시오. 이 가운데 연세있는 분들, 구호물자옷 안입어본 사람 있습니까. 구호물자 안먹고 산 사람 있습니까. 밀가루 주고, 쌀 주고, 뭘 주고, 뭘 주고… 난생 먹어보지 못한 '안남미'도 주고. 그뿐입니까. 비타민도 주었습니다. 우리들 영양실조 걸릴까봐 배려해서입니다. 세계의 얼마나 많은 사람들이 그리스도의 사랑으로, 오직 그리스도인들이 이렇게 도와주어서 우리는 살았고 자유를 지켜서 오늘에 온 것입니다.

여러분, 이것을 잊어서는 안됩니다. 같은 원인에는 같은 결과가 오는 법입니다. 전쟁을 막아야 됩니다. 오직 평화, 화해, 협력, 그리고 오직 자유—이것을 잊지 말아야 합니다. 오직 자유와 진리 그 속에서 하나님의 뜻을 이루어가야 하는 것입니다. 선한 목적에는 선한 방법이 있을 뿐입니다. 두 형제가 사막을 여행하는데 물이 없어서 죽을고생을 합니다. 고생고생끝에 겨우 물을 찾았습니다. 하도 감사해서 "우리가 죽을 뻔했다가 살았다"하고 "여기다 기념비를 세우자" 하였습니다. "죽을 뻔하다 살았노라." 형은 거기에다 자기이름을 써 가지고 비석을 세웠습니다. 동생은 "우리가 고생했던 곳이니 이 우물을 잘 파서 다른 사람들도 지나가다 마시고 살아갈 수 있도록 해주어야겠다"하고 우물을 잘 정리해놓았습니다, 자기기념으로. 그런데 몇년 후에 그곳에 가보니 기념비는 모래에 파묻혀 없어졌고 그 우물은 오아시스가 되어 사막을 여행하는 모든 사람들이 마시고 소생함을 얻고 있는 것입니다. 여러분, 우리는 50년 전 일을 기억합니다. 어떤 기념비를 세워야 하겠습니까. 우리가 겪은 소중한 경험을 통하여 얻은 것을 자손들에게 물려주면서 무엇이 진리인지, 무엇이 길인지, 무엇이 생명의 길이고 무엇이 자유의 길인지, 그 자유가 얼마나 소중한 것인지를 가르쳐주어야 하겠습니다. 오늘 하나님께서 말씀하십니다. "이 일을 생각하라. 옛적 일을 잊어버리지 말라." △

믿음이 없는 세대

　저희가 이에 제자들에게 와서 보니 큰 무리가 둘렀고 서기관들이 더불어 변론하더니 온 무리가 곧 예수를 보고 심히 놀라며 달려와 문안하거늘 예수께서 물으시되 너희가 무엇을 저희와 변론하느냐 무리 중에 하나가 대답하되 선생님 벙어리 귀신들린 내 아들을 선생님께 데려왔나이다 귀신이 어디서든지 저를 잡으면 거꾸러져 거품을 흘리며 이를 갈며 그리고 파리하여 가는지라 내가 선생의 제자들에게 내어쫓아 달라 하였으나 저희가 능히 하지 못하더이다 대답하여 가라사대 믿음이 없는 세대여 내가 얼마나 너희와 함께 있으며 얼마나 너희를 참으리요 그를 내게로 데려오라 하시매 이에 데리고 오니 귀신이 예수를 보고 곧 그 아이로 심히 경련을 일으키게 하는지라 저가 땅에 엎드러져 굴며 거품을 흘리더라 예수께서 그 아비에게 물으시되 언제부터 이렇게 되었느냐 하시니 가로되 어릴 때부터니이다 귀신이 저를 죽이려고 불과 물에 자주 던졌나이다 그러나 무엇을 하실 수 있거든 우리를 불쌍히 여기사 도와 주옵소서 예수께서 이르시되 할 수 있거든이 무슨 말이냐 믿는 자에게는 능치 못할 일이 없느니라 하시니 곧 그 아이의 아비가 소리를 질러 가로되 내가 믿나이다 나의 믿음 없는 것을 도와 주소서 하더라

(마가복음 9 : 14 - 24)

믿음이 없는 세대

요새와서 유달리 「논어(論語)」의 한 구절이 자주 생각납니다. 「논어」 안연(顔淵) 편에 보면 제자 자공(子貢)이 스승 공자에게 정치의 요령에 대하여 묻습니다. 이에 공자는 아주 간단 명료하게 대답하였습니다. '식량이 충족되고 군비가 충족되면 백성이 정부를 믿는다' 곧 '족식족병 민신지의(足食足兵 民信之矣)'라고 말하였습니다. 제자는 다시 물었습니다. '만일 나라의 정세가 부득이하여 세 가지 중에서 하나를 그만두어야 한다면 먼저 무엇을 버려야 하겠습니까?' '군비를 버려야 한다.' '만일 부득이해서 또 한 가지를 버려야 한다면 어느 것을 버려야 하겠습니까?' '식량을 버려야 한다.' 국방문제가 아무리 중요하다해도 그보다는 경제문제가 우선이라는 것입니다. 공자는 거기에다 이렇게 주를 달았습니다. '식량이 없다면 죽음을 면할 수 없겠지만 사람이란 한 번은 죽는 법이니까. 하지만 백성이 정부를 믿지 않는다면 나라가 서 있을 수 없다. 믿음이란 나라의 근본이다.' 백성의 믿음을 잃어버리면 국가와 정치는 무너진다는 것입니다. 여러분, 우리는 지금 어떻습니까. 믿을 수 있습니까. 제가 서글프게 생각하는 것이 바로 이 점입니다. 나라에서 무슨 소리를 해도 백성이 믿으려들지 않습니다. 오히려 믿는 것이 바보라고 생각합니다. 안믿는 것이 지혜라고 생각합니다. 아무리 다시 이야기하고 발표하고 성명을 내어도 안믿겠다는 것입니다. 콩으로 메주를 쑨다 해도 안믿기로 작심이라도 한 것같습니다. 그렇다면 이 나라는 어떻게 설 수 있는 것입니까. 프랜시스 후쿠야마(Francis Fukuyama)라고 하는 사람이 「TRUST」라고 하는 유명한 책을 썼습니다. 거기에 이런 말이 있습니다. '한 국가의 복지와 경쟁력은 하나의 지배적인 문화 특성, 즉 한 사회가 고유하게 지니고 있는 신뢰의 수준에 의해서 결정된다.' 한 나라가 설 수 있느냐 없느냐는 믿음에 달려 있다, 경제, 정치 같은 문제에 달려 있는 것이 아니라 문화 속에 깊이 자리잡은 신의, 얼마나 믿을 수 있느냐, 거기에 달렸다는 것입니다. 여러분, 무엇을 믿고 삽니까? 누구를 믿고 있습니까? 어느 정도 믿었다고 생각하십니까? 여러분 자신의 신의(信義) 지수는 얼마입니까? 내가 무슨 말을 할 때 내 자식이 믿어줍니까? 내가 내 가까운, 사랑하는 사람을 얼마나 믿고 있습니까? 내 자식을 얼마나 믿고 있습니까? 여러분의 마음속에 얼마만큼 믿음이 있다고 생각합니까? 공산주의의 특징이 바로 불신에 있습니다. 서로 믿지를 못하는 것입니다. 그래서 비밀경찰이라는 것이 있습니다. 무슨 말을 하고, 명령한 다음에 감시자를 세우고, 감시자 뒤에 또 감시자를 세우고… 공산주의세계에서는 아무도 못믿습니다. 아내도 못믿습니다. 자식도 못믿습니다. 아무도 못믿어서 능력이 없어졌고, 그래서 쇠잔하였고, 그래서 망한 것입니다. 비밀이 많습니다. 전부가 다 비밀입니다. 서로서로 믿지 못합니다. 오늘 이 현대사회의 가장 큰 특징의 하나가 '투명성' 이라는 것입니다. 이제 비밀은 없습니다. 무슨 비밀이든 그것이 지켜지리라고는 생각조차 하지 말아야 합니다. 투명성이 있고야 믿음이 있는 것입니다. 진실이 있을 때 거기에 믿음이 있습니다. 참이 있을 때 거기에 믿음이 있습니다. 중요한 것은 이것입니다. 믿음을 근거로 지식도, 능력도, 권력도 형성된다는 사실입니다.

  오늘본문에 보면 예수님께서 마치 한탄을 하시듯이, 탄식을 하시듯이 말씀하시는 것을 읽을 수 있습니다. "믿음이 없는 세대여 내가 얼마나 너희와 함께 있으며 얼마나 너희를 참으리요." 이 한 절의 말씀 속에 믿음이 무엇인지, 그 속성이 어떻게 이루어져 있는지가 아주 명료하게 나타나 있습니다. 예수님께서 세상에 오신 것은 믿음을 위해서입니다. 하나님께 대한 바른 믿음, 그 믿음을 주시려고 오셨습니다. 그리고, 믿음은 주어지는 것이요, 믿음은 지켜가는 것이요, 믿음은 키워가는 것이다, 내가 얼마나 참아야 되겠느냐, 얼마나 더 함께 있어야 너희가 믿음의 사람이 되겠느냐—이렇게 말씀하시면서 그 믿음이 무엇인가를 일깨워주십니다. 오늘본문은 예수님께서 변화산에 올라가시어 세 제자와 더불어 신비로운 체험 가운데 하룻밤 지내신 대목에 이어지는 말씀입니다. 그날밤에 아홉 제자는 산밑에 머물러 있었고, 잠을 잤던 것같습니다. 아침이 되면서 예수님을 만나뵐 사람들이 많이 모여드는데, 그 중에 특별히 벙어리귀신들린 아들을 둔 아버지가 있어 그 아들의 병을 고치기 위하여 사방으로 헤매던 끝에 예수님께 대한 소문을 듣고 왔습니다. 저는 여기서 한번 생각해봅니다. 예수님 만나뵈러 왔으니 제자들이 점잖게 '잠깐만 기다리시오. 예수님께서 산을 내려오실 때가 되었습니다. 잠시만 기다리고 있으면 뭐, 그까짓 귀신들린 것쯤 문제없이 고쳐주실 것입니다. 소망을 가지고 기다리시오' 하였더라면 얼마나 좋았을까 싶습니다. 그런데 이 제자들이 그렇지를 못했습니다. 바로 며칠전에 예수님의 명령을 받고 둘씩둘씩 다니면서 복음을 전하고 귀신을 내어쫓고 병고친 경험이 있는 사람들입니다. 그래서 탈이었습니다. 저들은 그 과거경험을 생각하면서 오늘 경망을 떨었습니다. 이까짓 거 못하겠나, 하고 저마다 자기가 귀신을 내쫓겠다고 덤벼보았습니다. 그 아홉 제자가 다 그리해본 것입니다. 나사렛 예수의 이름으로 명하노니 귀신은 썩 나가라, 소리쳐보기도 하였지만 귀신이 말을 듣지 않는 것입니다. 아이는 더더욱 발광을 하고 돌아갑니다. 이런 기막힌 노릇이 있습니까. 여러분은 이런 경험 해보았습니까? 교역자는 종종 이런 경험을 합니다. 귀신들린 사람, 내가 기도한 다음에 그놈의 귀신, 나가지는 않더라도 소리나 안질렀으면 좋겠습니다. 기도하였는데 그 사람이 발악을 하고 소리를 지르는 날이면 정말 맹랑한 것입니다. 아홉 제자가 그렇게 해보았는데 다 안된 것입니다. 저도 경험하였습니다. 언젠가 한번, 밤 10시나 10시 반쯤 되었을까 집에 들어갔더니 막 급한 전화가 왔습니다. 부목사님의 다급한 목소리였습니다. 지금 어떤 집에 귀신들린 사람이 하나 있는데 아, 찾아가서 기도했지만 점점 더 소리를 지른다는 것입니다. "큰일났습니다, 목사님. 좀 도와…" 꽤나 황당해 있는 그 부목사님에게 제가 말하였습니다. "귀신들린 사람 그거 죽지는 않아. 내일아침에 가도 되겠구만." 그랬더니, 그게 아니라고 합니다. 그래 가보았습니다. 정말 난장판입디다. 여러분, 오늘 이 본문을 가만히 생각해봅시다. 무능한 제자들, 능력 없는 제자들, 망신살이 뻗쳤지. 글쎄, 이런 부끄러운 일이 어디에 있겠습니까. 명색이 예수님의 제자들인 아홉 명이 대들어서도 귀신들린 어린아이 하나를 제어하지 못한 것입니다. 부끄러워졌습니다. 이렇게들 낯빛을 잃은 바로 그런 시간에 예수님께서 말씀하시는 것입니다. "믿음이 없는 세대여 내가 얼마나 너희와 함께 있으며 얼마나 너희를 참으리요." 믿음과 능력, 아주 중요한 관계에 있습니다. 믿음이 없기 때문에 무능하고 믿음이 없기 때문에 부끄러울 수밖에 없었습니다.

귀신들린 아이의 아버지가 예수님께 나아와 지금 이렇게 말하고 있습니다. "무엇을 하실 수 있거든" 도와주십사, 합니다. 이 말, 예수님께 대해서는 큰 모독입니다. 감히 예수님께 "하실 수 있거든"이라니요. 그래 예수님께서 아주 단호하게 책망하십니다. "할 수 있거든이 무슨 말이냐 믿는 자에게는 능치 못할 일이 없느니라." 그 무슨 흐리멍텅한 소리냐—이렇게 책망하십니다. 생각해봅시다. 이 아버지가 왜 그랬을 것같습니까. 왜 그럴 수밖에 없었습니까. 많은 의사들을 찾아갔지만 못고쳤습니다. 많은 무당 하는 사람들, 무슨 신통력 있다는 사람들 다 찾아다녔지만 허사였습니다. 그래 모처럼 예수님을 찾아왔는데 예수님의 제자들이 또 귀신을 내쫓지 못하였습니다. 사람에게 이렇게저렇게 실망하고 배신당하고, 그리고 이제 예수님 앞에 나아왔으니 예수님께도 반신반의로 대하는 것입니다. 그래서 "하실 수 있거든"이라고 희미한, 예수님께 대해서는 모독적인 그런 소리를 하게 됩니다. 의심이 속에 파고들면 능력이 무너집니다. 모든 관계가 깨어집니다. 재미있는 이야기가 있습니다. 고목나무 한 그루가 있습니다. 고목나무 위에서는 매가 둥지를 틀고 새끼를 기릅니다. 그리고 고목나무 밑에는 멧돼지 한 가족이 삽니다. 위에 있는 매가 나무열매를 따먹는데 이따금 열매를 떨어뜨립니다. 그러면 밑에 있는 멧돼지가 그것을 주워먹습니다. 그런가하면 멧돼지가 여기저기 돌아다니면서 뭘 파먹고 부스러기를 남기면 매가 내려와서 그걸 주워먹습니다. 이렇게 상부상조하며 재미있게 살았습니다. 매와 멧돼지가 사이좋게 사는 것을 보고 여우라는 놈이 질투를 하고 이간을 붙였습니다. 매한테 하는 말이 "너 조심해라. 너 사냥나가고 없을 때 멧돼지가 나무를 한번 흔들어놓으면 저 위의 둥지에 있는 너의 새끼가 땅에 떨어질 거다. 그러면 멧돼지가 너의 새끼를 날름 주워

먹고 말 거다"합니다. 또 멧돼지한테는 "너 조심해라. 저 매가 어디 보통매냐. 너희들이 여기서 멀리 사냥나가고 없으면 매란 놈이 너의 새끼들 다 잡아먹어치울 거다" 합니다. 말인즉 그럴싸하거든요. 매와 멧돼지는 서로서로 의심을 하기 시작하는데, 결국은 집을 비울 수가 없습니다. 멧돼지도 매도 굶어죽었다고 하는 이야기입니다. 의심을 하면 아무 일도 할 수가 없습니다. 그리고 가장 불쾌한 것이 의심받는다는 것입니다. 의심하고 의심받고… 이것은 참으로 마지막 심판입니다. 망조입니다.

그런데 여러분, 믿음이라는 것은 하루아침에 생기는 것이 아닙니다. 내가 누구 보고 나를 믿어달라 한다해서 믿어줍니까. 어떻게 믿습니까. 믿음이란 점차로 키워가는 것입니다. 그 어디서부터 조금씩조금씩 키워나감으로 훌륭한 믿음에 이르는 것이지 하루아침에 믿어지는 것이 아닙니다. "믿어주세요!" 마이크에다 고래고래 소리지른다고 믿어줍니까. 어떻게 믿겠습니까. 신의라는 것은 축적되어야 하는 것입니다. 특별히 믿음있는 자로부터 배우고 본받고, 이렇게 조금씩 키워가는 것입니다. 잊지 말 것입니다. 요새 제가「CEO가 되는 길」이라고 하는 책을 읽었습니다. 그 책에서 썩 감명받은 이야기가 있습니다. 유명한 'General Electric' 회사의 회장인 잭 웰치라고 하는 분이 있는데, 박사요, 학자요, 그리고 또 사업을 잘 경영해서 세계적으로 유명한 CEO가 된, 그런 분입니다. 이 분이 이런 말을 하였습니다. "내가 오늘날 내가 된 것은…" 하고, 제일 강조하는 것이 투명성입니다. 진실과 투명, 그것으로 오늘의 회사를 이루었는데 그 뿌리는 어디에 있느냐, 하니까 "어머니가 나를 믿어주었다"는 것입니다. 사람들이 다 안믿어줄 때도 어머니만은 "나는 너를 믿는다. 너하고 싶은대로 하여라. 나는 너를 믿는다. 잘될 것이다." 여기서 용기를 얻어 오늘이 있게 되었다고 합니다. 죄송하지마는 여기서 세상의 어머니들에게 묻습니다. 어머니 그대들은 내 자식을 얼마나 믿고 있습니까? "나는 너를 믿는다. 너의 판단을 믿는다. 너의 생각을 믿는다"라고 말해보았습니까? "얘, 내가 너한테 속을 줄 아니? 턱도 없다, 얘. 나는 네 꼭대기에 올라앉아 있다"—이런 소리나 하다가 자녀들 다 망쳐버리지나 않았습니까? 믿음이 없습니다. 여러분, 눈칫밥 먹고 살아온 사람은 한평생 믿음 없는 사람이 됩니다. 믿고 믿어진다는 것은 말할수없이 중요합니다. 왜 우리는 이렇게 서로 믿지 못하고 살아야 합니까. 그래서 제가 결혼주례 할 때마다 신부보고 부탁하는 것이 있습니다. "저녁에 남편이 들어오거든 왜 늦었느냐고 묻지 마라." "믿어라. 그럴만한 사정이 있으려니, 하여라." "나는 당신을 믿습니다, 끝." 이런 여자가 제일 예쁜 여자입니다. 제일 사랑스러운 여자입니다. 여러분의 믿음은 어디쯤에 와 있습니까, 지금? 내가 훌륭한 믿음 옆에 있으면 나도 믿음의 사람이 됩니다. 예수님, 놀라운 믿음입니다. 저는 예수님의 믿음을 상고하다가 가끔 인간적으로 좀 이렇게 생각해볼 때가 있습니다. 흔히들 예수님의 믿음은 대단하다, 말합니다. 죽은 지 나흘이나 된 나사로, 썩기 시작한 지 나흘이나 되었는데 그 무덤에 찾아가시어 돌을 옮겨놓으라, 나사로야 나오라, 외치시는데 만일에 나사로가 안나오면 어떡하지?—나는 언제나 만일을 생각하거든요. 그런데 예수님께는 '만일'이 없습니다. 그 많은 사람들까지 데리고 가서 나사로야 나오라, 하시다니 정말 놀랍습니다. 이렇듯 위대한 예수님 그를 따라다니는 제자, 이제 믿음의 사람이 되어야 마땅하지요. 믿음을 배우게 됩니다. 믿음을 모방하게 됩니다. 그래서 나도 그런 믿음의 사람이 되는 것입니다.

또한 예수님 말씀하십니다. "얼마나 너희를 참으리요." 믿음 있는 사람이 믿음 없는 사람의 행위에 대해서 참아주어야 됩니다. 기다려주어야 됩니다. 또 믿음을 도와주어야 됩니다. 서로서로 믿음을 도와줍니다. 우리자녀들, 훌륭한 믿음의 사람이 되도록 우리가 잘 도와주고 협력하여야 합니다. '도우미'가 되어야 합니다. 처음 믿는 사람들 비판하기 전에 그 믿음을 도와주어야 됩니다. 특별히 오늘의 말씀 보면 은총적인 귀한 말씀이 있습니다. 보십시오. 아이의 아버지가 "무엇을 하실 수 있거든" 도와주십사, 합니다. 예수님 들으시기에 썩 불쾌한 말입니다. 나같았으면 "이 믿음 없는 놈아, 불쌍하도다. 그런 소리 할 것이면 썩 물러가라"하고 내쳐버리고 말겠습니다. 그러나 예수님께서는 그렇지 않으십니다. 이 믿음 없는 사람에게 믿음을 주십니다. 믿음을 도와주십니다. 기적을 통하여 믿음을 재창조하여주십니다. 이제부터 믿는 사람이 되도록 만들어주십니다. 예수님의 그 놀라운 인내와 그 사랑, 그 긍휼—너무나도 고맙습니다. 믿음 없다, 책망치 않으십니다. 그 무슨 소리냐, 하시면서도 믿음을 도와주십니다. 예수님께서 병고치실 때마다 병자에게 손을 대신다든가 하는 이유가 무엇입니까. 믿음 없는 것을 도와주시려 함입니다. 기적으로, 놀라운 기적으로 그들의 믿음을 도와주셨습니다. 그래서 믿음 있는 자로 만들어주셨습니다. James W. Fowler라고 하는 교수가 「Weaving the New Creation」이라고 하는 유명한 책을 썼습니다. 그 책의 주제가 이렇습니다. 21세기는 확대된 선택의 시대다, 우리는 과잉선택의 범위에 살고 있다, 하는 것입니다. 여러분, 바야흐로 정보 홍수가 났습니다. 정보가 너무 많습니다. 신문에만해도 얼마나 많습니까. 그런데다 방송이다 TV다, 더욱이 인터넷이다 뭐다, 해서 감당 못할 정보홍수입니다. 하도 많아서 뭘 선택하여야 될지 모르는 것입니다. 이 과잉선택의 기회로 말미암아 사람의 마음이 정처없게 되었습니다. 결국은 마음이 방황하게 되고 아무것도 믿을 수 없게 되어 버렸습니다. 현대가 불안하게 된 이유는 거기에 있다, 하였습니다. 지난 6월 27일, 세계적으로 매스컴을 꽉 채운 것이 있습니다. genom revolution 이야기였습니다. 인간의 유전정보인 지놈을 해독하게 되었다, 이 결과로 모든 병을 고칠 수 있는 가능성이 생겼다, 어쩌면 장수할 수도 있는 기회가 오게 되었다─온세계가 발칵 뒤집혔습니다. 사실은 그에 앞선 지난 4월 12일자「뉴스위크」지에 이미 지놈 프로젝트에 대한 설명이 꽤 자세하게 났었습니다. 이 프로젝트를 두고 '신체의 암호 해득' '신의 영역을 넘보다' 하였습니다. 이렇게되면 신의 영역까지 넘보는 것이 아니냐, 그런 말입니다. 그러나 이제 생각해봅시다. 6개국에서 무려 1000명도 넘는 연구원들이 13년 동안 열심히 연구해서 오늘 여기에 도달하였습니다. 1000명 넘는 사람들이 매달렸다고 하지만 사실은 세계적으로 이것을 주도한 사람은 두 사람입니다. 그 중 한 사람만 소개합니다. 미국의 국립 인간지놈연구소(NHGRI)의 책임자인 프랜시스 콜린스 박사(Dr. Fransis Collins), 그는 일주일에 100시간 일을 합니다. 정신없이 이것만 가지고 연구를 합니다. 그런데 이분은 본래 철저한 무신론자였습니다. 그가 이 지놈을 연구하면서 하나님의 신비의 세계를 접하게 됩니다. 그 진실과 그 놀라운 역사를 보면서 그는 하나님을 믿게 되고, 하나님은 과연 살아계시다고 증거하는, 아주 독실한 그리스도인이 되었습니다. 여러분, 과학의 기초는 바로 믿음입니다. 이것을 알아야 합니다. 하나님 앞에 정직하여야 합니다. 과학세계에서는 거짓말이 없습니다. 그 진실한 세계에서, 오히려 진실한 과학자들은 과학연구를 통해서도 하나님을 만나게 됩니다. 이것을 알아야 합니다. 21세기, 이 세기를 바로 해득할 수 있는 미래적 소망은 오직 믿음뿐입니다. 과학도 신학도 우리의 믿음도 다 하나님 앞에 진실할 때 우리는 하나님을 만나고 우리 하나하나가 투명한 믿음의 사람이 되게 되는 것입니다.

전쟁이 있고, 재난이 있고, 지진이 있습니다. 그 많은 사건이 무엇을 말하는 것입니까. 하나님편에서 보면 오직 하나, 헛된 믿음을 다 버리게, 그리고 참믿음을 가지게 하는 것입니다. 내가 손해보았다면 내 잘못된 믿음 고쳐주시느라고 있는 일입니다. 못믿을 것을 믿고 있고 믿어서는 안될 것을 믿고 있기 때문에 하나님께서 바른 믿음의 세계로 인도하시기 위하여 역사는 움직이고 있고 사건은 터지고 있는 것입니다. 하나님 앞에, 그리스도를 만나는 그 거룩한 역사 앞에 내 마음을 열고 주님을 만나게 될 때, 주님과의 만남에서 그 믿음을 가지게 될 때, 그리스도의 믿음을 내가 받게 될 때, 비로소 우리는 하나님을 믿고 나를 믿고 이웃을 믿을 수 있게 됩니다. 뒤늦었지마는 이제라도 조금씩조금씩 믿음을 심어가야 하겠습니다. 믿음을 키워가야 하겠습니다. 믿는 자에게 능치 못할 일이 없기 때문입니다. △

선행에 있어 낙심하지 말라

가르침을 받는 자는 말씀을 가르치는 자와 모든 좋은 것을 함께 하라 스스로 속이지 말라 하나님은 만홀히 여김을 받지 아니하시나니 사람이 무엇으로 심든지 그대로 거두리라 자기의 육체를 위하여 심는 자는 육체로부터 썩어진 것을 거두고 성령을 위하여 심는 자는 성령으로부터 영생을 거두리라 우리가 선을 행하되 낙심하지 말지니 피곤하지 아니하면 때가 이르매 거두리라 그러므로 우리는 기회 있는 대로 모든 이에게 착한 일을 하되 더욱 믿음의 가정들에게 할지니라

(갈라디아서 6 : 6 - 10)

선행에 있어 낙심하지 말라

저는 며칠전에 숭실대학교 총장이신 어윤배 박사로부터 책 한 권을 선물받았습니다. 로버트 풋남(Robert D. Putnam)이라고 하는 하버드대학 교수가 쓴 책인데, 그 제목이 퍽 인상적입니다. 「Bowling Alone」이라는 책입니다. 혼자서 볼링을 친다, 하는 얘기입니다. 지난 50년 동안 미국사람들은 특별히 볼링이라는 운동을 남녀노소 할것없이 즐겨왔습니다. 전천후로 할 수 있는 운동입니다. 또 언제나 혼자서도 할 수 있는 운동이기 때문에 사철 사람으로 붐비는 운동입니다. 저녁이면 두 사람, 세 사람, 열 사람씩 많은 사람이 모여서 리그로 하였습니다. 그런 운동인데 요새와서는 이상한 현상이 생겨 저마다 혼자서 한다는 것입니다. bowling alone입니다. 제가 가끔 미국에 가서 혹 운동하려고 볼링장에 가보면 정말 그같은 현상을 봅니다. 70 레인이나 되는 큰 볼링장에 많은 사람이 와서 붐비는데, 보면 저마다 혼자서 즐깁니다. 저도 이상하다 생각했는데 이 풋남교수도 그렇게 생각한 것입니다. 여기에는 중요한 상징적 의미가 있다, 비유적 의미가 있다, 현대인의 속성을 말해주는 중요한 증거가 된다, 그렇게 생각한 것같습니다. 600페이지에 달하는 큰 책인데 계속 볼링이야기가 나옵니다. 왜 사람들은 이렇듯 혼자되게 되었는가, 그래서 어떻게 되었는가, 하는 이야기입니다. 현재 사람들은 고독합니다. 스스로 자기를 소외시키고 있습니다. 세상에 대하여, 또 사람들과의 교제에 대하여 두려움을 느끼고 있습니다. 내가 이 사람을 만났다가 무슨 손해를 볼 것인가, 여기에 끼어들었다가 무슨 불이익을 당할 것인가, 그렇게 생각한다는 것입니다. 그래 사람 만나는 것이 싫고,

어떤 공동체, 어떤 클럽에 끼는 것이 싫습니다. 귀찮습니다. 오로지 혼자—이렇게 되어가는 성향이 있다는 것입니다. 결국은 우울증에 빠지게 되고 모든것을 의심하는, 의심증환자가 되고, 그리고 절망하게 된다는 것입니다. 고독의 이유—있다면 그것은 확실합니다. 불신앙 때문입니다. 믿음이 없기 때문입니다. 하나님도 사람도 믿지 못하기 때문입니다. 두 번째는 교만하기 때문입니다. 말은 하지 않습니다. 가장 겸손한듯이 입다물고 있습니다. 그러나, 속은 되게 교만합니다. 현대인들, 교만합니다. 그래 친구가 없습니다. 또한 이기적입니다. 철저하게 이기적입니다. 어떤 일로도 손해볼 수 없다, 합니다. 권위건 명예건 손해를 볼 수는 없다, 남에게 손해를 끼칠지언정 내가 손해볼 수는 없다—이렇게 살다보니 고독해진 것입니다. 이것은 대단히 중요한 문제입니다. 인간은 본질적으로 고독할 수 없는 존재입니다. 하나님께서는 그래서 남자와 여자를 만드셨습니다. 서로 돕고 살게, 서로 도와야만 살도록. 여러분 잘 아시는대로 적어도 가정이라고 하는 것, 혹은 자녀를 얻는다고 하는 이 소중한 일은 절대로 혼자서는 안되게 되어 있습니다. 거기에 하나님의 창조의 섭리가 있습니다. 혼자 살아서는 안되고 혼자 살 수도 없습니다. 생명의 문제입니다. 절대로 혼자서 될 수 있는 일이 아니다—여기에 중요한 계시적 의미가 있는 것입니다. 사람을 봅시다. 동물에 비해서 사람은 이런 때는 좀 미련합니다. 시골에서 보면 동물이 그렇지 않습니까. 아침에 나갈 때 암소 한 마리 나갔는데 저녁에 들어올 때 송아지 달고 들어옵니다. 산부인과 의사 안만나도 되고요. 낳아놓기만 하면 한 1분 비틀비틀하다가 그냥 뛰어다니는 것이 송아지입니다. 그런데 사람은 제 발로 서는 데 얼마나 한참입니까. 스스로 먹고 살 수 있을 정도가 되려면 적어도 몇년은 남의 신세를 져야 됩니다. 사람이 이렇게 독립적으로 사는 것같지만 그게 아닙니다. 사랑받고 사랑하고, 은혜베풀고 은혜받고 하면서 살도록 되어 있는 것입니다. 이런 것이 존재의 원리입니다. 그런데 그런 소중한 존재의 속성으로부터 이탈할 때 그 인간이 어떻게 되는 것이냐입니다. 여러분 놀라지 마십시오. (이런 때는 우리나라의 격우를 이야기하는 게 좀 거북하므로 남의 나라의 경우를 이야기하는 게 좋습니다.) 보십시오. 이웃 일본에서 1999년, 작년 1년 동안에 31,385명이 자살을 하였습니다. 놀라운 것은 자살한 사람들이 노인들이 아니라는 사실입니다. 멀쩡한 젊은이들이 자살을 하였습니다. 왜 그런 것같습니까. 많은 이유가 있겠지만 쉽게 생각합시다. 지금 일본에 유행하는 괴이한 풍조가 있습니다. 비혼(非婚)풍조입니다. 비혼시대입니다. 되는대로 살고, 적당히 살고, 하면서 결혼을 하지 않습니다. 남자는 60%, 여자는 50%가 그런데 그 50%마저 아이를 낳지 않으려 합니다. 그래 일본에 지금 비상이 걸렸습니다. 이대로 가면 몇십 년 못가서 인구가 뚝 떨어지니까요. 이런 현상입니다. 왜? 매이고 싶지 않은 것입니다. 손해보고 싶지 않은 것입니다. 결혼을 했다가 한번 싫어서 이혼하려면 엄청나게 손해본다, 그런 실수는 할 수가 없다, 하고 똑똑한 척 교만하게 자기관리를 하였는데 결국은 고독이라고 하는 병에 걸려서 자살하게 되더라, 이것입니다. 결국 이것이 현대인입니다. 이것이 현대인이 가는 운명입니다. 깊이 생각하여야 합니다. 사람은 봉사하면서, 또 봉사를 받으면서 살게 마련입니다. 주지도 않고 받지도 않겠다, 결국은 어떻게 되는 것입니까. 주고받는 것은 인간의 기본입니다. 선행이 있어야 됩니다.

우리는 사랑을 받으면서 삽니다. 예수님께서 말씀하신 '선한 사마리아사람 비유'가 있습니다. 리차드 니버(Richard Neibourh)는 이 문제를 놓고 그의 「Responsible Self」라고 하는 책에서 이렇게 말합니다. '여기 세 종류의 인간이 있더라. 하나는 목적적으로 사는, 오직 자기밖에 모르는 강도라는 사람이 있고, 자기공동체에 충실하게 살겠다고 하는 레위사람, 제사장 같은 사람도 있고, 그 다음에 선한 사마리아사람 같은 책임적인 인간이 있다.' 선한 사마리아사람 비유말씀을 우리는 깊이 생각하여야 합니다. 여기에 강도만난 사람이 누워 있습니다. 이대로 두면 죽습니다. 외딴 곳입니다. 사마리아사람이 지나가다가 이 사람을 봅니다. 이때 사마리아사람이 '지금 강도가 이 근처에 있을 것이다, 내가 이 사람을 돕는다고 어물어물하다가는 내가 죽게 될지도 모른다, 저사람은 어차피 죽을 사람이다, 죽을 사람 돕다가 나 죽을 거 없잖은가.' 이렇게 합리적으로 생각한다면 도망가게 생겼습니다. 그런데 이 사마리아사람은 그렇게 생각하지 않습니다. 내가 이 사람을 돕지 아니하면 이 사람이 어떻게 될 것인가, 그것을 생각합니다. 이 사람이 어떻게 될 것인가—생각의 중심이 나 자신에게서 이웃에게로 옮겨가는 것입니다. 거기서 이 사마리아사람이 선한 사마리아사람 되는 것입니다. 여기에 사람다운 길이 있습니다. 여기에 신앙적 인도주의가 있습니다. 그래서 위험을 무릅쓰고 이웃을 돕게 됩니다. 인도의 간디가 어떤 날 시골에 갔다가 기차를 타는데, 사람들과 인사하고 작별하느라 좀 늦어서 기차가 막 떠날 때에 올라탔습니다. 간신히 올라타면서 실수하여 신발 한 짝이 땅에 떨어졌습니다. 한 짝만 신고 타게 되었습니다. 그는 즉시 한 짝 남은 신발을 벗어서 한 짝 떨어져 있는 저 쪽을 향해서 던집니다.

"그건 왜 던지십니까?" 누가 물었더니 그는 이렇게 대답합니다. "저 신발짝을 누군가가 주워서 신게 될 것인데 하나 가지고는 안될 것 아닌가. 그러니 마저 던져줘야지." 그 급한 시간에도 자기를 생각하는 것이 아니라 다른 사람을 먼저 생각합니다. 이것이 간디라고 하는 인간의 면모입니다. 이 일로 인하여 내가 손해보느냐, 생각하지 않고 그 사람이 어떻게 될까, 이 신발을 주워 가지는 사람은 어떨까, 그것을 먼저 생각하였습니다. 여러분, 이기적으로 사는 것은 참 피곤한 일입니다. 그것은 자기자신이 죽는 길이라는 것을 우리는 일찌감치 알아야 합니다. 인간은 선행으로써 자아실현이 이루어집니다. 삶의 보람도 찾게 됩니다. 존재의 자기가치를 누리게 됩니다. 여러분, 안에서 밖을 생각하지 마십시오. 밖에서 안을 보면서 살아야 됩니다. 나 자신을 보고 남을 보려고 하지 마십시오. 다른 사람들이 어떤 모습으로 살아가는가, 나를 얼마나 필요로 하고 있는가, 거기서부터 나 자신의 모습을 찾아야 됩니다.

선한 일을 하면서 사람이 됩니다. 선을 생각하면서 인간답게 살 수 있는 것이 인간의 속성인데 문제는 낙심한다는 것입니다. 선한 일, 선한 생각 하지요. 그러나 잠깐 하다가 그만둡니다. 낙심하고 낙심하다가 결국은 그만두기로 하고 사는 사람들이 있습니다. 한평생을 돌이켜 생각해보니 선한 일 한 적이 한 번도 없습니다. 이렇게 사는 것입니다. 이는 사는 것이 아닙니다. 마치 농사와도 같습니다. 오늘말씀에 심은대로 거둔다, 하였습니다. 심어야 합니다. 장자(莊子)라고 하는 중국철인의 글에 나오는 재미있는 이야기가 있습니다. 어떤 좋은 임금님이 어떻게 하면 백성이 유복하게, 행복하게 살 수 있도록 할 수 있을까, 생각합니다. 좋은 사람입니다. 백성이 행복하게 살도록 해주어야겠다, 그 비결이 없을까, 해서 신하들을 다 모아가지고, 명하였습니다. 열심히들 연구하고, 그 연구결과를 가져오라 하였습니다. 신하들이 부지런히들 연구해서 열두 권의 책을 만들어 왔습니다. 그래 임금님이 말합니다. "나도 읽기에 골치아프고, 백성에게 가르치려고 해도 열두 권을 어느 세월에 가르치겠나. 줄여봐." 신하들은 줄여서 여섯 권을 만들어 왔습니다. "이것도 너무 많다. 더 줄여." 그래 한 권이 되었습니다. "한 권도 너무 많다. 줄여라." 마지막에는 이렇게 말하였습니다. "한마디로 말하라." 했더니 아주 재미있는 결론이 나왔습니다. '이 세상에 절대 공짜는 없다.' No free lunch, 공짜 없다, 이것이 결론이었습니다. 사람들이 공짜 없다는 것만 알고 살면 세상이 편안해집니다. 공짜 바라는 사람, 불한당입니다. 땀흘리지 않고 살겠다는 못된 인간들 때문에 세상이 괴로운 것입니다. 동시에 내가 베푸는 선한 일에 공짜가 없습니다. 반드시 선한 일로 돌아옵니다. 공짜 없습니다. 심은대로 거둔다는 이치 앞에 정직하게 삽시다. 여러분, 오늘 내가 어떤 모습으로 살든지 이것은 다 내가 심은대로 거두는 바입니다. 겸손하게, 정직하게 인정을 합시다. 이것 인정치 않으려 하니 문제가 되는 것입니다. 누구 때문에 이 고생이다, 이 세상이 못돼서 내가 이 고생 하는 거다, 이렇게 생각하는 동안 망조가 듭니다. 세상에 공짜 없습니다. 다 심은대로 거둡니다. 나도 지금 심은대로 거두고 있고 또 미래를 위해서 심어가고 있는 것입니다. 문제는 심은 종자입니다. 무엇을 심느냐입니다. 선을 심으면 선을 거두고, 악을 심으면 악을 거두고, 증오를 심으면 증오를 거둡니다. 남이야 알건모르건 중심에서부터 사랑을 심으면 사랑을 거둡니다. 내가 중심으로 남을 용서하면 하늘아버지께서도 나를 용서하십시오. 심은대로 거둔다는 이 이치 앞에 확실하게 서서 정직하게 살아가야 하겠습니다.

 심고 거둔다는 이치 앞에 하나 더 생각할 것이 있습니다. 그것은 기다려야 한다는 것입니다. 오늘 심어 당장 거두는 것이 아닙니다. 봄에 심고 가을에 거둡니다. 그런데 현대인은 조급합니다. 여러분 가운데도 증권 하시는 분 있는 줄 압니다. 제가 증권전문가에게 들은 이야기입니다. 증권에 망조가 드는 것은 조급하기 때문이라고 합니다. 내가 샀던 증권이 값이 내려갔습니다. 그러면 이제 올라갈 때를 기다려야 하는데, 한참 내려갔을 때의 이것을 팔고 올라가기 시작하는 저것을 산다고 합니다. 비싼 것을 삽니다. 사놓으니 또 내려가 또 팔고 또 바꿉니다. 몇번 바꾸고나니 거지가 되는 것입니다. 조급해서입니다. 증권하는 사람이 갖추어야 될 기본철학이 느긋하라, 입니다. 서두르지 말라, 입니다. 이치가 맞는 이야기입니다. 조급하면 안됩니다. 우리가 어떤 일에서 실패하는 이유가 조급하기 때문입니다. 농사하는 사람은 절대로 조급할 수가 없습니다. 요새와서는 종자개량이라 하여 좋은 종자를 만들어 농업에 성공하는 분들이 있습니다. 종자개량 실천은 일 년에 한 번밖에 할 수 없는 것입니다. 종자 하나 제대로 만드는 데 20년도 걸립니다. 어제도 TV에 보니 수퍼고추라는 게 나왔습디다. 고추 하나가 30cm 길이인데 맛이나 질은 여느 고추나 다름이 없다고 합니다. 이렇게 개량한 분은 공부 많이 한 학자도 아닙니다. 그저 고추를 이렇게저렇게 꽃술을 바꿔가면서 개량했더니 이런 것이 나왔다고 하면서 좋아합디다. 하루아침에 되는 일이 아닙니다. 수십 년 걸려서 된 일입니다. 조급해서는 될 일이 아닙니다. 우리, 급하게 서두르지 맙시다. 어떤 어머니가 나한테 와서 "아이고, 남편이 늘 바람을 피워서 속상해요" 하더니 이어서 "그런데 아이까지 바람을 피우려 해서 걱정입니다"하고 말합니다. "아이가 몇 살이오?" 그랬더니 초등학교 4학년이라고 합니다. 왜 이렇게 급합니까. 속단하지 마십시오. 천천히 기다립시다. 특별히 오늘 성경말씀은 선한 일을 하고 기다리라 합니다. 반드시 돌아올 것이니까요. 그런가하면 또, 때가 이르면 거두리라, 하였습니다. 더 중요한 말씀입니다. 때는 하나님께서 정하십니다. 그 언제이든간에 하나님께서 정하셔서 때가 이르면 거두리라, 낙심하지 말라, 합니다. 여러분, 남이 뭐라고 하든, 세상이 어떻게 되든 나는 내 정로를 갈 것이고, 선한 일을 할 것입니다. 선한 일에 힘쓸 것입니다. 그리고 조용히 기다립시다. 때가 이르면 하나님께서 30배 60배 100배로 거두게 하실 것입니다. 잊지 마십시오. 인생은 추수입니다.

　저는 혼자서 피란을 나왔습니다마는 한 번도 배고픈 적이 없었습니다. 어디가나 좋은 분들을 만나서, 또 우리 좋은 교인들 만나서 넉넉하게 삽니다. 저는 확실하게 말할 수 있습니다. 어느 재벌보다 제가 돈 더 잘쓰고 삽니다. 넉넉하게 삽니다. 이 또한 하나님께 감사합니다. 또하나 감사하는 것이 있습니다. 우리할아버지께 감사합니다. 할아버지가 일 년에 몇차례씩 '거지잔치' 하는 것을 보았습니다. 옛날에 거지 많았습니다. 거지들을 불러다가 천막을 쳐놓고 잔치를 하면 한 주일 동안 온마을이 와글와글하였습니다. 86세에 돌아가셨는데 그 전날까지 낚시질하셨습니다. 그렇듯 건강하게 사시다가 이렇다할 기미도 없이 돌아가셨습니다. 아무렇지도 않은데 "나 오늘 갈 거다. 모여라" 하십디다. 다 앉혀놓고 제 손을 잡고 기도하고 마지막으로 하시는 말씀이 이러하였습니다. "창고를 열어서 일 주일 동안 거지잔치 하여라." 그래 장례식은 아니하고 잔치를 하였습니다. 눈물흘리는 사람 아무도 없었습니다. 그래 저를 고향에서부터 아는 분들은 말합니다. "자네는 자네어른들 덕분에 잘사누만." 나도 그것을 인정합니다. 부지런히 심을 것입니다. 반드시 거둘 것입니다. 조급하게 서두르지 맙시다. 선한 일에 인색하지 마십시오. 뒤로 미루지도 마십시오. 내게 기회가 올 때마다 절대로 미루지 말 것입니다. 얼마나 고맙습니까. 나같은 사람에게 도움을 청하니 말입니다. 내가 그래도 도울 수 있는 사람이 있다니 얼마나 고맙습니까. 내 선행을 기다리는 사람이 있다니 이 얼마나 놀라운 일입니까. 고맙게 생각을 하십시오. 감사하는 마음으로 베풀 것입니다. 악을 심고 싹이 날까봐 벌벌떨면서 쫓기는 죄인처럼 살아가야 하겠습니까, 아니면 선을 심고 이것이 싹이 나기를 멀리 바라보고 기다리면서 오늘을 기뻐하며 살아가야 하겠습니까. 선행의 기쁨을 아는 자가 최고로 행복한 사람입니다. 매일매일 행복을 아는 사람이 인생을 바로 사는 사람입니다. 사랑에 매이는 것, 또 나를 필요로 하는 사람을 위하여 봉사하는 것, 그것 절대로 괴로워하지 마십시오. 기뻐하고 살아야 됩니다. 과학기술대학이라고, 연변에 지금 있습니다. 우리교회에서 세운 학교입니다. 거기에 많은 교수님들이 있는데, 그 교수님들 월급이 300불에서 500불입니다. 인간적으로 생각하면 이것은 말도 안됩니다. 그 박사님들, 그 훌륭한 사람들이 왜 거기 가서 그 고생을 하는 것입니까. 여기 일류대학의 교수직을 내놓고 거기 가서 사는 분들입니다. 그렇게 사는 것이 행복하기 때문입니다. 그렇게 사는 것이 아름답기 때문입니다. 이 진리를 터득하지 못한 사람은 영영 불행한 것입니다.

「중용(中庸)」에 이런 말이 있습니다. '성실한 것은 하늘의 도요 성실해지려고 하는 것은 인간의 도이다.' 성실해지는 길에 대하여는 다섯 가지 덕목을 듭니다. '널리 배우고, 살펴 보고, 삼가서 생각하고, 밝히 판단하고, 그리고 독실하게 실행하여야 한다.' 여러분, 알기도 하고, 깨닫기도 하고, 기도도 하고, 말도 많고, 변명도 많습니다. 그러나 실천하지 아니하면 아무 소용 없습니다. 우리의 지식은 생각에서 머무는 것이 아닙니다. 내가 실천할 때에만 그만큼의 진리를 내가 터득하는 것입니다. 그만큼만이 내것입니다. 현대인의 피곤은 인간됨을 포기한 데서 비롯되는 것입니다. 지식적인 선이 있습니다. 감성적인 선도 있습니다. 그러나 실행하지 못하는 선입니다. 말만 많습니다. 실행으로 옮겨가야 됩니다. 오래전 버클리대학교수 딸 결혼식을 주례하러 갔던 일이 있습니다. 버클리대학의 유명한 교수들이 그 결혼식장에 가득히 왔는데 저는 그런 결혼식 처음 보았습니다. 왜 그렇게 많은 사람이 우는지… 뒤에 알아보았습니다. 오래전 이야기입니다. 대학교수의 50%가 독신이었습니다. 젊었을 때 되는 대로 사느라고 결혼하지 않았습니다. 매이고 싶지 않아서입니다. 이제 쉰나이 넘어 교수님의 딸 결혼식 하는 것을 보고 부러워서 눈물을 흘리고 회개하고 앉아 있었던 것입니다. 답답한 인간들, 기막힌 일입니다. 다 늙어가지고 이제와서 '저렇게 살아야 되는데 나는 이게 뭐냐' 이것이지요. 여러분, 자녀들 때문에 고생했다고 이제와서 "너 때문에 고생했다" 어쩌고 하지 마십시오. 그때문에 제대로 살았지, 삶의 재미 봤지, 무슨 소리입니까. 여러분, 선을 행하되 낙심하지 말 것이요 때가 이르면 거둘 것입니다. △

저 안식에 들어가기를 힘쓰라

제 칠 일에 관하여는 어디 이렇게 일렀으되 하나님은 제 칠 일에 그의 모든 일을 쉬셨다 하였으며 또다시 거기 저희가 내 안식에 들어오지 못하리라 하였으니 그러면 거기 들어갈 자들이 남아 있거니와 복음 전함을 먼저 받은 자들은 순종치 아니함을 인하여 들어가지 못하였으므로 오랜 후에 다윗의 글에 다시 어느 날을 정하여 오늘날이라고 미리 이같이 일렀으되 오늘날 너희가 그의 음성을 듣거든 너희 마음을 강퍅케 말라 하였나니 만일 여호수아가 저희에게 안식을 주었더면 그 후에 다른 날을 말씀하지 아니하셨으리라 그런즉 안식할 때가 하나님의 백성에게 남아 있도다 이미 그의 안식에 들어간 자는 하나님이 자기 일을 쉬심과 같이 자기 일을 쉬느니라 그러므로 우리가 저 안식에 들어가기를 힘쓸지니 이는 누구든지 저 순종치 아니하는 본에 빠지지 않게 하려 함이라

(히브리서 4 : 4 - 11)

저 안식에 들어가기를 힘쓰라

　성도 여러분, 여러분은 하나님을 어떤 분이시라고 생각합니까? 좋은 분이십니까, 좋지 않은 분이십니까? 여러분이 생각한 것보다 훨씬 더 고마우신 분입니까, 아니면 인색한 분이십니까? 성도 여러분, 하나님은 참으로 좋으신 분입니다. 생각을 해보아도 좋으시고, 하나님께 대해서 공부를 해보아도 좋으신 분입니다. 여러분은 하나님 앞에 나올 때마다 마음이 항상 기쁘고 은혜에 넘치는 것입니까? 그의 말씀은 너무나도 귀합니다. 그 말씀 속에 길이 있고, 생명이 있고, 지혜가 있기 때문입니다. 그 말씀 속에 모든 위로가 있습니다. 그럼에도불구하고 우리인간들은 미련해서 좋으신 하나님을 폭군과 같으신 분으로, 은혜의 하나님을 진노의 하나님으로, 아주 무서운 하나님으로 착각을 하고 사는 일이 많습니다. 또한 그 계명은 아주 귀찮은 것으로, 속박하는 것으로, 나를 못살게 하는 것으로, 왜 이렇게 많은 계명을 주셔서 내 마음대로 못하게 하시나, 이렇듯 불만스럽게 생각하는 분들이 있습니다. 그 계명이 무거운 쇠사슬이라도 되는 것처럼 말입니다. 그런데 정말로 그렇습니까. 예컨대 세상의 효자를 봅시다. 효자란 부모님을 좋은 분으로 생각하는 자식입니다. 생각을 해도 좋으시고, 만나뵈어도 좋으시고… 아버지 어머니는 참으로 고마우신 분들이다, 참으로 좋으신 분들이다, 이렇게 우러르고 사는 자식이 바로 효자 아니겠습니까. 그의 말씀하시는 바는 때로 내 생각과 좀 다를 때가 있습니다. 그렇지만 언제나 그가 옳았습니다. 그의 말씀대로 하면 틀림이 없었습니다. 그 교훈은 전부가 귀한 것들입니다. 소중한 것들입니다. 이렇게 생각하는 자식이 효자 아니겠습니까. 그런데 불효자를 볼까요. 우리 아버지 어머니 참으로 한심한 사람들이다, 무엇 때문에 나를 낳아가지고 이 고생을 시키나—여기서부터 시작하여 부모님의 잔소리, 그 모든 이야기, 이건 견딜 수가 없다, 라고 생각하는 자식이 불효자입니다. 얼마전에 신문에 난 어느 기사를 보고 저는 내 눈을 의심하였습니다. 몇번이고 다시 보았습니다. 일본청소년들의 60%가 제 아버지를 죽이고 싶을 때가 있었다는 것입니다. 아버지가 영 맘에 안들어서 그를 죽였으면 좋겠다고 생각해본 사람이 60%라고 합니다. 끔찍스럽습니다.

이제 한번 생각해봅시다. 하나님께서는 좋으신 하나님, 아버지 하나님, 인자하신 하나님이시다, 그리고 그의 말씀은 참으로 귀한 말씀이다, 나를 위해서, 내 행복을 위해서, 내 자유를 위해서 주시는 소중한 말씀들이다, 이렇게 느끼고 있습니까? 그렇게 느끼는 그 사람이 그리스도인이요, 하나님의 자녀일 것입니다. 하나님의 말씀과 그 계명은 전부가 우리들을 위한 것입니다. 우리 행복하라고 주신 것입니다. 그래 예수님께서 아주 중요한 말씀을 하셨습니다. "안식일은 사람을 위하여 있는 것이요 사람이 안식일을 위하여 있는 것이 아니니(막 2:27)"—하나님의 계명 모두가 우리를 위해서 주신 것이라는 말씀입니다. 자, 이제 그 중에 하나만 생각합시다. 제4계명을 놓고 봅시다. 제4계명은 사실 계명이 하나가 아니라 둘입니다. 엿새 동안은 힘써 네 모든 일을 행하라—이것이 첫째입니다. 이레째되는 날은 온전히 쉬라—이것이 둘째입니다. 말하자면 일하라, 쉬라, 두 계명입니다. 그러므로 일 아니하고 빈둥거리는 사람은 이 계명을 어기는 사람입니다. 힘써 일하여야 합니다. 그런가하면 하루를 온전히 쉬라 하셨는데 쉬지 않는 사람, 그도 계명을 어기는 사람입니다. 이 계명을 신앙적으로 받아들여보십시오. 얼마나 고마운 계명입니까. 얼마나 귀한 말씀입니까. 일하고 쉬는 그 긴장관계 속에서 행복을 찾도록 하나님께서는 섭리하고 계십니다. 여러분, 일하는 것이 얼마나 좋습니까. 그러나 쉬지 않고 일하면 얼마나 힘듭니까. 제가 오래 전 평양을 방문했을 때입니다. 박물관 안에 미술관이 있습니다. 그 미술관 안에 재미있는 그림 하나가 있었습니다. 그 그림 참 좋다고 몇번 칭찬을 했더니 평양에 있는 분이 그 그림의 사본을 제게 하나 보내주어서 지금 제 방에 그 그림이 있습니다. 다른 사람들은 이 그림 보아도 못보는 것이 있습니다. 그러나 농촌출신인 저는 그 그림을 소중히 여깁니다. 아주 훌륭한, 명화입니다. 큰 소 한 필이 있는데 풀을 배가 빵빵하도록 뜯어먹고나서 풀을 입에 물고 있습니다, 더 먹을 수가 없어서. 만족한 것입니다. 저는 소를 먹여보았으므로 압니다. 입에 풀을 떡 물고 있습니다. 그 뒤에는 머슴녀석이 큰 지게를 떡 뉘여놓고 거기에 기대어 낮잠을 잡니다, 코를 골면서. 그래 제가 박물관에서도 저녀석 코를 골고 있구나, 했더니 "그렇게 말씀하는 분 없는데 목사님은 안목이 대단하십니다." "거, 내가 봐서 알죠." 이 그림에서 저 머슴녀석의 코고는 소리를 들을 수 있어야 됩니다. 왜냐하면 소의 귀가 뒤를 향했거든요. 하도 심하게 코를 고니까 그런 것입니다. 기막힌 그림입니다. 여러분은 이런 경험을 해보았습니까? 힘에 겨운 짐을 지고 일어날 때에 지겟작대기를 붙짚고 간신히 일어납니다. 그야말로 젖먹던 힘을 다해서 지게를 지고 일어나 얼마간 애써 가다가 딱 멈추고 언덕에다 버티어놓은 다음에 벌렁 드러누우면 그 기분이란 기가막힌 것입니다. 그 아무리 좋은 침대에서도 이렇게나 행복할 수 없는 것입니다. 일하고 쉬는 것입니다. 힘껏 일하고 쉬는 그때의 행복입니다. 보십시오. 이 주일 하루 지키는 것도 힘써 일하는 분은 주일날만 되면 그지없이 행복하고 좋습니다. 예배드릴 때 그저 은혜가 충만합니다. 그러나 놀다가 쉬다가, 쉬다가 놀다가 하는 사람, 이 사람에게는 안식일이 없습니다. 그날이 그날입니다. 그러니 교회와서 졸고만 앉았습니다. 은혜 없음입니다. 힘써 일하는 사람에게 안식일이 안식일되는 것입니다. 하나님께서는 이렇게 역사하십니다. 힘써 일하라, 그리고 쉬라, 일하고 쉬는 그 속에서 내가 너희에게 복을 주노라, 행복을 주노라—이것이 주님의 말씀입니다.

신학적으로 생각하면 안식일이라고 하는 것은 본래 하나님의 창조의 섭리, 하나님의 속성 속에 그 뿌리가 있는 것입니다. 성경을 잘 상고해보면 알 수 있습니다. 십계명이라는 것은 출애굽기 20장에서 주어집니다. 애굽에서 나와 광야에 머무는 이스라엘백성에게 십계명이 주어지는데, 안식일에 관한 규례는 이미 16장에 주어집니다. 이렇게 볼 때 자, 이제 생각해봅시다. 창세기의 창조의 역사 속에 안식이 나오는데 사람들이 죽 안식일을 지켰습니까. 아브라함이 안식일을 지켰는지 궁금합니다. 십계명은 전부 마음속에 있는 법이요, 구전법으로 지켜나가다가 이것을 잘 지키지 못하는 사람들에게 이것을 법제화하기 위해서 문서적으로 만들어진 것이 출애굽기 20장에 나오는 것이지 출애굽기 20장이 십계명의 시작은 아닙니다. 그렇게 볼 때, 하나님께서 특별히 이스라엘백성에게 가르쳐주시는 그 소중한 discipline, 그 하나님의 백성으로서의 훈련 중에 중요한 커리큘럼(교과과정)이 하나 있습니다. 그것이 바로 안식일법입니다. 안식일을 지켜라—그뿐이 아닙니다. 그것을 실제적으로, 상징적으로 가르쳐주셨습니다. 매일같이 만나를 주십니다. 이스라엘백성은 아침마다 나가서 만나를 거둬들입니다. 이것을 가지고 떡을 해먹습니다. 이렇게 광야생활을 했는데, 꼭 하루에 한 번씩 거둬들여라, 하셨습니다. 좀 많이 거둬들이면 그것이 썩어버립니다. 그런데 안식일 전날은 내가 갑절을 내릴 것이니 갑절을 거둬들이라, 그리고 안식일에는 그것을 먹으라, 하셨습니다. 이것은 썩지 않았습니다. 아주 구체적으로 하나님께서 안식일을 지키게 하시고, 안식일법을 가르치시는 것입니다. 거기에 소중한 복음이 있습니다. 안식일을 지켜서 손해나는 것은 내가 책임진다, 하셨습니다. 여러분은 아십니까? 대개 그렇지 않읍디까? 예수 안믿는 사람들 일주일 내내 시장에서 장사하느라 몸부림쳐보는데 별것 아닙니다. 주일날 되면 딱 문닫아버리고 쉬는 여러분과 비교해보십시오. 안식일 지켜서 얼마나 복을 받았느냐, 그건 뒷전에 두고, 우선 한 주일 쉬면서 사는 사람이나 일주일 내내 일하는 사람이나 마찬가지입니다. 하나님께서 책임을 지시니까요. 하나님께서는 저렇게 안식일지키는 법을 가르쳐주셨습니다. 그리고 안식일지키지 않는 사람이 있거든 때려죽여라, 하셨습니다. 대단히 엄하게 말씀하셨습니다. 꼭 안식일을 쉬도록, 이 법을 지키도록 강압적으로 훈련시키신 것을 볼 수 있습니다. 여기에 중요한 의미가 있습니다. 안식일을 통해서 큰 믿음을 주시려고 하시는 것입니다. 먼저는 일에서 떠나는 믿음, 그 믿음을 주시려고 하십니다. 다시말하면 사람이 일에 노예가 되는 것을 원치 않으십니다. 사람이란 일을 하다보면 우선 일에 노예가 되지요. 또하나, 물질에 노예가 됩니다. 그리고 일에 열중하다보면 넓게 볼 시야가 좁아집니다. 큰 그림을 보지 못합니다. 한 곳에 집착을 합니다. 마음이 자꾸자꾸 좁아집니다.

장사 오래 하다보면 사돈도 몰라본다는 말이 있습니다. 돈에 미쳐가지고, 한푼한푼 벌어들이자고 그만 어느 사이에 돈에 노예가 되어버리거든요. 비참해집니다. 이런 노예화를 방지하기 위해서 안식일을 지켜라, 하셨습니다. 독일의 정신과의사 페터 베르거 박사가 중요한 학설을 내놓았습니다. '일 중독증' 이라고 하는 것입니다. 요즘 알코홀릭(alcoholic)이라고 하는 말이 있는데, 여기서는 워커홀릭(workaholic)입니다. 일에 중독된 사람, 일벌레입니다. 3단계로 설명을 하는데 첫째는, 일거리를 집에까지 가지고와서 일하는 사람입니다. 일 중독에 걸린 사람입니다. 일은 밖에서 하고 집에 들어가서는 쉬어야 되는데 이것을 못하는 사람입니다. 두 번째는, 자기가 일에 중독되어 있다는 것을 알기 때문에 어떻게 해서든지 벗어나야겠다, 생각해서 휴가다, 휴식이다, 하고 몸부림을 치는 사람입니다. 알고 보면 그는 벌써 일 중독증에 걸린 사람입니다. 세 번째 사람은 자기 몸에 이상이 있어서 벌써 일 때문에 몸과 정신이 약해진다는 것을 알고 있으면서도 일에서 헤어나지 못하는 사람입니다. 3기환자입니다. 이런 불쌍한 사람들이 얼마나 많은지 모릅니다. 여러분, 이것을 알아야 됩니다. 어떻게 사느냐가 중요한 것이 아니라 왜 사느냐가 중요합니다. know-how는 있는데 know-why는 모르는 사람, 그는 노예화한 사람입니다.

뿐만아니라 하나님께서는 하나님께 대한 믿음을 안식일을 통하여 확인하시고 싶은 것입니다. 또 믿음을 키워주시고 싶은 것입니다. 우리가 일을 합니다. 수고를 합니다. 하지만 어디 수고한대로 됩니까. 하나님께서 허락하셔야 되는 것입니다. 하나님께서 비를 내리셔야 됩니다. 하나님께서 형통케 하셔야 됩니다. 우리의 노력과 수고가 많기는 하지만 아무것도 아닙니다. 하나님의 손에 있습니다. 쉬어라, 하시면 알았습니다, 할 것입니다. 세상에, 놀아라, 하는 것처럼 좋은 이야기가 어디 있습니까. 그랬으면 놀 것이지 왜 놀지 못하는 것입니까, 바보같은 사람들. 바로 인간의 미련함입니다. 어차피 내가 먹여주는 것이고, 내가 살려주는 것인데, 너희의 힘으로 사는 것처럼 착각하지 말라—그것이 바로 나타난 계시의 말씀의 진짜 뜻입니다. 오직 은혜로 사는 것이다, 오직 은혜로—그것을 일러주시는 것입니다.

또하나는, 우리를 자유케 하고자 하시는 것입니다. 얼마전에 이스라엘문화원의 주최로 한국에서 세미나가 하나 있었습니다. 역사적으로 처음 있는 세미나였습니다. 랍비를 불러왔습니다. 랍비가 한국에 들어와본 역사가 없습니다. 하나는 뉴욕에서 오고 하나는 예루살렘에서 왔는데, 둘 다 아주 보수적인 이스라엘사람들입니다. 그 두 사람이 강연을 하는데, 주제강연을 제가 먼저 하고 랍비가 강연을 했는데 그 강연말씀이 아주 좋았습니다. 끝에 목사님 한 분이 질문을 하는데, 좀 유치한 질문이지마는 핵심은 있는 질문입니다. "이스라엘사람들은 안식일을 지키느라고 얼마나 고생을 합니까?" 25시간 동안 지키는 것입니다. 금요일저녁, 땡하면 시작해가지고 토요일날 저녁까지 완전하게 지킵니다. 모든 가게도 문닫습니다. 아주 완전하게 안식일을 지키는데, 더구나 남의 나라에까지 가서 이렇게 지키려면 얼마나 힘들겠습니까. 그러나 그 많은 핍박을 받아가면서 안식일을 지킵니다. "율법을 그렇게 지키느라고 얼마나 힘들고 얼마나 괴롭습니까." 어느 목사님의 이 질문에 랍비는 껄껄웃으면서 말합니다. "그건 큰 오해입니다. 긴 설명은 하지 않고 제 개인얘기를 하겠습니다. 나는 일주일 동안 부지런히 일을 하는데 한 주에 두 끼밖에는 집에서 식사를 못합니다. 식사까지도 밖에서 하는 것입니다." 하긴 나한테 비하면 그 사람은 좀 나은 편입니다. 나는 일주일에 한 끼 집에서 먹습니다. 그런데 이분은 두 끼 먹는다니 나보다 좀 낫지요. 그런데 이렇게 바삐 돌아가다가 안식일이 되면 24시간이 아니고 25시간 올스톱입니다. 전화 하지도 않고 받지도 않습니다. 신문도 보지 않고 텔레비전도 보지 않습니다. 완전히 깨끗하게 쉬면서 아이들과 같이 지내고, 회당에 나가서 예배하고, 또 아이들과 같이 성경에 대한 이야기를 하면서 하루종일 지낸다, 이것입니다. "너무나도 자유합니다. 나는 이 날이 없으면 살 수가 없습니다. 이러한 안식일을 주신 하나님께 늘 감사합니다." 제가 많은 은혜 받았습니다. 여러분, 웬만하면 전화는 주일날 걸지 마십시오. 신문도 보나마나 밤낮 그렇고그런 소리 아닙니까. 신문도 보지 마십시오. 머릿속 헝클어집니다. "신문도 보지 않고, 책도 보지 않고, 텔레비전도 보지 않고, 딱 꺼버리고, 이렇게 지내고나면 얼마나 몸과 마음이 휴식이 되는지, 나를 최대한도로 자유하게 합니다. 이렇게 행복한 안식일입니다." 랍비는 이렇게 대답하였습니다. 백번 옳은 말씀입니다. 여러분 정말 주일을 깨끗하게 지켜보십시오. 그야말로 가정도 좋고, 몸도 정신도 신앙도 다 좋아집니다. 하나님께서 얼마나 우리를 생각하셔서 안식일을 주셨습니까. 옛날 시골에서 보니 우리 어른들 농사할 때 그 얼마나 바쁩니까. 모내기하랴 김매랴… 그래도 주일날이 딱 되면 올스톱입니다. 그날이 그렇게 행복할 수가 없습니다. 그런데 오늘 어째서 우리는 이렇게 여기 앉아서도 딴생각에 빠집니까. 몰래 전화도 받고… 휴대전화, 주일날은 가져오지 마십시오.

또하나는, 하나님의 말씀으로 소생케 하시는 것입니다. 사람이 떡으로만 사는 것이 아니요 하나님의 입으로 나오는 말씀으로 산다, 하시지 않았습니까. 말씀으로 소생합니다. 여러분, 건강을 위해서 좋은 음식 먹으려고 몸부림을 칩니다. 그것가지고 뭐 되는 줄 아십니까. 어떤 사람은 좋은 보약을 먹고, 요새 음식도 좋은 것을 먹는다고 하는데 그러다가 보약중독증에 걸려가지고 먼저들 갑디다. 어떤 사람은 운동을 해야 산다고해서 운동에 발광을 하더니 신경통 걸리고, 디스크 걸리고… 그렇게 한다고 될 일이 아닙니다. 다 좋다해도 그 위에 하나님의 말씀이 있어서 영혼이 자유하여야 됩니다. 마음이 시원해져야 됩니다. 하나님의 사랑을 확인하고 내가 하나님의 은혜 안에 있음을 발견하면서 영혼이 깨끗해질 때 건강해지는 것입니다. 일에 노예가 되고, 죄에 노예가 되고, 진노에 찌들려 있으면서 영혼이 자유하지 못한데 어떻게 건강이 있겠습니까. 휴식, 아주 중요한 의미가 있습니다.

또한 안식의 뿌리는 하나님께 있습니다. 우리는 때때로 방법을 추구하다가 목적을 잃어버립니다. 다시 안식일에 우리는 목적을 생각합니다. 하나님께서는 우리가 낮에 일하고 밤에 쉬도록 밤을 주셨습니다. 여름에 일하고 겨울에 쉬도록 겨울을 주셨습니다. 일주일 일하고 하루 쉬도록 안식일을 주셨습니다. 젊었을 때 일하고 나이많아서 쉬라고 정년을 주셨습니다. 그리고 이 세상에서 일하다가 하나님 앞으로 가도록 죽음이라고 하는 안식을 주셨습니다. 여러분, 죽음이 없다면 어떻게 하겠습니까? 저는 아무리 생각해도 죽음은 참 좋은 것같습니다. 죽는다는 일이 얼마나 아름다운 일인지 모릅니다. 오늘성경말씀에 그것은 바로 안식이다, 하였습니다. 신학적으로 생각하면 제7일이 안식일이요, 가나안땅이 안식이요. 하늘나라가 안식이요, 또하나 중요한 것이 있습니다. 그리스도 안에 있는 생활 전부가 안식입니다. 자유함을 얻은 그리스도인의 삶 전체가 안식입니다. 복음을 전하는 것이 안식이요, 봉사하는 것이 안식입니다. 또 요새 젊은이들 보니 얼마나 좋습니까. 이 여름 더운 때에 자원봉사 나갑니다. 몽골로 중국으로 어디로, 자원봉사 나가는 것, 이것이 안식입니다. 해보면 이만한 휴식이 없습니다. 최고의 휴식이요 안식입니다. 그런고로 오늘성경은 말씀합니다. 힘쓰라! 저 영원한 안식에 들어가기를 힘쓰라! 훈련하라는 것입니다. 아무리 바쁘다가도 주일이 되면 땡하고 쉬는, 이 끊어버리는 훈련이 된 사람은 오늘이라도 주님께서 부르시면 "아멘"하고 갑니다. 이거 끊어버리는 훈련이 안되어 있는 사람은 하나님께서 부르셔도 연기신청 하려고 덤빌 것입니다. 아직 할일이 많은데요, 어쩌고 하지요. 통하는 이야기가 아닙니다. 쉬는 훈련, 안식의 훈련이 필요합니다. 파스칼은 이런 말을 합니다. '인간의 모든 불행은 단 한 가지, 고요한 방에 들어가 앉아 휴식할 줄 모르는 데서 비롯된다.' 혼자 조용히 앉아서 명상하고 기도합니다. 그 안식의 진미를 모르는 사람, 영원히 불행하다, 그것입니다. 제임스 조셉이라고 하는 분이 「일하는 사람들의 휴식습관」이라는 책을 썼습니다. 거기에 휴식을 이렇게 말합니다. '휴식은 당당한 또하나의 업무다.' 여러분, 당당하게 쉽시다. 어떤 분은 내게 와서 이렇게 푸념합니다. 내가 정년됐으니, 할일이 없으니, 이거 사나마나지, 인생이 허무하다―저는 잘못생각했다고 충고합니다. 사람은 25년 동안 공부하고, 25년 동안 일하고, 25년 동안 노는 것이라고, 당당하게 놀라고, 비겁하게 놀 것 없다고 충고합니다. 당당하게 놀 것입니다. 멋지게 놀 것입니다. 젊은사람들이 부러워할 만큼 멋지게 놀 것입니다. 아시겠습니까? 이것이 휴식입니다. 때가 되면 가만히 있는 것이 세상을 돕는 것입니다. 걱정하지 말고 놀아야 됩니다. 요새는 사람들이 쉴 줄을 모릅니다. 쉬는 것을 가르치고 또 훈련하여야겠습니다. 기껏해야 잠이나 자고, 아니면 '고스톱' 하고, 아니면 '단란주점'이라는 데 가서 추태나 부리고… 이게 무슨 꼴입니까. 멋지게 놀아야 됩니다. 거룩하게 놀아야 됩니다. 잘 쉬는 법을 배워야 됩니다.

일하기 위해서 쉬는 것이 아닙니다. 안식은 수단이 아닙니다. 안식은 목적입니다. 일을 멈추고 쉬는 것입니다. 일하고 쉬는 것입니다. 당당하게 쉬되 더 밝은 저 나라를 생각하면서 그동안에 못읽었던 성경도 읽고, 그동안에 많이 못한 기도 하고, 그동안에 바르게 전도 한번 못했으니 이제 조용히 전도도 하면서 내 영혼을 소생케 합니다. 생각해보십시오. 한참 일하다가 갑자기 사고로 죽는다면 언제 회개 한번 제대로 못하고 말지 않습니까. 일을 끝내고 이만큼 쉴 시간이 내게 있다는 것이 얼마나 다행스럽습니까. 영혼을 깨끗하게 하고, 모처럼 선한 일 하고, 모처럼 거룩한 마음을 가지고 하나님을 찬양하다가 조용하게 영원한 안식으로 가는 것입니다.

저 안식에 들어가기를 힘쓰라—깊이 새길 것입니다. 신령한 안식을 깊이 생각하고 오늘도 연습하여야 할 것입니다. △

영생하는 샘물이 되리라

거기 또 야곱의 우물이 있더라 예수께서 행로에 곤하여 우물 곁에 그대로 앉으시니 때가 제 육 시쯤 되었더라 사마리아 여자 하나가 물을 길러 왔으매 예수께서 물을 좀 달라 하시니 이는 제자들이 먹을 것을 사러 동네에 들어갔음이러라 사마리아 여자가 가로되 당신은 유대인으로서 어찌하여 사마리아 여자 나에게 물을 달라 하나이까 하니 이는 유대인이 사마리아인과 상종치 아니함이러라 예수께서 대답하여 가라사대 네가 만일 하나님의 선물과 또 네게 물좀 달라 하는 이가 누구인줄 알았더면 네가 그에게 구하였을 것이요 그가 생수를 네게 주었으리라 여자가 가로되 주여 물 길을 그릇도 없고 이 우물은 깊은데 어디서 이 생수를 얻겠삽나이까 우리 조상 야곱이 이 우물을 우리에게 주었고 또 여기서 자기와 자기 아들들과 짐승이 다 먹었으니 당신이 야곱보다 더 크니이까 예수께서 대답하여 가라사대 이 물을 먹는 자마다 다시 목마르려니와 내가 주는 물을 먹는 자는 영원히 목마르지 아니하리니 나의 주는 물은 그 속에서 영생하도록 솟아나는 샘물이 되리라 여자가 가로되 주여 이런 물을 내게 주사 목마르지 않고 또 여기 물 길러 오지도 않게 하옵소서 가라사대 가서 네 남편을 불러오라 여자가 대답하여 가로되 나는 남편이 없나이다 예수께서 가라사대 네가 남편이 없다 하는 말이 옳도다 네가 남편 다섯이 있었으나 지금 있는 자는 네 남편이 아니니 네 말이 참되도다 여자가 가로되 주여 내가 보니 선지자로소이다

(요한복음 4 : 6 - 19)

영생하는 샘물이 되리라

데이비드 합킨스(David Hopkins)라고 하는 교수는 「Power vs Force」라고 하는 유명한 책에서 20년 동안에 걸쳐 수백만 번의 운동역학적 실험을 해서 측정된 인간의식의 에너지 수준에 대한 것을 소개하고 있습니다. 에너지, 이것은 정신력과 육체의 힘을 아우른 것이라고 소개됩니다. 사람이 살아가는 힘은 그 속에 있는 에너지에 있다는 것입니다. 이것은 어디까지나 과학적 견해입니다. 그런데 사람이 살아가는 데 있어서 그 에너지가 충만하여, 동양적으로 말하면 기(氣)가 충만해서, 기, 에너지 또는 생명력, 그것이 충천해서, 가득차서 펄펄뛰는, 그러한 생으로 살아갈 수도 있고, 또 어떤 경우에는 살기는 사는데, 살아 있는 것같은데 죽은 자와 비슷할 정도로 아주 약한, 그 에너지 지수가 아주 바닥에 떨어진, 그러한 형편으로 간신간신히 생을 부지하며 살아가는 사람도 많다, 하는 것입니다. 그의 학설에 따르면 죽음에 가까울 정도로 가장 그 에너지수준이 낮은 때, 그때가 언제냐 하면, 어떤 사람이 이렇게 죽은 사람과 비슷할 정도로 낮은 수준의 에너지를 지니고 살아가느냐 하면 바로 수치심에 싸여 있는 사람이라고 합니다. 수치심, 부끄러움을 지니고 있습니다. 사람취급을 받지 못하고, 아무도 만나고 싶지 않고, 물론 살고 싶지도 않고… 그런 형편에 있을 때 인간의 생명력이 아주 바닥을 기는 것입니다. 이제 이 사람은 병에 대해서 무방비상태입니다. 어떤 병에도 걸릴 수가 있습니다. 정신적으로나 육체적으로나 어떤 문제에도 그에게는 견딜만한 저항력이 없습니다. 그런 초라한 인간이 되더라는 것입니다. 그런고로 가장 사람을 나약하게 만드는 것이 수

치심입니다. 역시 인간다운 면입니다. 배고픔이나 아픔이 아닙니다. 돈걱정이 아닙니다. 부끄러움이라는 것입니다. 양심에 가책을 느끼는 부끄러움, 그것이 사람의 생명력을 최저하로 떨어뜨린다는 것입니다. 그 다음으로 사람을 약하게 만드는 것이 무기력증입니다. 나는 아무것도 할 수 없다, 더는 어찌할 수가 없다, 하는 무기력증이 사람을 나약하게 만듭니다. 그 다음에는 슬픔이 사람을 나약하게 만듭니다. 그걸 극복할만한 어떤 용기가 없어서 슬픔을 그대로 당하고 있는 것입니다. 그 다음은 두려움입니다. 환경에 대해서, 환경을 어거하지 못하고, 환경을 지배할 능력을 잃어서 환경에 대하여 이제 두려움을 느끼게 됩니다. 이럴 때 사람의 정신력이 약해진다, 하는 것입니다. 문제는 이 분이 내린 결론입니다. 이러할 때, 스스로는 구원하지 못한다는 것입니다. 이렇게 에너지 지수가 아주 땅에 떨어졌을 때 스스로 일어날 수 있는 힘이 없습니다. 결국은 그 누군가 타(他)의 에너지가 그에게 공급되어야 한다는 것입니다. 밖으로부터 객관적으로 신선한 에너지가 공급되어야만 그 죽음에 가까운 처지에서 다시 일어설 수 있다, 소생할 수 있다, 하는 결론입니다.

　미국의 사회심리학자인 올포트는 이렇게 그의 책에서 말하고 있습니다. 미국의 남자대학생 90%, 여자대학생 91%가 다같이 정신적, 신체적 열등감을 가지고 있다는 것입니다. 놀라운 이야기 아닙니까. 누구나 다 자기나름의 콤플렉스를 가지고 있습니다. 에너지가 수준미달입니다. 깊이 생각할 일입니다. 여러분, 열등감 없는 사람은 없습니다. 문제는 열등감을 어떻게 극복하느냐 하는 것입니다. 어떻게 넘어설 수 있느냐입니다. 열등감이 없는 사람은 이 세상에 하나도 없다―그것을 알고 다시 출발하여야 할 것입니다. 여러분

아시는대로 "내 사전에 불가능이란 없다"하고 온세계를 향하여 큰소리쳤던 나폴레옹도 키가 겨우 155cm였습니다. 여기 있는 나보다 훨씬 적습니다. 또 있습니다. 중국의 등소평, 그는 키가 고작 150cm였습니다. 그러나 그는 인구 12억이나 되는 중국을 그 어려운 도탄에서 건지는 세계적 지도자가 됩니다. 그에 얽힌 재미있는 이야기가 있습니다. 한번은 모택동이 중국 공산당정책위원회를 모으고 아주 중요한 결의를 하게 될 때 만장일치로 결의하면서 "우리 기립하여 찬성을 표합시다"하여 다들 일어섰는데 등소평씨가 일어났는지 앉아 있는지 알 수가 없습니다. 하도 조그마하고보니 앉으나 서나 거기서 거기니까요. "가만있자, 다 일어나지 않은 것같은데요?" 모택동이 말하면서 짐짓 기웃거리는데 등소평씨가 의자 위에 냉큼 올라서서 "저도 일어섰습니다"하더라고 합니다. 그만큼 작은 사람입니다. 만약에 등소평씨가 '나는 키가 작다' 하는 이 콤플렉스에서 헤어나지 못하고 살았다면 그는 영영 구제불능의 초라한 사람으로 그쳤을 것이지만 그는 넘어설 수가 있었습니다. 에디슨같은 발명왕도 얼마나 우둔하고 머리가 나빴던지 초등학교에서 퇴학을 맞았습니다. 여러분, 공부 못한다고 퇴학맞았다는 이야기 들어보았습니까? 그런데 초등학교에서 퇴학맞을 정도의 그런 아둔한 아이였지만 에디슨은 천 가지 이상의 발명을 해낸 발명왕으로 누구나가 기억하고 있지 않습니까. 성경에 나타난 인물 가운데도 사도 바울에게 자신을 괴롭히는 콤플렉스가 있었습니다. 육체의 가시, 사단의 사자가 자기에게 있다고 그는 누누이 말씀합니다. 자신을 콤플렉스에 빠뜨리는 something, 그게 무엇이었는지는 의문의 수수께끼로 남아 있습니다. 이러한 콤플렉스가 있음에도 불구하고 그는 위대한 하나님의 사람으로 역사합니다. 여러분, 여러분도 저마다 나름대로 약점이 있고, 콤플렉스, 열등의식도 있을 것입니다. 그럴 수 있습니다. 그러나 그것을 얼마나 깨끗하게 극복하고 불식하느냐에 따라서 여러분의 일생이 좌우되는 것입니다.

콤플렉스에 대해서 좀 연구해보았더니 재미있는 것이 많습니다. 맨 콤플렉스입니다. 남자에게는 '남자 콤플렉스'가 있습니다. 남자는 어떠어떠해야 한다, 합니다. 용기도 있어야겠고, 잘나기도 해야겠고, 잘난 척도 해야겠고, 권위도 있어야겠고… "남자가 뭐…"하는 식입니다. 이것이 콤플렉스로 작용합니다. 또 여자에게는 '우먼 콤플렉스'가 있습니다. 여자니까 나는 이렇게저렇게 예뻐야 하고, 이렇게저렇게 매력이 있어야 하고… 나름대로 생각하는 자기기준이 있는데 도저히 거기에 미치지 못하여 거울을 볼 때마다 콤플렉스에 빠지는 것입니다. '디오게네스 콤플렉스'라는 것도 있습니다. 헬라의 철학자로 '시노뻬의 디오게네스'라 불리었던 이 사람은 통 하나를 집으로 살고 아무런 욕심을 내지 않는 생활을 하면서 그에 만족하고 전혀 부끄러움을 느끼지 않았습니다. 나무통 속에 들어가 웅크리고 자고, 또 그것을 굴리고 다니는 사람이었습니다. 조금도 부끄러움이 없고 고통도 없었습니다. 한번은 알렉산더대왕이 그를 찾아보고 그 사는 모습을 부러워했습니다. "내가 왕이 아니었으면 당신이 되고 싶습니다. 당신의 소원이라면 뭐든지 들어드릴 터이니 말씀해보십시오." 알렉산더가 이렇게 말하자 디오게네스는 "예, 소원이 있습니다"하였습니다. 그러자 왕은 눈이 번쩍띄었습니다. 디오게네스는 말합니다. "햇빛 가리지 않도록 저리 좀 비켜주십시오." 알렉산더대왕의 그 마음이 디오게네스 콤플렉스입니다. 여러분, 왜 만족치 못합니까. 그렇듯 넉넉하게 살면서 왜 죽느니사느니 합니까. 그것이 바로 디오게네스 콤플렉스입니다. 재미있는 것은 '변강쇠 콤플렉스' 라는 것도 있다는 사실입니다. 이것이 무슨 콤플렉스인지 아시는대로 생각하십시오. 여자들에게는 또 가슴 콤플렉스니뭐니 복잡합니다. 요새와서는 디지털 콤플렉스가 있습니다. 계속적으로 발전하는 디지털문화 앞에서 겪는 것입니다. 젊은사람들, 조그마한 휴대용전화기를 들고서 요렇게조렇게 만지고나면 글자를 띄워서 좋아하는 사람한테 전합니다. 부럽지 않습니까? 죽었다 깨어나도 그건 못하니 자꾸만 발전하는 이런 세대에 나는 어떻게 되는 것인가—이것이 디지털 콤플렉스입니다. 벤처 콤플렉스도 있습니다. 회사에서 같이 일하던 동료가 당당하게 사표를 내던지고 나가서 '벤처기업'을 창업합니다. 그걸 보니 부럽기 그지없는데 내가 그걸 할 수가 없으니 콤플렉스에 빠집니다. 그래 유명한 말이 있습니다. '벤처 창업해서 성공하면 벤츠 타고 실패하면 벤치에 앉는다.' 실패하면 공원에 가서 벤치에 쭈그리고 앉아 있을 수밖에 없습니다. 어쨌든 누구에게나 콤플렉스는 있습니다. 문제는 이것을 어떻게 극복하느냐입니다.

모든 콤플렉스는 불신앙입니다. 신앙에서 떠난 것입니다.

피조물의 위치를 알 뿐만 아니라 내게 주어진 은사를 알아야 합니다. 교만하지 맙시다. 자기기준을 어디다 두고 있습니까. 하나님께서 내게 주신 그곳, 그것으로 만족하여야 합니다. 은사가 다양하다는 것을 잊지 맙시다. 하나님께서는 이런 사람 저런 사람이 다 필요합니다. 우리얼굴이 모두 다르듯이 하나님의 우리에게 주신 은사도 다 다릅니다. 영화로나 연극으로 말하자면 주연 콤플렉스가 있습니다. 너도나도 주연이 되겠다고 덤빕니다. 역사의 주역이 되겠다고 고집합니다. 여러분, 조연으로 만족하십시오. 주연만 잘난 것이 아닙니다. 어느 구석에서 그저 비 들고 쓰는 조연, 그것이 누구든, 그것이 무엇이든, 어떤 기능이든지 내게 맡겨진 조연 역을 잘 감당하십시오. 주역 넘보지 맙시다. 그것에서 콤플렉스에 빠지는 것입니다. 하나님께서 내게 두신 뜻이 무엇이건 하나님께는 다 필요합니다. 내가 하나님께 필요합니다. 하나님께서는 나를 통하여 역사하십니다. 작은 사람은 작아서 좋고, 큰 사람은 커서 좋습니다. 똑똑한 사람은 똑똑해서 좋고 어리숙한 사람은 또 어리숙해서 좋습니다. 우리 모든 사람이 다 필요하도록, 적당하도록, 합당하도록, 충만하도록, 충분한 은사를 주셨습니다. 이것을 받아들일 때 우리는 내게 주어진 모든 여건에 만족할 수 있는 것입니다. 다른 사람의 그것과 비교하지 맙시다. 큰일 하고 작은일 하고, 높고낮고… 대수로운 일이 아닙니다. 하나님 앞에 내가 얼마나 정직하게, 성실하게 사느냐, 질적으로 살고 질적으로 평가하여야 합니다. 합동하여 선을 이루시는 하나님의 위대한 섭리를 바라보고 그 놀라운 경륜 속에 내가 있음을 알고 내게 주신 은사를 바로 이해하고 따라갈 때 비로소 모든 콤플렉스를 극복할 수 있는 것입니다.

오늘본문에 보면 사마리아여자, 아주 모진 콤플렉스에 걸린 한 여인이 있습니다. 이 사람은 사마리아여인이라고 하는 열등의식에 사로잡힌 사람입니다. 유대사람과 사마리아사람, 서로 상종하지 않습니다. 유대사람은 자기우월감을 가지고 사마리아사람을 천하게 여깁니다. 게다가 여자, 아주 천하게 여깁니다. 그래 이 사마리아여인은 자기자신이 천한 존재라는 것을 이미 알고 있습니다. 그것이 오늘본문에 나타납니다. 그리고 실패의 연속입니다. 패배의식이 있는 사람입니다. 오늘성경에 나타난 수수께끼같은 이야기를 봅시다. "네 남편을 불러오라." 예수께서 말씀하시니까 "남편이 없나이다"라고 여인은 대답합니다. 예수님 말씀하십니다. "네가 남편 다섯이 있었으나 지금 있는 남편은 네 남편이 아니니 네 말이 참되도다." 이 말씀에 그만 이 여인은 아주 꾸벅합니다. 예수님 앞에 완전히 무릎을 꿇습니다. 이에 대해서는 여러 가지 해석이 있습니다. 첫남편은 죽었다, 둘째남편에게는 배신당했다… 어쨌든 다섯 남자와 살았습니다. 운명이 기구한 여인입니다. 이제는 돌이킬 수 없는 과거입니다. 이 멍에를 지고 오늘을 살아갑니다. 그러기에 사는 것이 죽을맛입니다. 지금은 어느 유부남과 불륜의 관계에 있는 것같습니다. 사랑은 받는 것같으나 부끄러운 여자입니다. 그래서 만사가 짜증스럽습니다. 모든 여인들이 아침저녁 선선할 때 물 길으러 오건만 이 여자는 그들과 어울리고 싶지 않습니다. 여인네들이 물동이 이고 가면서 이 여인을 두고 있는대로 입방아를 찧습니다. 남편이 몇이라더라, 이 남편하고는 이렇게 되고 저 남편하고는 저렇게 됐대… 영 들을 수가 없어서, 사람만나는 게 싫어서, 사람들과 어울리는 게 싫어서 그는 혼자서 햇볕이 한창 뜨거운 제 육 시, 정오에 혼자서 물길으러 나온 것입니다. 필유곡절, 예수님께서 이 여인을 만나십니다. 우물가에서 이 여인에게 말씀하십니다. '물 좀 달라.' 그런데 이 여인 보십시오. 아주 반항적입니다. '유대남자가 되어서 사마리아여자 나에게 왜 물 달라고 하십니까?' 참 인심도 야박합니다. 이 사람은 그만큼 콤플렉스에 빠져 있습니다. 우물에서 물 한그릇 떠드리는 게 뭐 그리 어렵다고 이걸 거절합니다. 그 정도로 그는 마음에 갈등이 있는 사람입니다. 한이 있고 원한이 있는 사람입니다. 그뿐아니라 편견이 있습니다. 그래서 예수님께서 '내가 네게 주는 물은 영원히 목마르지 않는다' 하실 때 이 말씀도 못알아듣습니다. 대뜸 '그런 물 주셔서 목마르지도 않고 다시 물 길러 오지 않게 해주세요' 하는 것을 보면 이 여자는 어지간히도 아둔한 편입니다. 가슴이 닫혀 있는 사람입니다. 전혀 진리를 알아들을만한 사람이 못됩니다. 이 사람이 예수를 만나뵌 것입니다. 아니, 예수께서 저를 만나주십니다. 그리고 그에게 말씀하십니다. 예배에 대하여 말씀하십니다. 이 산에서도 예루살렘에서도 말고 지금 여기서 예배할 것이니라(21절)—예수님과 만나는 순간에 예배하는 자의 경건한 감정을 가지게 되고 그리스도를 만나는 체험 속에서 모든 문제가 다 해결됩니다. 이제 29절, 이 여인이 동네방네 다니면서 소리지르는 것을 보십시오. 나의 행한 모든 일을 내게 말한 그 분을 와서 보라, 이 분은 그리스도다, 이 분은 선지자다, 합니다. 이 여인은 잠깐 예수님을 만난 것으로 인해서 사람이 확 바뀌었습니다. 아마도 이리 생각했을는지도 모릅니다. 우리마을에서 내가 처음으로 예수님을 만났다, 예수께서 나를 맨먼저 만나주셨다, 내 비밀을 다 아시는 분이다—부끄러운 줄도 모릅니다. 그에게 마음을 열었습니다. 나의 모든 허물을 알고 나를 대해주셨다, 그런고로 나는 자유인이다—죄사하심받은 기쁨, 선택받은 기쁨, 은혜받은 자의 기쁨과 감격으로 충만하게 될 때 모든 부끄러움, 모든 콤플렉스를 다 물리칩니다.

오늘본문에서 특별히 감격스러운 것은 물동이를 버려두고 동네로 들어가 돌아다니면서 전도하였다는 사실입니다. 사실은 저 사람들이 나를 못살게 볶고 나를 괴롭히던 사람들입니다. 바로 그런 사람들을 찾아가서 전도합니다. 관계가 완전히 바뀝니다. 전에 만나기

싫어하던 사람들을 오늘은 일부러 찾아갑니다. 그리고 열심히 전도하는 그런 사람이 됩니다. 예수님을 만나면서 그 마음에 생수가 터졌습니다. 이제 그가 나가서 다른 사람에게 예수증거 할 때 거기 또 시원한 역사가 나타납니다. 생수가 속에서 솟아나 많은 사람을 시원케 하더라, 하는 말씀입니다. 영국의 여류소설가 엘리어트(Eliot, George)를 여러분이 잘 압니다. 그는 이런 말을 합니다. '인간들은 다섯 가지 감옥에 살고 있다. 첫째가, 자기사랑이라고 하는 감옥. 둘째는, 근심이라고 하는 감옥. 셋째는, 과거생각에 매여 있는 향수라고 하는 감옥. 그리고 남의 일만 좋게 보려고 하는 선망의 감옥. 그리고 증오와 시기의 감옥이다.' 누가 구원하겠습니까. 이 감옥에서 누가 구원할 수 있겠습니까. 오직 예수, 주님만이 그를 구원하십니다. 그리스도 안에 있는 나를 발견하고 하나님의 놀라운 구원의 섭리 속에 내가 있음을 아는 그 순간에 비로소 자기를 구원할 수 있습니다. 자유할 수 있습니다. 생수만이 갈증을 해소할 수 있습니다. 저는 가끔 차를 몰고 장거리를 뛸 때 다른 것은 다 소용없고 오직 생수를, 맹물을 병에 담아 가지고 가면서 마십니다. 물을 마시면서 가면 논스톱으로 네 시간 이상을 뛰어도 거뜬합니다. 쥬스니 뭐니, 다 소용없습니다. 물이 제일 좋은 것입니다, 오직 물이. 바닷물은 마실수록 갈증이 납니다. 오직 생수, 영혼을 소성케 하는 생수, 그것이 필요합니다. 삶의 질의 문제입니다. 그리스도 안에서 새로운 생으로 소생하게 될 때, 보십시오. 참자유를 누릴 뿐 아니라 오늘 내가 사는 현실 자체를 내게 주신 은혜로 생각하고 해석하게 됩니다. 그리할 때 생수가 솟아납니다. 내가 시원할 뿐만 아니라 다른 사람도 시원하게 하는 그런 사람으로 살아가게 됩니다. 내가 주는 물은 영원히

생명의 생수가 될 것이다, 하십니다. △

평강으로 지키시리라

그 날에 유다 땅에서 이 노래를 부르리라 우리에게 견고한 성읍이 있음이여 여호와께서 구원으로 성과 곽을 삼으시리로다 너희는 문들을 열고 신을 지키는 의로운 나라로 들어오게 할지어다 주께서 심지가 견고한 자를 평강에 평강으로 지키시리니 이는 그가 주를 의뢰함이니이다 너희는 여호와를 영원히 의뢰하라 주 여호와는 영원한 반석이심이로다 높은 데 거하는 자를 낮추시며 솟은 성을 헐어 땅에 엎으시되 진토에 미치게 하셨도다 발이 그것을 밟으리니 곧 빈궁한 자의 발과 곤핍한 자의 걸음이리로다 의인의 길은 정직함이여 정직하신 주께서 의인의 첩경을 평탄케 하시도다

(이사야 26 : 1 - 7)

평강으로 지키시리라

수천 년 동안 적대관계로 지내온 두 민족이 있습니다. 바로 아랍과 이스라엘입니다. 팔레스타인 자치정부 수반인 야세르 아라파트와 이스라엘 수상 예후드 발라크가 미국 메릴랜드 주에 있는 캠프 데이비드 미국대통령 별장에서 클린턴대통령의 중재로 평화회담을 가졌습니다. 이 만남 자체가 아주 중요한 의미를 띱니다. 무려 15일 동안이나 긴 회담을 거쳤지마는 아무런 결실이 없이 헤어집니다. 헤어질 때 서로 "샬롬"하고 인사를 했습니다. 공교롭게도 두 나라의 인사하는 말이 같습니다. "샬롬"하고 악수를 하고 헤어집니다. 중동은 항상 큰 전쟁의 불씨를 안고 있어서 성경도 이 지방에 대하여 '아마겟돈'이라고 하는 무서운 전쟁을 예고합니다. 중동전쟁의 연장선상에서 아마겟돈전쟁이 있어지는 게 아닌가, 그렇게까지 많은 성서학자들이 걱정을 하는, 그런 전쟁의 불씨를 안고 있는 지역입니다. 그렇게 머리를 맞대고 애를 썼지마는 평화회담은 결렬되었습니다. 이제 또 다른 방법으로 노력을 한다고 합니다. "샬롬" 그것은 어디에 있는 것입니까. 어디에 진정한 평화가 있는 것입니까.

인간세상의 평화상태를 무너뜨리는 것에 다섯 가지가 있다고 합니다. P자로 시작하는 대표적인 다섯 가지가 있는데 그 첫째가 passion for pageantry라고 합니다. 자기과시라고 하는 욕망입니다. 자기자랑입니다. 꼭 그래야 될 필요가 없는데 참 이상하게도 개인적으로도 자기를 높이려고, 민족적으로도 자기를 높이려고, 국가적으로도 자기가 제일이라고 하는 자기우상에 빠집니다. 자기과시 그 욕망 때문에 세상은 시끄럽습니다. 그리고 passion for possession—이것은 소유욕망입니다. 하나님께서는 우리에게 넉넉히 주셨습니다. 지금 우리가 세계적으로 식량문제, 자본문제, 하지만 사이좋게 서로 나누어 사용하면 먹고 쓰고 남습니다. 결국은 가진 자가 더 가지려 하고 필요없이 너무 많은 것을 가지려 하는 그 욕망 때문에 많은 사람이 고생을 합니다. 또 passion for protection — 이미 가진 것을 지키려고, 기득권을 지키려고, 이미 가진 권력과 재산을 지키려고, 놓지 않으려고 하여 죽기살기로 싸우는 것입니다. 넷째, passion for profit입니다. 이익을 보려고 합니다. 절대로 손해는 볼 수가 없다는 것입니다. 이 손해 안보려는 마음, 결국은 이것이 우리의 마음을 이처럼 괴롭히고 있는 것입니다. 그리고 가장 중요한 것은 passion for patriotism입니다. 애국심이라는 것입니다. 애국심적인 욕망, 내 가족을 위하고, 내 민족을 위하고, 내 국가를 위하는 것, 얼핏 생각할 때는 가장 선한 것같습니다. 그러나 이 세상은 바로 이것 때문에 전쟁이 그칠 날이 없는 것입니다. 아프리카나 남미라든가, 사방에 가보십시오. 나라마다 민족마다 내 민족을 지키고, 내 나라를 지키고, 내 가정을 지키고, 전통을 지키고, 하면서 싸우고 싸웠습니다. 어떤 나라는 남녀 비례가 1대 7입니다. 전쟁으로 남자는 거의 다 죽었습니다. 왜요? 애국심 때문입니다. 어찌생각하면 우리나라, 우리민족 위하는 마음이 아주 지상의, 가장 높은 덕같지만 그게 온세상을 이렇게 만드는 것입니다. 피로 물들고 전쟁이 그칠 날 없습니다. 이 협소한 민족주의, 민족지상주의가 세상을 불바다로 만듭니다. 생각해보십시오. passion for peace, 평화를 열망하는 마음은 누구에게나 있습니다. 그러나 이상의 다섯 가지가 있는 한 개인에게도 민족에도 세상에도 평화는 없습니다. 깊이 생각하여야 합니다.

크림전쟁 때에 큰 공을 세운 나이팅게일 간호사를 아실 것입니다. 그는 러시아와 프랑스·영국·터키·사르디니아 등이 서로 싸울 때 어느 나라 사람이든 관계없이, 이 나라 군인이든 저 나라 군인이든 부상당한 사람이면 보는대로 끌어다가 치료를 해주는, 국적을 넘어선 그런 사랑을 폈습니다. 결국 그는 간첩으로 몰리기도 하고, 국가적인 문제에 걸리기도 하고, 많은 고통을 당합니다. 그가 했던 유명한 말이 있습니다. "애국심만으로는 부족합니다." 정의가 먼저요, 진리가 먼저요, 평화가 먼저요, 사랑이 먼저이지 애국심만으로는 부족하다고 말하였습니다. 여러분, 깊이깊이 생각하여야 합니다.

오늘본문에 "주께서 심지가 견고한 자를 평강에 평강으로 지키시리니"라고 말씀합니다. 완전한 평강, 완전한 샬롬으로 지키신다는 말씀입니다. 이것은 정신적이요, 문화적이요, 정치적이요, 경제적이요, 신앙적이요, 종교적입니다. 통합적으로 완전한 평화, 샬롬, 이것은 하나님께서 주시는바 은혜라고 설명하고 있습니다. 우리는 자유와 정의와 번영을 생각합니다. 이것도 하나님께서 주시는 것입니다. 인간의 노력으로, 인간의 수고로, 인간의 욕망으로—이것가지고는 되는 것이 아닙니다. 하나님께서 하나님 기뻐하시는 자에게 은혜로, 평강에 평강으로 지켜주실 때 이것이 가능한 것입니다.

그러면 어떠한 자에게 평강에 평강을 주시는가? 먼저 마음문을 여는 자에게, 라고 성경은 증거하고 있습니다. 너희는 문들을 열어라, 합니다. 이의 상징적 의미를 생각해봅시다. 옛날에는 사람들이 성곽을 쌓았습니다. 그 안에는 한 왕이 있어 그의 권세가 절대적으로 작용하고, 성문은 꽉 닫습니다. 성곽의 문을 닫았습니다. 이제 간혹 전쟁이 일어날 때마다, 어려울 때 저들은 생각합니다. 이 성곽 안에는 평안이 있다고. 그러나 그렇지 못합니다. 이제 마침내 큰 명령이 떨어집니다. 다른 큰 세력이 올 때 "문을 열어라"합니다. "성문을 열어라." 외칩니다. 바로 그 말씀입니다. 너희 마음의 문을 열어라— 요샛말로 하면 개방하라, 이것입니다. 역사를 연구해보십시오. 개인이건 민족이건 어느 나라이건 폐쇄적인 나라는 다 망했습니다. 오직 개방만이 나라를 살렸습니다. 우리나라도 그렇지 않았습니까. 쇄국정책 하다가 일본사람에게 당했습니다. 그들이 먼저 열었습니다. 세계를 향해서 먼저 문을 열었기 때문에 문을 닫고 있던 우리가 그대로 당할 수밖에 없었습니다. 문을 열어야 됩니다. 독재자들은 하나같이 문을 열지 않습니다. 그렇기 때문에 망합니다. 새로운 왕권을 받아들이라, 새로운 진리를 맞아들이라, 그것입니다. 그러기 위해서는 지금까지 가졌던 생각, 종래에 가졌던 이데올로기, 종래에 가졌던 철학, 고집, 자기우월감, 다 버려야 됩니다. 무조건항복 하는 마음입니다. 자기과시, 자기소유, 자기보호, 자기철학, 그리고 자기성취, 다 버려야 됩니다. 예수님께서 말씀하시기를 회개하라, 천국이 가까웠느니라, 하십니다(마 4:17). 회개라는 것이 무엇입니까. 회개하라—메타노에오, 이것은 군사용어라고 합니다. "성문을 열어라"와 같은 맥락의 말입니다. 마음을 돌이켜라, 함입니다. 네가 종래에 가졌던 생각을 다 버리고 새로운 하나님의 진리 앞에 마음을 열어라, 하나님께로 성문을 열어라—이것이 회개하라는 말입니다.

폴 틸리히(Paul Tillich)라고 하는 신학자는 인간의 모습을 본질, essence와 그리고 실존, existence의 두 용어로 설명하고 있습니다. 본질이라는 것은 판단의 규범과 선의 전형을 의미하면서 실존은 현재, 현실을 의미합니다. 인간실존의 가장 큰 특징은 불안입니다. 불안과 공포, 이것은 불신앙과 교만과 욕망에 기인한다고 말하고 있습니다. 자기자신이 중심이 될 때, 자기가 왕이 될 때, 자기고집이 목적이 될 때, 거기에는 불안과 공포가 있는 것입니다. 여러분, 우리는 피조물입니다. 왔다가 가는 사람들입니다. 지극히 제한적 존재인데 욕망은 무제한적 욕망인 것입니다. 다 가지지도 못하고, 다 먹지도 못하고, 다 보지도 못하건만 많이 가지려 하고 끝없는 욕망에 노예가 됨으로 불신앙의 존재가 되고 불안에서 벗어날 수가 없습니다. 그런고로 신앙이라는 것은 내가 중심이 되었던 것에서 하나님중심으로 되는 것입니다. 피조물된 자기위치를 알고 항상 여호와 앞에 정직하고 겸손하여야 됩니다. 그런고로 마음문을 열어야 됩니다.

2절에 말씀합니다. "너희는 문들을 열고 신을 지키는 의로운 나라로 들어오게 할지어다." 신(信) 곧 믿음을 지키는 의로운 나라— 아주 깊은 의미를 담았습니다. 믿음을 지키는 의로운 나라를 영접하라는 것입니다. 새로운 나라, 새로운 질서, 하나님의 나라를 영접하라, 전적으로, total acceptance, 전적으로 수락하라는 것입니다. 언젠가 신문칼럼에서 읽은 것입니다. 'General Electric'의 유명한 회장, 웰치라고 하는 CEO가 있습니다. 그가 이런 말을 하였습니다. "고급 아이디어를 많이 듣는 자가 성공한다." 고급아이디어를 많이 듣는 자—보십시오. 귀한 말씀, 고급아이디어를 많이 듣고 그것을 내 마음에 수락하고 영접합니다. 그래야 성공한다는 것입니다. 마음문을 닫으면 안됩니다. 고급아이디어를, 하나님의 말씀을 항상 듣고듣고 가득히 채웁니다. 영접합니다. 예수믿는다는 것이 무엇입니까. 주님의 말씀을 영접하는 것입니다. 그리스도를 주로 영접하는 것입니다. 요한복음에 분명히 말씀합니다 (요 1:12). "영접하는 자 곧 그 이름을 믿는 자…" 영접하는 것이 믿는 것입니다. 믿는 것이 영접하는 것입니다. 그를 영접하는 것이라는 것입니다. 그에게 구원이 있고 그에게 평강이 있습니다.

　3절의 "심지가 견고한 자"란 뜻이 견고한 사람, 즉 흔들리지 않는 사람입니다. 여기에 진리가 있고 그 진리를 영접한다는 것은 곧 내가 그 진리를 받아들이고 그것을 의지화하고 성품화하고 내 뜻으로 바꾸어서 이제 실천에 옮기고 흔들리지 않는다, 이것입니다. 어떤 줄타기를 잘하는 곡예사가 있어 줄을 길게 매놓고 그 위를 걸어서 오고가고, 어느 때는 막대기를 들고 오가기도 하고 부채를 들고 왔다갔다 하기도 하는데, 이제 자전거를 타고 줄을 타려 합니다. 이때 그는 관중들 보고 "여러분, 내가 무사히 갈 수 있을 것같습니까?" 묻습니다. 많은 관중들이 쳐다보면서 "아, 그럼요. 당신은 해낼 겁니다"하고 입을 모아 응원했습니다. 그러자 그는 이렇게 말하는 것이었습니다. "그러면 누가 내 뒤에 올라타시기 바랍니다. 올라오세요." 아무도 올라오지 않습니다. 한 꼬마가 나섭니다. "나요. 내가 올라갈께요." 그는 이 꼬마를 자전거 뒷자리에 태우고 줄을 건너갔습니다. 꼬마는 손을 흔들고 좋아했습니다. 꼬마는 바로 그 곡예사의 아들이었습니다.

　믿는다는 것이 무엇이며, 받아들인다는 것이 무엇입니까. 마음을 연다는 것이 무슨 말입니까. 진리 앞에, 진리에 대하여 마음문을 열어 받아들이고 거기에 내 운명을 맡기는 것입니다. 완전히 맡겨버리는 것입니다. 그리할 때 평강에 평강으로 지키실 것입니다. 흔들림이 없어야 합니다. 현대인들은 참 흔들림이 많습니다. 그래 문제입니다. 지식이 불완전하고 정보가 잘못되었기 때문입니다. 그래서 정보가 바뀔 때마다 흔들립니다. 때로는 욕망이 바뀔 때마다 흔들립니다. 중요한 것은 처음부터 뚜렷한 목적이 없었다는 것입니다. 절대적 목적, 확고한 목적 의식이 없었기 때문에 흔들리는 것입니다. 또하나는, 자기이권에 매여 있는 사람들, 이렇게 하면 이로울까 저렇게 하면 내게… 이재(理財)에 밝은 사람들이 흔들리고 맙니다. 무엇보다 문제인 것은 주체의식이 없는 사람, proactivity가 없고 종속적인 사람입니다. 남에게 끌려다니는 것입니다. 이리 끌려가고 저리 휩쓸립니다. 이 말이 옳은가 저 말이 옳은가… 휘청거리는 사람, 항상 심지가 견고하지 못합니다. 이런 사람은 불안합니다. 이런 사람에게는 안정이 없습니다. 심지가 견고한 사람, 흔들리지 않는 사람을 평강에 평강으로 지키십니다. 보십시오. 사람을 대할 때도 심지가 견고한 사람, 흔들림이 없는 사람을 만나면 마음이 편안합니다. 그러나 마음이 안정되지를 못해서 이럴까저럴까 하는 사람, 내가 아무래도 잘못산 것같다, 나는 아무래도 안되겠다, 하는 사람, 이런 사람을 만나면 내 마음부터 불안합니다. 이것을 알아야 합니다. 내가 안정되고 평강에 평강으로 인도함을 받을 때 내 가정도 내 이웃도 내 나라도, 내가 만나는 모든 사람도 마음을 평안하게 할 수가 있습니다. 그 평안함 가운데서 창의적 능력이 나타납니다. 흔들림이 없는 사람—참으로 중요한 말씀입니다. 그런데 현대인들은 너무 쉽게 흔들립니다. 아예 뿌리째 흔들립니다. 정책이 너무 흔들립니다. 철학이 너무 흔들립니다. 그래서 우리마음이 불안합니다. 도대체 믿을 수가 없습니다. 하룻밤 자고나면 발칵발칵하니 우리마음이 불안합니다. 여러분, 왜 이 모양이 되었습니까. 배가 고픈 것도 아니요 추운 것도 아닙니다. 그러나 우리의 마음은 불안해 못견디겠습니다. 왜요? 흔들리고 있기 때문입니다. "샬롬!" 그것은 먼저 하나님께서 그 마음속에 주시는 것입니다. 평화로운 인격이 되고, 평화로운 철학이 되고, 평화로운 인생관이 되고, 그리할 때 그 마음 먼저 평안하고 다른 사람을 또한 평안하게 할 수 있는 것입니다. 이것이 기본입니다. 그리고야 샬롬사회를 이루게 될 것입니다.

요한복음 14장 1절, 예수님 말씀하십니다. "너희는 마음에 근심하지 말라 하나님을 믿으니 또 나를 믿으라." 하나님의 능력과 지혜와 경륜, 그 사랑을 믿을 때, 그리고 흔들리지 않을 때 평안합니다. 또 주님께서 말씀하십니다. "나의 평안을 너희에게 주노라 내가 너희에게 주는 것은 세상이 주는 것과 같지 아니하니라(요 14:27)." 예수님의 마음에 십자가지시기 전날밤에도 평안함이 있었습니다. 또한 그 제자들에게 말씀하십니다. "나의 평안을 너희에게 주노라." 여러분, 평강에 평강으로 인도하시는 주님의 평강이 우리 모두에게, 우리가정에, 우리민족 앞에 항상 함께할 수 있기를 바랍니다. △

양 한 마리의 의미

모든 세리와 죄인들이 말씀을 들으러 가까이 나아오니 바리새인과 서기관들이 원망하여 가로되 이 사람이 죄인을 영접하고 음식을 같이 먹는다 하더라 예수께서 저희에게 이 비유로 이르시되 너희 중에 어느 사람이 양 일백 마리가 있는데 그 중에 하나를 잃으면 아흔 아홉 마리를 들에 두고 그 잃은 것을 찾도록 찾아 다니지 아니하느냐 또 찾은즉 즐거워 어깨에 메고 집에 와서 그 벗과 이웃을 불러 모으고 말하되 나와 함께 즐기자 나의 잃은 양을 찾았노라 하리라 내가 너희에게 이르노니 이와 같이 죄인 하나가 회개하면 하늘에서는 회개할 것 없는 의인 아흔 아홉을 인하여 기뻐하는 것보다 더하리라

(누가복음 15 : 1 - 7)

양 한 마리의 의미

　2000년 7월 「뉴욕 타임즈」에 실렸던 짧은 글입니다. 무척이나 바빴던 하루를 보낸 앤드류 아르킨이라는 사람에 대한 이야기입니다. 그가 뉴욕 75번가의 한 상점에서 어떤 분과 사업상으로 중요한 만남을 가질 약속이 있었습니다. 아침에 별로 서두르지 못한 탓에 약속시간에 재촉을 받고 그는 급히 택시를 타고 그 상점으로 향했습니다. 상점 앞에서 그는 택시를 내리면서 급하게 택시비를 주고 허둥지둥 사무실로 향해 올라갔습니다. 만나려고 했던 사람, 기다리는 분과 만나서 사업을 의논하게 됩니다. 일을 마치고 다시 내려와서 그는 다음장소에 가서 또 다른 분과 사무실에서 만나기로 되어 있어서 또 급히 택시를 불러 탔는데 타고보니 앉은 자리에 1불짜리 지폐가 하나 놓여 있습니다. '아, 누가 흘리고 갔구나' 하고 다시 보니 운전면허증이 거기에 있습니다. 그래 자세히 보았더니 운전면허증에 있는 사진이 자기얼굴입니다. 깜짝놀랐습니다. '아, 내가 너무 서두르느라고 그만 이렇게 돈도 흘리고 면허증도 흘리고 다녔구나.' 그런데 놀라운 것은 어떻게 이 뉴욕의 많은 택시 중에서 아까 타고왔던 그 택시를 또 탈 수 있었느냐였습니다. 만약에 그렇지 못했다면 면허증 다시 내어야 되고 뭘 하고 뭘 하고… 아주 복잡할 뻔했습니다. 면허증이 무척이나 반갑고 소중합니다. 고맙기 짝이 없습니다. 그래서 생각합니다. '오늘은 참 재수좋은 날이다. 아주 행복한 날이다. 일이 다 잘 풀리겠다.' 하루종일 기분이 좋았습니다. 저녁에 집에 돌아와 다시한번 생각했습니다. '아, 내가 오늘은 참 재수좋은 날로 보냈다. 행복한 날이다.' 그런데 어인 일인지 마음 한구석이 못내

찜찜해집니다. '이렇게 재수좋은 날인 줄 알았으면 복권이라도 한 장 사놓을 걸…' 그만 모처럼 가졌던 좋은 기분이 싹 없어졌습니다.
　여러분, 우리는 사소한 일인데도 거기서 행복을 느낄 때가 있습니다. 오늘은 참 행복한 날이다, 오늘은 참 좋은 날이다, 하고. 그런데 마지막에 욕심이 많아져서 좀더 큰 것, 좀더 좋은 것, 하고 마음을 빼앗기다가 일껏 밝아진 마음이 또 어두워지고, 모처럼 좀 행복해졌다가 또 불행해지고… 그렇게그렇게 오늘까지 사는 것입니다. 위의 이야기는 결코 남의 얘기가 아닙니다. 오늘본문에 보면 양 한 마리 때문에 아주 불행했던 목자가 있습니다. 그런가하면 다시 이 목자는 그 양 한 마리 때문에 행복합니다. 양 한 마리에 대한 관심, 양 한 마리의 의미로 인해서 그는 불행해지기도 하고 행복하기도 했습니다. 오늘의 이 이야기는 우리가 너무나 잘 아는대로 결국은 해피 앤드입니다. 잃어버렸던 양을 찾음으로 기뻐하는 목자의 모습으로 이 '드라마'는 끝납니다. 여러분, 우리의 나라는, 우리의 일생은 어떻게 이루어져가야 하는 것입니까.
　「성공하는 사람들의 일곱 가지 습관」이라는 책을 써서 온세계 사람들에게 알려진 스티븐 코비 박사와 또 그의 친구들인 로저 메릴, 그리고 레베카 메릴의 세 친구가 같이 쓴 책이 하나 있습니다. 「제4세대 시간경영」이라고 하는 책입니다. '소중한 것을 먼저 하라' 하는 부제가 붙어 있습니다. 이 책은 핵심부분에서 이렇게 말합니다. '사람들의 마음속에 자만심이 있다. 자만이라는 것은 우리감성의 기생충과도 같다. 우리의 마음에 있는 기쁨과 행복을 다 뺏어가는 것이 이 자만이라고 하는 것이다.' 자기교만입니다. 그런데 이것이 네 가지 형태로 나타나는 것같다고 이 책은 서술합니다. 첫째는,

우리가 사는 데 있어서 경제적인 문제란 절대로 빼놓을 수 없는 것입니다. 먹어야 살고 입어야 사니까 말입니다. 그러나 수입이라고 하는 것, 경제적 수입이라고 하는 것을 놓고 볼 때 누구에게나 자기에게 필요한 만큼의 양식, 필요한 만큼의 경제가 필요합니다. 그런데 내게 얼마나 필요한가, 내게 얼마나 요긴한가, 라고 하는 문제는 생각하지 않고 다만 다른 사람의 수입과 비교하는 데서부터 불행해진다는 것입니다. 내 자동차와 남의 자동차 비교할 것 없습니다. 내 집과 남의 집 비교할 것 없습니다. 내 수입과 남의 수입 비교할 것 없습니다. 어차피 나는 나대로 살다가 갈 것입니다. 비교할 것이 아닌데도 불구하고 비교하다보니 정신없이 더, 더, 하고 끝없는 욕심에 사로잡혀서 스스로 불행을 자초하게 된다, 하는 것입니다. 요새 날씨가 더우니까 노출증들이 심해서 더러는, 오늘은 좀 선선해서 이 자리에는 없는 것같습니다마는, 소매 없는 옷을 입은 사람들이 많습니다. 어떤 때는 여기서 내려다보면 한 줄이 내리 그렇습니다. 어떤 장로님이 "목사님, 이 문제 광고 한번 하십시오"합니다. 그런데 그걸 왜 광고합니까. 입고 싶은대로 입으라지요. 벗으나입으나 나는 상관이 없습니다. 편리한대로 하라지요. 그러나 할말이 한마디는 있습니다, 개인적으로. 노출해서 좋을 사람이 있고 그렇지 못한 사람이 있기 때문입니다. 맨살 드러내놓아서 예쁜 사람이 있고 내놓으면 안될 사람이 있는데 남이 내놓았다고 자기도 내놓는, 이것은 안될 일입니다. 제가 결혼주례를 많이 하는데 신부의 드레스를 놓고보아도 그렇습니다. 가슴을 부각시켜서 예쁜 사람이 몇 안됩니다. 그런데 비쩍 마른 색시들이 그렇게… 공부 좀 해야 됩니다. 그냥 '차이나 칼라' 하면 될 것을, 그 앙상한 몸에 떡 이렇게 노출을 시키다니요. 보기가 민망스럽습니다. 시쳇말로 '주제파악'을 좀 하여야 됩니다. 어느 쪽이 나쁘다 좋다,가 아닙니다. 조화가 되고 안되고의 문제입니다. 체형도 마음씨도 자기기분도 그렇습니다. 자기주제에 맞도록, 자기형편에 맞도록—이게 아주 중요한 것인데 남하고 나하고 무조건 비교하면서 남을 따라가겠다는 생각, 이것이 사람을 불행하게 만듭니다.

사랑에 대해서도 그렇습니다. 내가 내 사랑에 대해서 진실하고야 사랑이 주는 행복을 내가 누리는 것입니다. 그런데 이것보다 더 신경을 많이 쓰는 것은 다른 사람으로부터 칭찬받으려 하는 것, 사람들에게 보이려고 하는 것입니다. 이런 마음이 앞서 있습니다. showup 하는 이 마음 때문에 결국은 사랑도 병듭니다.

뭘 배우는 것도 그렇습니다. 내가 무엇을 배워서, 또 어떤 것을 배우면서 즐기고 또 효율적으로 살 것인가 생각하지를 않고 무조건 최고점수만 생각합니다. 제가 아는 분 이야기 들어보니 어떤 아이는 그 부모님이 다 걱정을 합니다. 왜냐하면 이 아이는 책상 앞에 앉았다하면 열두 시간 동안 공부하거든요. 먹지도 않고, 자지도 않고. 자, 이런 학생에게 공부를 시켜야지 책상 앞에 한 시간도 못앉아 좀이 쑤셔 뛰쳐나가는 녀석을 강제로 붙들어 앉히고 공부하라, 박사되라, 하면 되겠습니까, 이게. 너 죽고 나 죽는 것입니다. 못할짓을 하는 것입니다. 공부라고 아무나 합니까, 공부란 사실 타고나야 하는 것입니다. 요새는 더욱더 그렇습니다. 공부를 즐기는 사람이 공부를 해야지 억지로 할 수 있게 되어 있는 것이 아닙니다. 그런데 왜 불행한가? 공부한 사람만 좋은 것도 아닙니다. 안하고도 얼마든지 좋은 사람이 있습니다. 뻔히 알면서도 실천하지 못하는 것이 이것입니다. 그래서 아이들 공부 안한다고 주리를 트니 아이들은 아이들대로 죽고, 부모는 부모대로 죽는 것입니다. 확 벗어나면 좋겠는데 이 것을 못하는 것입니다. 유산에 대해서도 그렇습니다. 얼마를 주느냐, 얼마를 베풀었느냐가 문제가 아닙니다. 문제는 소중한 유산을, 내가 무엇을 줄 수 있을까를 생각하여야 되겠는데 우리는 남에게 인정받으려고 하고 물량적으로 생각하는 데 문제가 있는 것입니다. 무형적으로 내가 부모로부터 받은 소중한 것이 있습니다. 이런 것은 생각하지 않고 얼마를 받았느냐, 얼마를 못받았느냐, 하는 이런 것들이 다 사람을 불행하게 만듭니다.

감정이란 확실히 소중한 것입니다. 어느 책에 보니 성공이라는 것은 '결과가 아니고 느낌'이라 하였습니다. 내가 어떻게 느끼느냐에 따라서 성공도 되고 실패도 되고 행복도 되고 불행도 됩니다. 그런고로 모든것의 병의 근본은 뭐냐? 자만입니다. 자만은 소중한 감정의 기생충입니다. 인생을 불행하게 만드는 병의 기본요소입니다.

오늘본문으로 돌아가봅시다. 여기 이 목자는 잃은 양 하나를 사랑하고 있습니다. 양 한 마리 잃어버렸습니다. 이는 어디까지나 양이 잘못한 것입니다. 다른 양들이 다 줄서고 따라올 때, 이놈은 한눈팔다가 어디론가 가버렸습니다. 목자는 마음이 아픕니다. 물량적으로 생각하면 아흔아홉이 여기에 있지 않습니까. 그러나 이 사람은 아흔아홉으로 만족하지 않습니다. 지금 잃어버린 한 마리 양한테 마음이 가 있습니다. 여기에 문제가 있습니다. 요새 초등학교나 중학교 사무실에는 아이들의 분실물이 산더미처럼 쌓여 있습니다. 잃어버린 물건을 안찾아가는 것입니다. 신발이고 시계고 할것없이 소중한 것들 내버리고 그냥 가버렸습니다. 집에 가서 잃어버렸다고 징징대면 "걱정하지 마. 사주면 되잖아"하고는 사주거든요. "찾아보자.

어디서 잃어버렸느냐?" 이런 마음이 없습니다. 우리교회에도 두고 간 돋보기안경 수거한 것이 많습니다. 도대체 찾아가지를 않습니다. 그래놓고 또 다른 것을 사는 모양인데, 이것이 문제입니다. 잃어버리면 마음이 아프고, 그리고 찾으려고 애쓰는 것, 이 마음이 행복의 기본입니다. 그런데 그런 의향이 없습니다. '여기 있다. 새로 하나 샀다' '뭐, 그거 돈주고 또 사면 되지'―이 마음이 인간을 불행하게 만듭니다.

뿐만아니라 오늘성경을 잘 보면 이 사람은 이 양을 생각할 때 양의 고통에 동참하고 있습니다. 이 양이 지금 어디 갔나, 어느 산골짜기를 헤매고 있는가, 어느 수풀에 걸렸는가, 얼마나 배고플까―음메음메 울음소리가 들려옵니다. 이대로 밤이 되면 무서운 짐승이 와서 저걸 찢어버리고 말 텐데… 그 양의 아픔을 생각하는 것입니다. 그런고로 그는 잠을 잘 수가 없고, 행복할 수가 없습니다. 이 양을 꼭 찾아야 하는 것입니다. 구약성경 사무엘하 12장에 보면 다윗왕이 범죄했을 때 나단선지가 와서 그 죄를 지적하고 책망하면서 비유를 듭니다. 어떤 부자가 있어 양과 소가 많이 있는데, 바로 옆집에는 가난한 사람이 있어 그에게는 양 한 마리가 있습니다. 이 가난한 사람은 이 양 한 마리를 마치 자기딸처럼 사랑했다 합니다. 딸을 사랑하듯 그 양을 애지중지했습니다. 그런데 그 부자는 집에 손님이 왔을 때 자기 양은 말고 가난한 그 사람의 하나밖에 없는 양을 뺏어다가 손님을 대접하였다 합니다. 그 가난한 사람의 양 한 마리는 자기딸과 같이 소중한 것이었다, 그 말씀입니다. 오늘 여기 이 목자는 잃어버린 한 마리 양을 생각할 때 그것이 얼마짜리냐, 경제적으로 생각하지 않습니다. 아흔아홉 마리가 여기에 있는데 뭐 그런 것 얘기하자는 것이 아닙니다. 양 한 마리, 잃어버린 그 양에 대한 애착, 또 그의 아픔, 그의 고통을 생각하기 때문에 그는 괴로워하는 것입니다. 아흔아홉 마리 가지고 절대로 만족할 수가 없습니다.

뉴욕에 가보면 '인형병원'이라는 것이 있습니다. 아이들이 가지고 노는 인형이란 이래저래 고장이 잘 납니다. 그러면 아이들은 속상해합니다. 그러면 이걸 가지고 가서 수리를 합니다. 그 수리하는 공장을 인형병원이라고 하였습니다. 아이들은 인형을 가지고 놀다 인형팔이 하나 떨어지면 '얼마나 아플까?' 하고 붕대로 비끌어매가지고 가서 수술실에 놓고 왔다가 다음날 가서 찾아옵니다. 이렇게 하다보면 인형값보다 치료비가 더 많아집니다. 그래도 그렇게 합니다. 왜? 아이는 인형을 사랑하니까요. 아이에게는 그 인형이 소중하니까요. 그런데 우리는 어떻게 하는 것입니까. 고장나면 "내버려"하고 부러졌으면 "까짓거 내다버려라, 또 사줄게"합니다. 이게 무슨 짓입니까. 이런 심성이 바로 인간을 얼마나 불행하게 만드는지 모릅니다. 인형 하나가 우리를 행복하게도, 눈물을 흘리게 할 수도 있습니다. 아흔아홉 마리의 양이 여기에 멀쩡하게 있지마는 이 목자의 마음은 잃어버린 한 마리 양한테 가 있습니다. 그 한 마리를 지극히 사랑하는 것입니다.

오늘성경에서 더욱 귀중한 점은 이 사람이 그 한 마리 양을 탓하고 있지 않다는 것입니다. '요놈의 양, 맹추같이, 다른 양들은 다 대열지어서 다니는데 저 혼자 한눈팔다가 곁길로 갔지, 벌받아 싸다, 죄값은 사망이다.' 율법적으로 비판해버리지를 않습니다. 뿐만아니라 이 목자장은 지금 많은 목자와 목동이 수하에 있습니다. 그들을 책망할 수도 있습니다. 누구 잘못이냐, 누구 책임이냐, 청문회 하자

―이럴 수도 있지마는 그러지 않습니다. 책임을 물어야 되지 않겠느냐, 책임을 따져야 될 거 아니냐, 무엇 때문이냐, 기후 때문이냐, 노정 때문이냐, 누가 관심을 못가졌느냐, 누가 잘못했느냐― 할말이 많습니다. 그러나 그 모든 이야기가 다 여기서는 일단 문제화되지 않습니다. 그리고 이 목자는 양을 찾아나섭니다. 누구잘못이면 어떻습니까. 누가 잘못했다는 거 이제 알아서 뭘 합니까. 그런 것이 문제 아니라 양을 찾는 것이 문제입니다. 그래서 목자는 찾아나섭니다, 많은 고난을 치르면서. 잘못은 양이 범했습니다. 그러나 값은 목자가 치릅니다. 그 누군가가 잘못했습니다마는 이를 사랑하는 목자의 마음은 그 고통을 스스로가 감수합니다. 내가 나섭니다. 아무도 원망하지 않습니다. 그대로 찾아나서서 끝까지 양을 찾아 헤맵니다. 아마도 어떤 분들은 이렇게도 말할 수 있을 것입니다. "저 사람 정신 나갔군. 이 밤중에 맹수도 많은데 더구나 골짜기에 가다가 실족하면 양 한 마리 찾다가 제가 죽겠구만." 양 한 마리 찾으러 갔다가 내가 잘못되면? 상관없습니다. 설사 잘못되는 일이 있다 하더라도 이 목자는 이 양을 찾아야 합니다. 여러분, 어떻게 생각하십니까? 이 마음이 행복입니다. 이런 가치관이 행복의 근본입니다. 오늘 우리가 이것을 잃어버렸기 때문에 불행한 것입니다. 그 근본을 점점 잃어버려가고 있습니다.

이제 찾도록 찾을 뿐만 아니라 양의 잘못된 부분을 목자가 대신합니다. 신학적으로 말하면 의롭다 함을 입힙니다. 자기의 의로 양의 죄를 덮습니다. justification, 정당화합니다. 대신 고통을 당하는 것입니다. 속죄하는 것입니다. 목자가 양의 잘못을 대신 감당합니다. 그 많은 위험을 무릅쓰고 찾아 헤맵니다. 찾도록 찾습니다. 이 얼마나 아름다운 마음입니까.

　그리고 오늘성경말씀을 보니 찾아서 어깨에 들러메고 돌아옵니다. 와서 대단히 좋아합니다. 이 양 한 마리, 값이 얼마냐고 물을 것이 아닙니다. 그 수고하고 그 사랑하는 마음에서 얻어진 값입니다. 즐거워하면서 동리사람들 다 모아놓고 "잃었던 양을 찾았노라 나와 함께 즐기자"합니다. 나는 여기서 궁금한 것이 하나 있습니다. 나와 함께 즐기자, 맨입으로 즐겼겠습니까. 뭘 먹었을 것입니다. 저 시원치 않은 양 한 마리 찾아놓고 좋아하면서 잔치하느라고 또 몇마리나 양을 잡아먹었나, 이것이 궁금합니다. 알 바가 아닙니다. 이것은 목자의 마음입니다. 이같은 절대가치의 행복이 필요한 것입니다. 나는 매우 즐겁다, 나는 행복하니까 나와 함께 즐기자―거기에 무슨 돈 따지고 손익 따지겠습니까. 그저 즐겁고 만족한 것입니다. 그런데 이것 한 가지를 생각합시다. 이 얼마나 어리석은 짓입니까. 요새 경제적으로 모든것을 계산하는 사람들 입장으로 보면 그것은 바보짓입니다. 찾아나가는 것도 바보짓이요, 그거 하나 찾았다고해서 희희낙락 잔치하는 것도 멍청한 짓이지요. 여러분, 무릇 이 멍청함이 없기 때문에 불행한 것입니다. 경제적으로 따지지 마십시오. 너무 타산놓지 마십시오. 잃었던 양을 찾았노라, 나는 행복하다―바로 이 마음, 이런 가치관을 다시 세워야 합니다. 여러분, 깊이 생각합시다. 현대인은 많은 것을 돈으로만 환산합니다. 그리고 헌신하는 마음이 없고 소중히 여기는 마음이 없습니다. 생명을 소중히 여길 줄 모릅니다. 다른 사람의 아픔도 모르고 다른 사람의 즐거움도 모릅니다. 더불어 고통을 당하기도 하고 더불어 행복하기도 하여야 합니다. 나와 아무 상관도 없는 것같은 양 한 마리 잃어버렸든말든―이렇게 생각해서는 안됩니다. 이를 소중히 여겨서 자기희생을 거기다 지불합니다. 이 가치관, 이 행복관, 이것을 생각하여야 됩니다. 성경은 분명히 말씀합니다. 여기에 하늘나라의 기쁨이 있다고.

　부모가 다 세상을 일찍 떠나서 할머니와 같이 사는 소녀가 하나 있었습니다. 어느날 집에 불이 났습니다. 이 나이많은 할머니가 위층 아래층 오르내리면서 손녀를 구출하려고 하다가 할머니도 세상을 떠났습니다. 소방대원들이 달려와 살려주어서 이 소녀 하나만 달랑 이 집에 남게 되었습니다. 동네사람들이 모여서 회의를 합니다. "이 아이의 후견인이 되어줄 사람이 있습니까?" 학교 담임선생님이 "내가 데려다 키우겠습니다"하고 나서자 이웃사람이 나서서 "내가 이 아이를 잘 아니 내가 내 양딸로 키우겠습니다"하고, 돈많은 이웃할아버지는 "내가 형편도 여유가 있으니 내가 데려다가 키우도록 하겠습니다"합니다. 이런 중요한 회의를 하고 있을 때, 이 아이를 구해낸 소방관이 시커멓게 그을린 얼굴로 헐레벌떡 회의장에 들어왔습니다. 소녀는 자기를 구출해준 그 아저씨를 본 순간 "아저씨!"하고 달려들어 매달립니다. 회의는 끝났습니다. 그를 위해서 수고한 사람이 바로 그의 부모가 될 수 있는 것이고 후견인이 될 수 있는 것입니다. 이 아이는 자기를 위해서 희생한 분에게만 마음을 줄 수가 있는 것입니다. 여러분, 우리는 이것을 알아야 합니다.

　오늘성경말씀은 세리와 죄인들이 예수님과 함께 식사를 나누었다, 하고 바리새인들이 못마땅히 여길 때 예수님께서 비유로 하신 말씀입니다. 세리와 죄인들은 잃어버린 양과 같다, 그들이 복음을 듣고 구원을 받고 나를 영접하는데 이 얼마나 아름다운 것이냐, 왜 함께 기뻐할 줄을 모르느냐—여러분, 이것은 복음입니다. 다시 이어집니다. 탕자의 아버지, 집을 나갔던 아들이 돌아왔습니다. 아버지는 하도 기뻐서 잔치를 합니다. 왜 이같은 감격이 없을까? 이같은 기쁨이 왜 우리에게서 사라졌는가를 생각해봅시다. 여러분, 이 목자에게는 양 한 마리가 소중합니다. 이 양 한 마리로 인해서 슬퍼하고 기뻐합니다. 그 한 마리의 의미가 바로 나 자신의 의미라는 것을 잊지 마십시오. 내 삶의, 존재의 의미가 되는 것입니다. △

참자유함이 있는 곳

우리가 이같은 소망이 있으므로 담대히 말하노니 우리는 모세가 이스라엘 자손들로 장차 없어질 것의 결국을 주목치 못하게 하려고 수건을 그 얼굴에 쓴 것같이 아니하노라 그러나 저희 마음이 완고하여 오늘까지라도 구약을 읽을 때에 그 수건이 오히려 벗어지지 아니하고 있으니 그 수건은 그리스도 안에서 없어질 것이라 오늘까지 모세의 글을 읽을 때에 수건이 오히려 그 마음을 덮었도다 그러나 언제든지 주께로 돌아가면 그 수건이 벗어지리라 주는 영이시니 주의 영이 계신 곳에는 자유함이 있느니라 우리가 다 수건을 벗은 얼굴로 거울을 보는 것같이 주의 영광을 보매 저와 같은 형상으로 화하여 영광으로 영광에 이르니 곧 주의 영으로 말미암음이니라

(고린도후서 3 : 12 - 18)

참자유함이 있는 곳

밥 바틀렛이라고 하는 탐험가가 경험한 재미있는 일입니다. 그가 외국을 여행하는 중에 아주 희귀한 새 몇마리를 얻었습니다. 이것을 새장에 가두어 배를 타고 본국으로 돌아가기에 이릅니다. 망망대해를 항해하는 중에 그 중 한 마리가 새장에 갇혀 있는 것을 못마땅하게 여겨서 유난히도 시끄럽게 굴면서 새장을 발톱으로 할퀴고 머리를 찧는 등 잠시도 가만히 있지 못하고 계속 포드닥거립니다. 이렇게 몸부림을 치고 발광을 하는 바람에 결국은 새장 문이 열렸습니다. 새는 망망한 대해 위 한가운데로 도망하는 데 성공했습니다. 자유를 얻었습니다. 미친듯이 기뻐하며 창공을 높이높이 날아올랐습니다. 새장은 텅비어 있었습니다. 몇시간 후 밥 바틀렛씨는 자기눈을 의심했습니다. 그렇게 날아올라갔던 새들이 다시 배로 돌아온 것입니다. 날개에 힘이 빠져서 갑판 위에 그냥 툭 떨어져 쓰러진 것입니다. 저들은 자유를 얻었다고 날아올랐는데 망망대해 위에 발붙일 곳이 없습니다. 물론 먹을 것도 없습니다. 죽기살기로 배를 향해서 다시 돌아온 것입니다. 온힘을 다해서 간신히 돌아와 갑판에서 그만 쓰러지고 말았습니다. 그것들을 주워담아서 다시 새장에 집어넣었습니다. 이 새들에게 새장은 이제 감옥이 아니라 안식처였습니다. 끝없는 바다를 건너갈 수 있는 유일한 길이 바로 이 새장에 있었습니다. 굶주린 배를 채울 수도 있고, 편안하게 거할 수 있는 길이 바로 이 새장 안에 있었습니다. 새장은 그들에게 있어서 구원선이었습니다. 여러분, 어떻게 생각하십니까? 참자유가 무엇입니까? 알면 자유요 모르면 필연입니다. 알면 은총이요 모르면 숙명입니다. 내가 처한 처지, 이것이 무엇을 의미하는지, 하나님의 은총 가운데 이 처지가 무슨 뜻을 가졌는지를 알면 그 어느 처지에 있든지 거기에 자유가 있습니다. 거기에 행복도 있습니다. 푸른 창공을 날아간다고해서 자유인인 것은 아닙니다. 참자유의 의미, 다시한번 생각하여야 하겠습니다.

토마스 그룸(Thomas H. Groome)이라고 하는 미국 교육학자의 저서에 「Christian Religious Education」이라고 하는 책이 있습니다. 그 책 안에서 저자는 세 가지의 자유를 언급합니다. 자유의 유형을 우리에게 소개하고 있습니다. 첫째자유가 합리적 사유의 자유입니다. 다시말하면 생각하는 자유입니다. 흔히 자유를 물리적으로 물질적으로 육체적으로 정치적으로 생각하려고 하지마는 그런 것이 아닙니다. 가장 중심적이고 가장 핵심적인 자유는 생각의 자유입니다. 여러분은 지금 생각의 자유를 누리고 있습니까? 내 과거, 계속 나를 어지럽히고 뒤따라다닙니다. 내 악몽, 억울했던 것, 한이 있습니다. 또 지금도 누군가를 미워하고 있습니다. 그러는 한 그 마음과 생각은 그 어디에 있든지 자유롭지 못합니다. 특별히 우리가 많은 근심과 걱정에 매일 때가 있습니다. 그런데 세상에 걱정처럼 불필요한 것이 없습니다.

걱정하고보면 잠도 못자고, 몸에도 해롭고, 결국에는 감성이 약해져서 짜증도 나고 백해무익한 것, 이것이 걱정입니다. 자, 그래도 걱정 안하는 사람이 없거든요. 그것은 생각의 자유가 없기 때문입니다. 우리는 가끔 교양서적을 읽습니다. 그런 책에 요새는 '플러스발상'이라는 얘기가 나옵니다. 창조적인 생각을 하여야 된다, 모든 일을 긍정적으로 생각하라, 부정적으로 생각하면 망한다, 긍정적으로,

창조적으로 생각하라, 라고 강조합니다. 말을 하라면 잘합니다. 그런데 자신은 말과 같지 못합니다. 긍정적으로 생각하여야 좋을 줄 누가 모르나. 안되는 걸 어떡합니까. 잊어버려야 될 것을 잊지 못하고 내 생각이 자유롭지를 못합니다. 생각 자체가 지금 무엇엔가 꽉 붙들려 노예생활을 하고 있는 것입니다. 결국은 생각이 문제입니다.

   은총을 알면 자유롭습니다. 사랑으로 해석할 수 있으면 자유롭습니다. 하나님의 뜻이 이곳에 있는 줄 알면 나는 자유롭습니다마는 왜 그런지 내 생각은 어디론가 자꾸 빠져들어가고, 끌려가고 있습니다. 그래서 이성이 자유롭지 못합니다. 사람에게 주어진 소중한 생각의 근원이 되는 기능, 이성이 자유롭지 못합니다. 병들었습니다. 합리적으로 사유하지를 못합니다. 진리 안에서 생각하지 못하는, 사실을 사실대로 긍정하지 못하는 병든 이성입니다. 그래서 생각 자체가 자유롭지 못합니다. 이것이 근본문제입니다. 때로 우리는 가책에 매이기도 하고 유감스러운 일을 잊지 못합니다. '그래서는 아니될 것이었는데' 하는 많은 후회가 있습니다. 여기서 빠져나올 수가 없습니다. 여러분도 신문을 보셨겠습니다마는 바로 지난 10일(2000년 8월)에 미국의 현직대통령인 빌 클린턴이 4500명이나 되는 많은 목사님들 앞에서 신앙고백을 하였습니다. 대단히 중요한 일입니다. 그가 이른바 '르윈스키 스캔들'로 말미암아 하원의 탄핵을 받은 지 일년 반만에 된 일입니다. 탄핵을 받고 하원에서 한 시간 동안 연설을 하는 그 장면을, 마침 제가 미국에 가 있던 때라 TV로 유심히 지켜보면서 큰 감명을 받았습니다. 기도하는 마음으로 지켜보았습니다. 저 사람 참으로 위대한 사람이다, 이렇게 느꼈었습니다. 그로부터 일년 반만에 4500명의 목사님들 앞에서 진실한 신앙고백을 합니다. 그는 이렇게 말하고 있습니다. "용서에 대해서 많은 것을 배웠습니다. 나는 언제나 내가 남을 용서하는 사람이라고 생각했었는데 사실은 내가 전세계 앞에서 용서를 구해야만 한다는 것을 깨달았습니다. 나의 많은 허물에도 불구하고 변함없이 지지해주신 많은 사람들에게 진심으로 감사합니다. 하원이 나를 탄핵하였습니다. 처음에는 괴로웠습니다만 오히려 그 탄핵으로 인해서 나는 자유롭게 되었습니다. 이래서 저는 나를 탄핵한 그분들에게 오히려 감사를 드립니다. 아침에 일어날 때마다 나는 온몸을 휩싸는 감사의 느낌을 갖습니다. 내가 철저히 무너지지 않았더면 100% 진지해지지 못했을 것입니다. 숨길 것이 아무것도 없어졌을 때, 아무것도 남지 않았을 바로 그때에 내가 해야 할 일을 하는 데 자유로워진다는 것을 깨달았습니다." 아주 투명하게, 아무것도 숨기는 것이 없습니다. 그때가서 비로소 참자유를 누릴 수가 있었다고 고백하고 있습니다. 현직대통령의 신앙고백입니다. 여러분의 마음, 여러분의 양심, 여러분의 이성, 여러분의 생각은 얼마나 자유롭습니까? 진실로 정직하고, 아무것도 숨길 것이 없이 창공을 날으는 것같은 그러한 상태가 될 때, 그러한 영적인 상태에서만 진정한 자유인이 되는 것입니다.

  둘째는 선택의 자유입니다. 선택과 의지의 자유입니다. 어떤 때에 우리는 자유의지로 선택을 하여야 됩니다. 그런데 깨끗한 양심을 따라, 신앙을 따라, 하나님 앞에 한점 부끄러움없이 선택하는 것이 아니라 이권을 생각하고 명예를 생각하고 다음일을 생각하고, 잡스러운 생각이 우리 마음을 붙들고, 거기서 결정을 하는 것입니다. 여러분 자녀들의 결혼이 있습니다. 혼사문제가 있습니다. 사람을 고를 때 순수하게 신앙과 그 인격을 보고 고르면 얼마나 좋겠습니까. 이

분과 사돈맺으면 장사가 잘될 것이다, 이분과 어떻게 관계가 되면 내 출세에 도움이 되겠다, 하는 이 지저분한 생각들 때문에 판단이 흐려집니다. 선택이 빗나갑니다. 여러분의 선택은 얼마나 자유롭습니까?

또하나는 행동의지의 자유입니다. 우리가 어떤 행동을 하려고 할 때 무엇엔가 또 끌리거든요. 자유롭지를 못한 것입니다. 물질적으로, 정치적으로, 또 많은 책임, 또 나의 나약함, 그래 의롭지 못한 도덕성, 이런 것들 때문에 행동이 깨끗하지를 못합니다. 과감하지 못합니다. 담대하지 못합니다. 행동의지의 자유가 없습니다. 이것을 깊이 생각하여야 합니다. 재미있는 이야기가 있습니다. 영국에 '브리태니커'라고 하는 요트가 있는데 영국여왕이 애용하는 요트입니다. 화려한 요트입니다. 이 배를 몰고나갈 때 그 선장과 선원들이 온통 의기양양합니다. '이것은 여왕을 태운 배다. 이 배는 가장 존경을 받는, 아무도 막을 수 없는, 지체높은 배다.' 그리 오만하게 배를 몰고나갑니다. 망망대해로 나가기 시작하였는데 안개가 끼기 시작합니다. 캄캄해집니다. 아무것도 안보이는데 저 앞에 불빛이 보입니다. 점점 가까워오는 그 불빛을 보고 선장이 호령을 하였습니다. "비켜라! 이건 브리태니커호다. 여왕님이 타신 배다. 건방지게 어딜 가까이 오느냐." 소리소리 질렀습니다. 불빛은 더욱 가까이 왔습니다. 부딪힐 지경이 되었습니다. 그 불빛 속에서 이쪽을 향하여 지르는 소리가 있었습니다. "야, 이 미친놈아, 나는 등대다!" 누가 비켜가야 되겠습니까. 내가 큰소리친다고 능사가 아닌 것입니다. 우리의 자유, 이것은 제한되어야 합니다. 내 잘못된 이성, 잘못된 욕심, 잘못된 판단, 여기에다 무제한 자유를 주어서는 안됩니다. 그것을 알아야 합니다.
 오늘본문에 보는대로 인간은 자유하지 못합니다. 물질, 환경, 욕망의 문제가 아니라 영혼의 문제입니다. 영혼이 자유하지 못하다, 하는 것입니다. 신학적으로 설명하고 있습니다. 우리 모두에게 수건이 쓰여 있다, 합니다. 뭔가 쓰였습니다. 그래 자유하지 못하다, 하나님을 뵐 수도 없고, 자기자신을 바로 볼 수도 없고, 이성과 감성의 지가 다 병들었기 때문에 결코 자유하지 못하다, 주께로 돌아가면 수건이 벗긴다, 하였습니다. 예수 그리스도로 말미암아 비로소 우리 영이 자유해짐을 말씀하고 있습니다. "주는 영이시니"하였는데 헬라말로는 '호 데 퀴리오스 토 프뉴마 에스틴' 입니다. 유명한 요절입니다. 성령론에 있어서 이 요절은 대단히 중요한 요절로 늘 증거가 되고 해석이 되고 있습니다. 특별히 '주는 영이시다' 라고 할 때 신학자들은 한 단어를 추가해서 해석합니다. 주는 지금(now, '호') 영이시다, 라고. 주께서도 이 세상에 계실 때는 육체적 시간 공간의 제한을 받으셨습니다. 그러나 지금은 영이십니다. 그런고로 무한한 자유를 누리고 계십니다. 그 영적 존재 됨의 속성을 설명해주는 소중한 말씀입니다. 그리고 다시 말씀합니다. "주의 영이 계신 곳에는 자유함이 있느니라." 자유문제는 정신의 문제요, 가치의 문제요, 세계관 문제요, 영적인 문제입니다. 몸의 문제가 아닙니다. 정치의 문제도 아닙니다. 우리는 8·15광복 이후로 50년 동안 자유에 대하여 공부하였습니다. 1945년 8월 15일은 날씨가 좋았습니다. 그러나 몹시 더웠습니다. 광복의 소식을 듣고 박치순 목사님이 우리집에 찾아오셨습니다. 연세높으시고, 교회의 어른이신 장로님할아버지를 찾아오셔서 "우리가 해방을 맞았습니다" 하였습니다. 둘이 서로 부둥켜안고 엉엉

우는 것을 제가 어렸을 때 보았습니다. 왜 우느냐고 물었습니다. 우리가 해방을 맞았다, 자유를 얻었다, 합디다. 자유라니 무슨 말인가? 저는 어리둥절하였습니다. 한 달 동안 아무도 일한 사람이 없었습니다. 마침 그때 일제가 공출하여 쌓아놓은 곡식이 많이 있었습니다. 소도 있었습니다. 군인들 준다고 공출시켜놓은 소들이 있었는데 이 것들을 그냥 잡고 해서 한달 내내 잔치하였습니다. 먹고, 마시고, 놀고… 사실 시골에서 소고기 자주 못먹습니다. 일 년에 한 번 구경할까말까 하였습니다. 그런데 그때는 좌우간 제 기억으로 코에서 누린내가 나게 먹었습니다. 그때는 이대로 영원히 가는 줄 알았는데, 이대로 자유롭게 사는 줄 알았는데 웬걸, 계속 문제에 부딪히고 동족상잔의 전쟁까지 일어났습니다. 도대체 자유가 어디에 있는 것입니까. 무엇이 자유였다는 것입니까. 무엇을 위해서 우리는 해방을 맞은 것입니까. 여러분, 깊이 생각할 문제입니다. 자유에 대해서 이제 공부하기 시작하였습니다. 이제쯤은 알만합니다. 아직도 그 뜻을 몰라서 스스로도 불행하고 많은 사람을 불행하게 만들고 있습니다. 요한복음 8장 34절에 보면 예수님께서 말씀하십니다. "죄를 범하는 자마다 죄의 종이라…" 방종은 자유가 아닙니다. 탕자가 집을 나갔습니다. 집을 나가 사는 모든 생활은 자유가 아닙니다. 그것은 무서운 속박입니다. 아버지집에 돌아올 때까지는 절대로 자유인이 아닙니다. 예수님께서 "진리가 너희를 자유케 하리라" 하십니다(요 8:32). 오직 진리를 떠날 때 거기에 자유 없습니다. 예수님께서 "아들이 너희를 자유케 하면 너희가 참으로 자유하리라" 하십니다(요 8:36). 아들이 자유케 하면—예수께서 우리를 위하여 십자가에 돌아가시고 그 사랑으로 우리가 하나님의 자녀 됨을 확증해주실 때, 우리가 죄사하심받고 하나님의 자녀 될 때, 성령은 계속해서 우리가 하나님의 자녀 됨을 확증합니다. 죄사하심받고 하나님의 자녀 된 그 사랑을 확증받을 때 거기에 자유함이 있습니다(롬 8). 오로지 거기에만 자유함이 있습니다. 에밀 브루너(Emil Brunner)는 「Justice and Freedom in Society」라고 하는 책에서 '인간은 자유롭다. 그러나 그 자유는 하나님께 얽매일 때 비로소 가능한 것이다'라고 말합니다. 자유의 paradox, 역설을 말합니다. 사랑의 노예가 될 때 자유롭고, 진리의 노예가 될 때 자유롭고, 하나님의 은총에 사로잡힐 때 거기에 자유가 있습니다. 정치도, 물질도, 지위도, 건강도 자유함을 주지 못합니다. 이제 우리는 이것을 배웁니다. 자유는 오직 그리스도의 영이 있는 곳에 있습니다. 그리스도의 영은 사랑이요, 용서요, 희생이요, 겸손이요, 하나님의 거룩한 은총입니다. 오로지 그리스도의 마음이 있고 그 영이 있는 곳에 자유함이 있습니다. 여러분, 이제는 이 참자유를 알고, 이 참자유를 지키고, 이 자유 안에서 참으로 주의 은혜를 감사할 것입니다. 그리할 때 생명력이 넘치고, 소망이 넘치고, 창조적 인간이 될 수 있는 것입니다. 주의 영이 계신 곳에 자유함이 있느니라, 합니다. △

큰 구원을 아는 사람들

요셉이 시종하는 자들 앞에서 그 정을 억제하지 못하여 소리 질러 모든 사람을 자기에게서 물러가라 하고 그 형제에게 자기를 알리니 때에 그와 함께 한 자가 없었더라 요셉이 방성 대곡하니 애굽 사람에게 들리며 바로의 궁중에 들리더라 요셉이 그 형들에게 이르되 나는 요셉이라 내 아버지께서 아직 살아 계시니이까 형들이 그 앞에서 놀라서 능히 대답하지 못하는지라 요셉이 형들에게 이르되 내게로 가까이 오소서 그들이 가까이 가니 가로되 나는 당신들의 아우 요셉이니 당신들이 애굽에 판 자라 당신들이 나를 이곳에 팔았으므로 근심하지 마소서 한탄하지 마소서 하나님이 생명을 구원하시려고 나를 당신들 앞서 보내셨나이다 이 땅에 이 년 동안 흉년이 들었으나 아직 오 년은 기경도 못하고 추수도 못할지라 하나님이 큰 구원으로 당신들의 생명을 보존하고 당신들의 후손을 세상에 두시려고 나를 당신들 앞서 보내셨나니 그런즉 나를 이리로 보낸 자는 당신들이 아니요 하나님이시라 하나님이 나로 바로의 아비를 삼으시며 그 온 집의 주를 삼으시며 애굽 온 땅의 처리자를 삼으셨나이다

(창세기 45 : 1 - 8)

큰 구원을 아는 사람들

만남이라고 하는 것이 무엇인지 깊이 생각하는 지난 한 주간이었습니다(일부 남북이산가족 상봉). 사람과 사람의 만남, 인간의 만남이라고 하는 것은 인간의 기본이요, 어찌생각하면 행복의 근본이기도 합니다. 흔히 소설이라든가 연극이라든가 혹은 영화를 보면 통틀어서 그 성격을 두 가지로 나눕니다. 하나는 희극이고 하나는 비극입니다. 그 과정이 어떻게 진행되느냐, 그거 묻지 않습니다. 다만 끝에가서 해피 엔드로 끝나면 희극입니다. 마지막에가서 두 사람이 그만 다 죽어버리면 비극입니다. 인생은 어떻게 살아가느냐, 그리 중요하지는 않습니다, 사실은. 맨끝에 가서 어떻게 끝을 맺느냐, 그 마감이 어떻게 되느냐, 그것이 희극이 될는지 비극이 될는지, 행복한 자가 될는지 불행한 자가 될는지를 가름하게 됩니다. 만남이라고 하는 것, 여러분 한번 생각해봅시다. 꼭 만나야 할 사람, 사랑하는 사람을 만나게 될 때 이것을 우리는 축복이라고도 하고 큰 기쁨이요 행복이라고 합니다. 만나야 할 사람, 만나고 싶은 사람 만나게 될 때 행복입니다. 그러나 만나서는 안될 사람, 어쩌면 영원히 만나서는 안될 사람을 만나게 될 때 이것은 악연입니다. 저주요, 심판입니다. 만남의 관계에서 떳떳하게 사랑스럽게 자랑스럽게 만날 수 있는가하면, 어떤 사람은 부끄럽게, 어떤 사람은 두렵게, 전혀 만나서는 안될 사람을 만나듯이 그렇게 만나는 관계를 우리가 보았습니다. 여러분, 사람이 항상 사랑하는 사람으로 반갑게 만나며, 그리워하며, 그렇게 살아가는 것입니까, 아니면 만나지 말아야 할 사람이 너무 많고, 만나는 게 반갑지를 않고, 어쩌다가 만나는 것도 안만났으면 좋을 사람을 만나면서 사는, 그런 불행한 삶을 살아가고 있는 것입니까? 여러분 스스로 물어보시기를 바랍니다.

　네덜란드출신의 신앙인에 코리텐 붐이라고 하는 분이 있습니다. 이 분은 나치독일 점령시에 유대인을 숨겨주며 돕다가 그게 발각되어서 수용소로 끌려갔습니다. 그곳에서 많은 어려움을 겪고 살아남아 믿음을 지킨 사람으로서 온세계에 다니면서 신앙을 간증한 일이 있었습니다. 그가 어느날 독일의 「뮤니히」라고 하는 교회에 가서 '원수를 사랑하라' 하는 제목으로 간증섞인 설교를 하였습니다. 설교를 마치고 강단에서 내려서면서 자기가 한 설교를 순종하기 어려운 사건을 만났습니다. 강단 밑에서 바로 자기를 찾아와 인사하는 사람이 있어서 보니 이 사람은 바로 라벤스브룩수용소의 간수였던 사람입니다. 이 간수가 너무나도 잔인하고 포악해서 고생을 많이 했고 그 언니되는 사람도 감옥에서 고통을 견디지 못해서 죽었습니다. 많은 사람이 죽었습니다. 그 독일사람, 그 간수를 '원수를 사랑하라' 라는 설교를 마치고 내려오다가 만났거든요. 이 사람이 손을 내밀면서 "당신의 설교를 통해서 많은 은혜 받았습니다. 감사합니다"라고 인사합니다. 이제 이 코리텐 붐도 손을 내밀어야 하겠는데… 그 순간의 느낌을 두고 그는 이렇게 고백합니다. '오른손이 뻣뻣해지며 옆구리에 화살이 꽂히는 것같은 통증을 느꼈다.' '내가 이 사람의 손을 잡아야 되나?' 그 순간 그는 하나님 앞에 기도를 드렸다고 합니다. '하나님, 용서해주십시오. 저 사람을 용서 못하는 나를 용서해주십시오.' 기도할 때 하나님께서 그에게 힘을 주심으로 비로소 그 억울하고 분했던 마음을 다 털어내고 손을 내밀어 악수를 할 수 있었다, 하는 것입니다. 여러분, 오늘 우리가 사람을 만날 때 모든 사람을 사랑하는 사람 대하듯이 대할 뿐만 아니라 전혀 원수와 같은 사람, 꿈에도 생각하고 싶지 않은 그런 사람을 오늘도 만나며 하나님의 은혜 가운데 사랑의 눈빛으로, 넉넉한 사랑의 마음으로 악수할 수 있는지 우선 자문하여야 할 것입니다.

오늘본문에 나타난 장면은 너무나도 유명한 극적 장면입니다. 요셉과 그 형들이 만나는 장면입니다. 그 형들이 요셉을, 아무 죄도 없는 요셉을 아버지의 사랑을 독차지하고 있다는 것 때문에, 그 시기 질투로해서 열일곱 살 가량 된 동생을 죽이려고 물 없는 우물에 처넣었다가 끄집어내어 애굽에 노예로 팔아먹습니다. 애굽으로 가는 장사치에게 돈을 받고 팔아넘깁니다. 이렇게 악한 일이 세상에 또 있겠습니까. 인류역사를 상기합니다. 에덴동산의 동쪽, 에덴의 동쪽에서 맨먼저 인류가 범한 죄는 유감스럽게도 형이 동생을 죽인 사건입니다. 가인이 아벨을 쳐죽이는 사건이 에덴동산 밖에서 있은 첫번째 죄악입니다. 오늘 다시 여기서 형들이 동생을, 차라리 죽이는 게 낫지 애굽으로 팔아먹어서 한평생 노예로 죽을고생 하는 운명으로 넘겨버립니다. 이런 비참한 일이 어찌 있을 수 있다는 것입니까. 형들은 아마도 이 동생을 영원히 안만날 것으로 생각하였겠지요. 만날 리가 없다고. 다시는 나타나지 말아라―그리 생각하였을 것인데 하나님의 큰 경륜 속에서 이 원수간이 다시 만나게 됩니다. 그 형들이 꼼짝못하고 동생을 만납니다. 원수의 관계, 철천지원수의 관계로 만납니다마는 이제 다시금 하나님의 은혜 가운데서 형제관계로, 사랑하는 형제의 관계로 돌아가는 해피 엔드가 오늘본문에 나타난 이야기입니다.

본문에서 보는 바와 같이 애굽의 총리대신, 천하를 호령하는 이

분이 요셉이라는 것을 아는 순간 형들은 아연실색 하였습니다. 두려웠습니다. 그리고 죽음을 각오하였습니다. '이젠 죽었다. 꼼짝못하고 죽었다. 죽어도 할말이 없다.' 죽음을 각오하는 그 지경까지 갔습니다. 요셉도 처음에야 분하기도 하였겠지요. 원통한 생각도 들었겠지요마는 그는 오늘성경에 보는대로 방성대곡 합니다. 소리높여 통곡합니다. 그러고나서 형들을 위로합니다. 과거를 묻지 않았습니다. 전혀 과거를 묻지 않았습니다. 지난날 나를 그렇게 하다니 어찌 그럴 수 있느냐, 내가 그렇게도 애걸복걸 하였는데 어째서 나를 이쪽으로 넘겼느냐, 누가 주동자냐, 누가 말렸느냐, 누가 밀어붙였느냐—전혀 그런 말이 없습니다. 전혀 과거를 묻지 않습니다. 특별히 '내가 십삼 년 동안 여기서 노예생활 하였다, 억울하게 감옥에 들어가고 무진 고생을 하였다'—그런 얘기라도 할만한데 없습니다. 전혀 과거에 대한 이야기가 없고 오히려, 성경을 자세히 보면, 요셉이 한 말들을 이렇게 볼 수 있습니다. "염려하지 마소서. 두려워하지 마소서. 지체하지 말고 내려오소서. 누가 잘했는지 누가 못했는지, 누구 때문인지, 하고 길에서 다투지 마소서. 당신들의 가족과 자녀들을 내가 기르리다." 50장 20-21절에 말씀합니다. 그리고 그들을 위로합니다. 도리어 요셉이 형들을 위로하는 것입니다.

여러분, 어찌 이런 일이 있을 수 있다는 것입니까. 어떻게 이것이 가능하겠습니까. 그러나 다시한번 깊이 생각해보면 이것은 마땅한 일입니다. 당연히 그러하여야 했습니다. 왜냐하면 요셉은 하나님의 경륜을 알게 되었기 때문입니다. 구원의 역사를 이제 깨달았기 때문입니다. 어쩌면 이 은혜를 깨닫는 오늘까지 그에게는 원망과 불평이 있었는지도 모릅니다. 왜 내가 이렇게 억울함을 당해야 하는

지, 내가 왜 애굽으로 팔려와야 했는지, 왜 이렇게 죄없이 감옥에 가야 하는지, 그 많은 고통을 당하면서 이유를 알 수가 없었습니다마는 오늘은 압니다. 오늘은 다 깨달았습니다. 은혜 안에서 다 소화합니다. 하나님의 은혜의 경륜을 알고 그 속에 있는 나를 생각하면서 그는 감사하고 있습니다. 그래서 깨달은 바가 이것입니다. '당신들이 나를 팔았습니다. 그러나 판 것이 아닙니다. 하나님께서 나를 이리로 보내신 것입니다. 당신과 당신의 자녀들, 우리후손들을 살리기 위하여 하나님께서 나를 앞서 애굽으로 보내신 것입니다.' 팔렸다는 말과 보내심받았다는 말은 엄청난 차이가 있는 것입니다. 팔리는 것은 인간의 일입니다. 보내심받은 것은 하나님의 일입니다. 하나님께서 주도하시어 하나님께서 나를 이리로 보내셨습니다. 그 보내시는 과정은 마음에 들지 않습니다. 그러나 요셉은 그렇게 깨닫고 있습니다. '하나님께서 나를 이리로 보내신 것입니다. 큰 사명을 감당하도록 하나님께서 보내신 것입니다. 하나님께서 하신 일입니다.' 50장 20절에 보면 또 형님들이 자꾸만 걱정을 하니까 그때 하는 말은 이렇습니다. '내가 하나님을 대신하겠습니까. 나로서는 절대로 당신들에게 복수하지 않을 것입니다. 미워하지도 않고 손을 대지도 않을 것입니다. 얼마든지 정당한 복수를 할 수 있습니다마는 내가 하나님을 대신하겠습니까. 당신들을 사랑하고 용서하고 돌아보는 일뿐 내 마음에는 전혀 복수할 마음이 없습니다. 내가 하나님을 대신하겠습니까. 하나님께 맡길 뿐이요, 나로서 해야 될 것은 용서와 사랑뿐입니다.'

50장 20절에 유명한 말씀이 있습니다. "하나님은 그것을 선으로 바꾸사"라는 말씀입니다. 당신들이 나를 팔아먹은 사건, 인류최대의 죄악이었지마는 이 모든 악을, 이 모든 사건을 선으로 바꾸어 합동하여 선을 이루게 하심으로 오늘이 있게 하셨습니다. 선으로 바꾸시는 하나님—그것을 깨달았습니다. 저는 개인적으로 사랑하는 친구가 몇사람 있습니다. 고향에서 나온, 같이 나온 친구들입니다. 그 가운데는 대학총장도 교수도 목사도 있고 박사도 있습니다. 서로 만날 때마다 저는 가끔 이런 이야기를 합니다. "우리가 고향에서 지게를 지다가 일생을 마쳐야 될 죄인인데 김일성 덕분에 여기까지 와서 참 많이 출세했다." 사실이 그렇습니다. 그분이 아니었으면 내가 여기 왜 옵니까. 어림도 없습니다. 올 수가 없습니다. 대대로 내려온 땅이요 내가 중요한 위치의 아들인데 어떻게 할 것입니까. 고향을 절대로 떠날 수가 없습니다. 게다가 할아버지 돌아가시고 아버지는 또 그들한테 총살당하시고 할머니와 어머니밖에 없었습니다. 이 두 분을 남겨놓고 내가 어떻게 떠난다는 것입니까. 유학이니 공부할 것이니 아무런 일이 있어도 절대로 떠날 수 없습니다. 그러나 저 김일성 씨가 나가라, 하는데 어떻게 할 것입니까. 그래서 하는 말입니다. "김일성 덕에 너나 나나 출세했다." 물론 고생이야 많이 했습니다. 그러나 합동하여 선을 이루시는 것입니다. 선으로 바꾸시는 하나님, 그 위대한 역사를 요셉은 알고 그것을 지금 간증하고 있습니다. 거기 하나님의 능력과 하나님의 지혜가 함께하는 것입니다.

또한 '하나님이 나를 애굽 전국의 주로 삼으셨습니다. 애굽의 총리대신으로 만드셨습니다. 하나님이 나를 이렇게 높여서 주권자를 삼으셨습니다. 하나님이 내게 이같은 큰 은혜를 주셨습니다. 그런고로 이 체험, 이 간증 속에서 나는 누구도 미워하지 않습니다. 오히려 당신들을 내가 돌볼 것입니다' 하고 화해하고 아름다운 만남으로 간증하고 있습니다. 어떤 여집사님이 외모도 좋고 똑똑하기도 해서 경우에 어긋나는 일은 절대로 하지 않습니다. 다 좋은데 덕이 좀 부족했습니다. 누구에게도 "미안합니다. 제 잘못입니다. 잘못했습니다"라는 말은 생전 해본 일이 없습니다. 너무 똑똑해서입니다. 이런 분이 어느날 소화가 잘 안돼서 병원에 갔는데 종합진찰을 하라고 해서 그리했더니 결과를 본 의사가 아주 난색을 보입니다. "무슨 병입니까?" "글쎄요." 이제 짐작하고 다시 물어보았습니다. "암입니까?" 의사는 대답합니다. "그렇습니다. 잘해야 한 삼 개월 살 수 있을 것 같습니다." 이 여집사님은 "알았습니다"하고 돌아와서 가만히 생각해보았습니다. 잘못한 일이 너무 많습니다. 이제 생각나는 사람들에게 두루 전화를 걸었습니다. "당신의 마음을 아프게 한 것 죄송합니다. 내가 실수를 했습니다. 내가 잘못했습니다. 용서해주시기 바랍니다." 사방으로 이렇게 전화를 했습니다. 옷장을 열어보니 한번 입었던 옷도 물론이지만 전혀 입어보지 않은 옷도 많습니다. 왜 이렇게 옷은 많이 장만했던가—열고 다 끄집어내어 치수가 맞을만한 사람들에게 다 나누어주었습니다. 또 뭐 줄 거 없나, 하고 고아원을 방문하고 양로원을 방문하고… 바빴습니다. 이러는 동안에 마음이 그렇게 깨끗해질 수가 없었습니다. 난생처음으로 행복을 느꼈습니다. 그렇게 자유로울 수가 없었습니다. 그 어느날 병원에서 의사한테서 전화가 왔습니다. "죄송합니다"라는 말을 열번도 더 하더니 "오진이었습니다. 위암이 아니고 위궤양입니다. 가볍게 조금 치료하면 낫겠습니다. 죄송합니다"합니다. 그러나 이 여집사님은 오히려 이렇게 말하였습니다. "아니에요. 그 오진 때문에 제가 딴사람이 되고 딴세상을 살게 되었습니다. 오히려 감사합니다."

여러분, 내가 받은 은혜가 크고 위대할 때 어떤 사람이라도 다 용서할 수 있습니다. 어떤 사람과도 다 화해할 수가 있습니다. 오늘 본문에 나타난 이 한 사람 요셉이 자기가 받은 은혜를 깨닫고, 하나님의 권능을 깨닫고, 그 위대한 경륜을 알게되는 순간 모든 사람을 사랑할 수 있었습니다. 누구도 허물하지 않았습니다. 누구의 잘못도 탓하지 않았습니다. 이것이 만남입니다. 사랑하는 형님들로 맞이하게 됩니다. 도대체 만나서는 아니될 관계가 이렇게 반가운 만남으로 승화되었다는 이야기입니다. 아인슈타인의 부인에게 어느 기자가 물었습니다. "이런 위대한 과학자와 함께 사시는데, 수학은 아십니까? 물리학은 아십니까? 남편과 그런 것을 얘기할 만큼 남편이 뭘 하고 계시는지 아십니까?" 듣고 부인은 씽긋 웃고 대답합니다. "저는 아무것도 모릅니다. 오직 한 가지, 그 사람이 내 남편이라는 것만 압니다." 여러분, 뭐 많이 알 것 없습니다. 알려고들지도 맙시다. 하나님께서 내게 베푸신 은혜, 하나님께서 나를 사랑하시고 합동하여 선을 이루시면서 나와 함께하시는 그 위대한 사랑만 깨달으면 더는 다른 것을 알 것도 없고 물을 것도 없습니다. 만남의 관계, 얼마나 중요한 것입니까. 고린도후서 1장에서 분명히 말씀합니다. 사도 바울은 궁극적 만남을 말씀합니다. "우리 주 예수의 날에 너희가 우리의 자랑이 되고 우리가 너희의 자랑이 되는 것이라(고후 1:14)." 그렇습니다. 이 세상의 만남이라는 것은 그저 그런 것입니다. (죄송하지만) 그 만나는 것, 그렇게 만나고 그저 울고 헤어졌으니 다행이지 만일에 만나서 뭐 옛날얘기 자꾸 시작하다가는 아마 많이 싸울 걸요. 이놈 죽이자, 저놈 죽이자, 할 것입니다. 여러분, 사람의 만남이라는 게 다 그런 것입니다. 그래서 데살로니가전서 4장 13절에 보면 "소망

없는 다른 이와 같이 슬퍼하지 않게 하려 함이라"합니다. 소망이 없는 만남은 아무 의미가 없습니다. 제가 북한에 갔을 때도 처음 갔을 때 "목사님, 저희들이 보니까 4년 전에 어머니께서 세상을 떠났구만요. 대단히 죄송합니다. 그 무덤이라도 한번 찾아드릴까요?" 그래서 "아니오. 저는 하늘나라에서 만나는 것으로 만족합니다. 처음부터 그렇게 생각했습니다"하고 대답하였습니다. 여러분, 이 세상의 만남이 무슨 대수로운 일입니까. 그리스도의 날에 너희는 나의 자랑이 되고 나는 너희의 자랑이 되리라—그 앞에 가서 있는 만남, 거기에 기쁨이 있고 영광이 있고 자랑이 있어야 할 것입니다. 우리는 그날을 바라보고 오늘을 모든 면에서 은혜로 소화할 수 있는 만남의 사람들이 되어야 할 것입니다. △

첫사랑을 잃은 인간상

에베소 교회의 사자에게 편지하기를 오른손에 일곱 별을 붙잡고 일곱 금 촛대 사이에 다니시는 이가 가라사대 내가 네 행위와 수고와 네 인내를 알고 또 악한 자들을 용납지 아니한 것과 자칭 사도라 하되 아닌 자들을 시험하여 그 거짓된 것을 네가 드러낸 것과 또 네가 참고 내 이름을 위하여 견디고 게으르지 아니한 것을 아노라 그러나 너를 책망할 것이 있나니 너의 처음 사랑을 버렸느니라 그러므로 어디서 떨어진 것을 생각하고 회개하여 처음 행위를 가지라 만일 그리하지 아니하고 회개치 아니하면 내가 네게 임하여 네 촛대를 그 자리에서 옮기리라 오직 네게 이것이 있으니 네가 니골라당의 행위를 미워하는도다 나도 이것을 미워하노라 귀 있는 자는 성령이 교회들에게 하시는 말씀을 들을지어다 이기는 그에게는 내가 하나님의 낙원에 있는 생명나무의 과실을 주어 먹게 하리라

(요한계시록 2 : 1 - 7)

첫사랑을 잃은 인간상

「우리는 사소한 일에 목숨을 건다」라고 하는 재미있는 책을 써서 세계적인 베스트셀러 작가가 된 리차드 칼슨 박사가 요새도 책을 많이 쓰고 여러 곳에서 강연을 하여 사람들에게 감화를 끼치고 있는데, 그가 최근에 쓴 책 가운데 「Don't Sweat the Small Stuff in Love」라고 하는 책이 있습니다. 우리말로도 번역이 되었는데 제목을 아주 잘 번역하였습니다. 「사랑은 사소한 일에도 상처를 입는다」— 한번 읽어볼만한 책입니다. 이 책에서 말하는 것은 이런 것입니다. 사랑이라는 것은 인간관계입니다. 좁혀서 말하면 두 사람의 관계입니다. 더구나 부부간의 관계라는 것은 두 인격의 만남입니다. 이 사랑 속에서 참 오묘한 것이 있습니다. 큰 일에 대해서는 문제가 생기지를 않습니다. 우리는 자꾸 큰 일만 생각하고 크게 생각하나 큰 일이란 그리 중요하지 않습니다. 예를 들어 둘 사이에 자라고 있는 아이가 아파서 병원에 간다고 생각합시다. 어린아이가 아프다고하면 남편이건 아내건 다 하나가 됩니다. 그를 위하여 기도하고 그를 위하여 애쓰고, 그 답답한 시간에 사랑은 뜨겁게 달아오릅니다. 사업에 실패했다든가 본의아닌 엄청난 문제에 도전받게되면 사랑은 쉽게 하나가 될 수 있습니다. 여기에는 문제가 없습니다. 그런데 우리는 거기에만 문제가 있는 줄 압니다. 그러나 그게 아니라 사실은 작은 일에 문제가 있다는 것입니다. 큰 일을 당하면 사람들은 대부분 용기와 창의성을 가지고 대처합니다. 그리고 합심합니다. 그런고로 문제가 없는데, 사소한 일, 예컨대 TV채널을 선택하는 일, 남편은 이걸 보겠다 하고 아내는 저걸 보겠다 하고, 이런 일로 티격태격합니다. 거기까지도 괜찮은데 "당신은 수준이 낮아서 그런 걸 본다"하고 나오면 "수준높은 사람 좋은대로 해봐!" 이러고 싸웁니다. 이어서 딴방으로 가서 보라고 내쫓으니까 둘이 따로따로가 됩니다. 이렇게 되면서 금이 가기 시작합니다. 그런 소리 한마디에 이렇게 되는 것입니다. 전기스위치를 왜 켰(껐)느냐, 하고 나온다든가, 치약을 몸통부터 눌러 가지고 난리다, 하고 궁시렁거린다든가… 이런 모양으로 서로 한마디씩 하면 마음이 상합니다. 양말을 벗어서 아무데나 내던진다… 한 평생 잔소리를 해도 그 버릇 못고칩니다. "당신은 근본적으로 가정교육을 잘못받아서…" 이렇게 나오는 날이면 일은 끝나는 것입니다. 사소한 일, 자그마한 일인데 거기서 상대방의 인격을 헐뜯습니다. 상대방의 명예를 짓밟습니다. 자존심을 묵살해버립니다. 이런 것, 사소한 일같지만 결코 사소한 일이 아닙니다. 이미 마음이 뜨고 사랑이 멀어졌다는 것을 여기서 보게되는 것입니다. 그 증거입니다. 그러니 사소한 일이 아니라 큰 일인 것입니다. 이에 대하여 리차드 칼슨 박사는 100가지 처방을 내놓습니다. 사소한 일로 부딪치지 않으려면, 하고 내놓은 100가지 처방 중 99번째가 '처음같이 행동하라' 하는 것입니다. 연애시절로 돌아가라는 것입니다. 주변에서도 간혹 이런 것을 볼 수 있습니다. 무미건조한 생활의 타성에 젖어 있던 어느날 문득 남편이 그 옛날 연애하던 때를 떠올리고 심기일전, '오늘은 기분을 좀 내어보자' 하고 꽃 몇송이 사서 들고 집에 들어갔습니다. 이런 때 아내가 "어머, 웬일이에요? 우리 연애하던 때가 생각나네요"하고 받아주었으면 좋겠는데 "난데없이 꽃은 무슨…"하고 시큰둥하다든가 "돈 없애고 웃기는 짓 하네"하는 날이면 둘 사이는 돌이킬 수 없게 됩니다. 무심코 던지는 그런 말 한마디, 사소해보이는 그 반응이 결코 사소한 일이 아닌 것입니다. 「라이프」지 최신호에 '사랑의 과학'이라는 제목의 논문이 실렸는데 거기에도 이런 이야기가 나옵니다. "그대 없이는 살 수 없다"라고 말하는 처음사랑의 때, 말만이 아니라 진실로 '정말 저 사람 없이는 내가 못살 것같다'고 느끼는 그런 순간은 확실히 있는데 그런 감정이 얼마나 오래 가느냐, 과학적으로 연구해보았더니 18개월 간다는 결론이 나왔습니다. 그것도 오래 간 것이지요, 18개월이면. 그리고 최고로 오래가는 사람이라야 고작 3년이라고 합니다. 그렇다니 일단은 그런 줄 알고 있읍시다. 그런고로 특별한 대처가 없이 자연현상으로 사랑이 이어지리라고는 기대할 수 없는 것입니다. 처방이 있어야 하는 것입니다. 문제가 있지요?

오늘본문에서는 처음사랑을 잃어버린 교회군상에 대해서 부활하신 예수께서 친히 말씀하시고 친히 처방을 주십니다. 에베소교회, 아주 훌륭한 교회입니다. 소아시아 일곱 교회 가운데 가장 크고 대표적인 교회입니다. 그러나 문제가 있었습니다. 잃어버린 것이 있습니다. 첫사랑을 잃어버렸습니다. 여러분, 사랑을 어느만큼 무겁게 생각하십니까? 고린도전서 13장에 이런 말씀이 있습니다. "산을 옮길만한 모든 믿음이 있을지라도 사랑이 없으면 내가 아무것도 아니요…" 또 "내 몸을 불사르게 내어줄지라도 사랑이 없으면 내게 유익이 없느니라"합니다. 얼마나 엄청난 희생입니까. 그런 희생을 치른다해도 내게 사랑이 없으면 nothing, 아무것도 아니라 합니다. 여기서 본문말씀을 다시 생각하여야 합니다. 보면 이 에베소교회는 수고가 있었습니다. 인내가 있었습니다. 그 좋은 일이지요. 많은 수고 많은 인내함이 있었습니다. 그러나 사랑이 없고보니 불평과 원망뿐입니다. 사람들이 자식을 위해서 수고합니다. 한평생 수고합니다. 오래오래 참습니다. 잘하는 일입니다. 그러나 그래놓고 나중에가면 원망과 불평입니다. 왜? 사랑이 없기 때문입니다. 깊이 생각할 문제입니다. 「우리가 정말 사랑하고 있을까?」라는 제목의 책이 있습니다. 제목 자체가 마음을 뜨겁게 합니다. 우리가 정말 사랑하고 있을까? —내가 자식을 사랑했느냐고 스스로에게 물어보십시오. 사랑이 없었기 때문에 원망과 불평이 나오는 것입니다. 어떤 때는 자식 하나를 위해서 한평생 홀로 살면서도 수고를 합니다. 얼마나 수고하였으며 얼마나 오래 참았습니까. 그런데 마지막에가서 '나는 잘못살았다' '헛살았다' 하고 탄식하는 것입니다. 그러면 좋은 누구를 위하여 울린 것입니까. 무엇을 위하여 살았던 것입니까. 사랑이 없으면 수고와 인내, 아무 소용도 없는 것이라고 말씀합니다. 사랑이 없기 때문에 결국은 원망과 불평으로 끝나고 맙니다.

또한 에베소교회는 아주 정의감이 강하고 비판이 있고 개혁이 있는 교회이고 의를 주장하는 교회입니다. 그래서 이단을 척결하였습니다. 아주 잘한 일입니다. 그러나 그 속에 사랑이 없었습니다. 사랑 없는 개혁, 사랑 없는 이단척결, 사랑 없는 비판, 결국은 상처뿐입니다. 분열로 멍들고 말았습니다.

또하나는, 여기 보니 참고 견디고 게으르지 아니하였다, 말씀하십니다. 참고 견디고 게으르지 않았다—참 귀한 일입니다. 이보다 더 좋은 이야기가 어디 있습니까. 예수 그리스도의 이름을 위하여 참고 견디었다는 것입니다. 대단히 잘했습니다. 그러나 사랑이 없었습니다. 교만했습니다. 여기서 원망과 불평으로 끝났습니다. 간혹 이런 경우가 있다고 합니다. 선교사들이 해외에 나가서 수고합니다.

수고 많이 합니다. 그런데 선교사들 가운데 상당수가 본국에 돌아와서 원망 불평이 많습니다. '이렇게 잘살면서 나 왜 안도와주나?' '도대체 교회는 뭘하고 있느냐?' 이러고 비판하는 것입니다. 그렇다면 누구를 위하여 일을 한 것입니까. 교만에 빠졌습니다. 사랑이 없기 때문에 교만해집니다. 그것으로 끝난 것입니다. 모든 일이 거기에 사랑이 없으면 아무것도 아닙니다. 피곤하고 절망하고, 비판하고 분열하고, 그렇게 되는 것입니다. 사랑이 없는 지식은 교만하게 되고 수고와 업적은 원망과 불평으로 끝나게 됩니다. 대책은 사랑뿐입니다. 사랑을 떠났기 때문에 잃어버린 사랑, 실종된 사랑에 관심을 가지고 다시 처음사랑을 찾아 돌아가야 된다는 말씀입니다. 심리학자 나폴레온 힐(Napoleon Hill)은 인간은, 더욱이 현대인은 일곱 가지를 고민한다고 하였습니다. 불안이 있는데, 불안의 첫째는 경제적 불안입니다. 가난해질까봐 불안하고 실패할까봐 불안합니다. 이것은 명예에 대한 것입니다. 그 다음은 질병에 대한 불안입니다. 건강에 대한 불안입니다. 그 다음은 사랑의 손실에 대한 불안입니다. 사랑이 깨어지면 어떡하나, 하는 불안이 있습니다. 그 다음은 노쇠에 대한 불안입니다. 그 다음은 내가 누리는 자유를 잃어버리면 어떡하나 하는 불안입니다. 마지막으로 죽음에 대한 불안입니다. 일곱 가지 불안 중에서 제가 생각하기에는 가장 중요한 것이 사랑에 대한 불안입니다. 사랑에 대해서 걱정할 줄 알아야 합니다. 사랑에 대해서 또 다시 한번 깊은 관심을 가져야만 모든 문제의 해결을 볼 수 있습니다. 그래서 오늘성경은 처음사랑을 가지라고 말씀하십니다. 처음사랑— '아가펜 프로텐' 입니다. 시간적 개념으로 '처음' 이라는 것이 아닙니다. 이것은 본질적이고 속성적인 것입니다. 근본적인 것입니다. 근본적, 본래적 사랑으로 돌아가라, 그런 말씀입니다. 그런데 오늘본문에 보면 이에 대하여 자세하게 처방을 내리십니다.

훈계를 들어봅시다. "어디서 떨어진 것을 생각하고"하십니다. 사랑이란 중심이동입니다. 목적의 변화를 말하는 것입니다. 나를 기쁘게 하던 자가 저를 기쁘게 하려고 할 때 그것이 사랑입니다. 내가 목적이던 사람에게 다른 사람이 목적이 될 때 그것이 사랑입니다. 이렇듯 중심이 저쪽에 가 있었는데 어느새 이것이 되돌아왔습니다. 보십시오. 선한 일 하면 칭찬받습니다. 표창장도 받을 수 있습니다. 그러나 어느 사이에 그만 칭찬받는 데 매력을 느끼고 사랑은 없어졌습니다. 좋은 일 하면 하나님의 축복을 받을 수 있지요. 그러나 축복받는 데 마음을 두기 시작하면서 어느 사이에 그만 사랑을 잃어버렸습니다. 근본적인 사랑을 잃어버렸습니다. 그러면 남는 것이 무엇입니까. 아무것도 아닙니다. 그래서 '어디서 떨어지고' 무엇 때문에 잘못되었는지, 어디서부터 잘못되기 시작했는지를 깊이 생각하라, 그 말씀입니다. 여러분이 운동을 좋아합니까? 골프를 치든지 정구를 하든지 뭘 하든지 간에 건강을 위해서 운동들 많이 하는데 기왕 할 바에는 좀 잘하고 싶은 마음도 생깁니다. 그래서 잘하겠다는 마음은 좋으나 우스운 꼴을 더러 봅니다. 목욕탕에 가서 빨가벗고 앉아 골프연습 하는 사람들이 있습니다. 여기서 내가 잘하는 비결을 말하겠습니다. 이것을 알아야 됩니다. 운동은 자연현상이 아닙니다. 운동을 할 때는 똑같은 일을 반복하는데, 이것이 저절로 되리라고 생각해서는 안됩니다. 운동을 잘하는 세계적인 선수들이 하는 말에 귀기울여봅시다. 보면 자기의 장점이 뭔지 단점이 뭔지를 알고 있습니다. 이상한 것은, 내버려두면 단점이 나온다는 것입니다. 언제나 '이것은 내 단점이다, 이것은 내 장점이다' ─ 한번 더 생각을 하고 시도를 하여야 되는 것입니다. 순간순간 잠깐이라도 생각을 놓치면 안됩니다. 사랑도 그렇습니다. 사랑은 자연현상이 아닙니다. 사랑은 감성이 아닙니다. 의지입니다. 사랑은 훈련도 하고 공부도 하여야 되는 것입니다. 깊이 생각할 것입니다. "어디서 떨어진 것을 생각하라" 하십니다. 그러고야 할 수 있는 것이 사랑입니다. 순간순간 분명하게 생각을 하여야 됩니다. 이를테면 남편이 저녁에 집에 돌아온다 합시다. 서로가 한창 뜨거웠을 때는 어떠했습니까. '그이가 들어오면 내가 뭐라고 말을 할까? 무슨 옷을 입고 맞이할까? 헤어스타일은 이대로 괜찮을까?' 하였습니다. 그런데 이제 한참 같이 살고보니 그만 타성이 생겼습니다. 세수도 아니하고 앉았다가 남편이 들어와 "여보, 나 왔수"하면 "왔어?" 그러고 맙니다. 생각이 없지 않습니까, 도대체가. 순간순간 하나의 사건에도 생각이라는 것을 얹어가지고 행동하고 말하여야 되는 것입니다. 운동이 그렇습니다. 저도 운동을 해봅니다마는 순간순간 생각을 해야지 잠깐만 마음을 비우면 벌써 빗나갑니다. 생각한다는 것이 이렇듯 중요합니다. 습관이나 혹은 익숙해진 것으로부터 탈피하여야 되는 것입니다. 항상 새롭게 생각하고 처음같이 생각을 하여야 됩니다. 그래야만 이 사랑을 지켜갈 수 있는 것이다, 하는 말씀입니다. 그래서 "어디서 떨어진 것을 생각하라" 말씀하십니다.

다음으로 "회개하여 처음행위를 가지라" 하십니다. 회개하다, 메타노에오, return입니다. 원점으로 돌아가라. 처음사랑으로 돌아가라, 신혼때로 돌아가라, 그쪽으로 돌아가서 다시 생각하라… 다시 시작하는 것입니다. "회개하여 처음행위를 가지라" 하십니다. 단테의 서사시「신곡」의 지옥편에 보면 지옥에도 층계가 있습니다. 그 층계를 내려가고 내려가고 내려가면 맨밑바닥 제일 깊은 곳에 제일 무거운 죄인 세 사람이 있습니다. 예수 그리스도를 배반한 가룟 유다, 자기를 총애하는 친구 시이저를 배신한 브루투스와 캇시우스가 그들입니다. 배신이라는 죄가 가장 큰 죄라고 단테는 생각한 것입니다. 소크라데스는 무지가 큰 죄라 하였고, 헬라사람들은 교만이 큰 죄라 하고, 피히테라고 하는 철학자는 나태가 가장 큰 죄라 하였습니다마는 단테는 배신을 가장 큰 죄로 보았습니다. 사랑의 배신, 가장 소중한 첫사랑의 배신, 이것이 가장 큰 죄가 됨을 알아야 합니다. 나 자신이 받는 사랑을 나 자신이 배신하는 것, 이것이 가장 큰 죄입니다. 처음사랑을 가지라, 말씀하십니다.

여러분, 예수믿고 처음이 어떻습니까? 처음 구원받은 것 감사하고 죄사하심받은 것 감사하고 천국약속 받은 것 감사하고… 십자가 중심의 깨끗한 신앙으로 출발을 합니다. 전도학에 보면 재미있는 이야기가 있습니다. 전도를 제일 많이 하는 사람이 누구인고하니 통계적으로 믿는 지 1년 6개월 못된 사람이라는 것입니다. 예수믿고 1년 반 된 사람, 그 전까지가 제일 전도를 많이 합니다. 예수믿고 오래되고 나이 좀 지긋해지면 살펴보건대 일년 내내 한 번도 전도한 일 없는 사람이 허다합니다. 첫사랑을 잃어버린 것입니다. 처음감격이 없는 것입니다. 처음에는 예수님께서 아시면 되었고 하나님과 그리스도의 사랑으로 만족하였습니다. 그러나 뒤에는 그렇지 못하더라고요. 처음에는 예수님만 보고 나왔는데 나중에는 사람을 봅니다. 사람들이 나를 알아주나 아니알아주나, 칭찬하나 아니하나를 생각하더라고요. 그래 가끔 제가 어려움을 당합니다. 권사님일 성싶은 분이

나보고 "목사님, 저 누군지 아세요?" "제가 소망교회 교인이라는 거 아세요, 모르세요?" "모르겠는데…" "저, 권사인데요." 그러면 저도 할말이 있답니다. "자고로 나는 여자얼굴을 똑바로 안봅니다." 또 한마디, "예수님 아시면 됐지 내가 알아서 뭐하겠어요?" 내가 아나 모르나, 목사님이 알아주나 아니알아주나, 그게 무슨 대수입니까. 첫사랑에는 이런 것이 없었거든요. 오로지 예수, 오로지 하나님, 오직 그리스도의 사랑으로 만족하고 충만했는데 어쩌자고 사람의 눈치를 보고 사람의 평판에 귀를 기울이기 시작하는 것입니까. 여기서 그만 추락해버립니다. 무엇이 잘못되었다고 생각하십니까? 무엇 때문에 피곤해졌다고 생각하십니까? 사랑을 잃었습니다. 처음사랑을 잃었습니다. 이제 다시 찾는 길은 첫사랑으로 돌아가는 것입니다. 처음으로 돌아가서 처음행위를 가지라, 하십니다. 그 뜨거운 사랑으로 돌아가라, 하십니다. 그리하면 온세상을 다 사랑의 눈으로 볼 수 있습니다. 온세상사람이 다 반가워질 것입니다. 삼라만상이 아름답게 보일 것입니다. 사랑하기 때문입니다. 하나님의 사랑을 확증하게될 때 바로 거기 성령의 역사가 있는 것입니다. 성령의 역사는 하나님의 사랑을 확증해줍니다. 그래서 새로운 세상을 살아가게 됩니다. △

좁은문으로 들어가라

예수께서 각 성 각 촌으로 다니사 가르치시며 예루살렘으로 여행하시더니 혹이 여짜오되 주여 구원을 얻는 자가 적으니이까 저희에게 이르시되 좁은 문으로 들어가기를 힘쓰라 내가 너희에게 이르노니 들어가기를 구하여도 못하는 자가 많으리라 집주인이 일어나 문을 한 번 닫은 후에 너희가 밖에 서서 문을 두드리며 주여 열어 주소서 하면 저가 대답하여 가로되 나는 너희가 어디로서 온 자인지 알지 못하노라 하리니 그 때에 너희가 말하되 우리는 주 앞에서 먹고 마셨으며 주는 또한 우리 길거리에서 가르치셨나이다 하나 저가 너희에게 일러 가로되 나는 너희가 어디로서 왔는지 알지 못하노라 행악하는 모든 자들아 나를 떠나 가라 하리라 너희가 아브라함과 이삭과 야곱과 모든 선지자는 하나님 나라에 있고 오직 너희는 밖에 쫓겨난 것을 볼 때에 거기서 슬피 울며 이를 갊이 있으리라 사람들이 동서 남북으로부터 와서 하나님의 나라 잔치에 참여하리니 보라 나중 된 자로서 먼저 될 자도 있고 먼저 된 자로서 나중 될 자도 있느니라 하시더라

(누가복음 13 : 22 - 30)

좁은문으로 들어가라

　현대인을 병들게 하는 몹쓸철학 세 가지가 있다고 합니다. 그 첫째가 안일주의라고 하는 것입니다. 편리주의입니다. 그저 편하게편하게만 살려고 하는, 그러한 철학이 인간과 사회를 병들게 하고 있다, 하는 것입니다. 문명의 이기라는 것은 대체로 우리를 편리하게 합니다. 멀리 가려면 며칠씩 걸리는 데를 요새는 몇분이면 갈 수 있고, 오래오래 힘들여 만들던 것 지금은 쉽게 만들 수 있고, 기다려서 기다려서 음식을 먹어야 했는데 지금은 그저 간이식품 따위로 쉽게 먹을 수 있습니다. 저는 유학시절에 라면을 무척 많이 먹었습니다. 박스로 사다가 침대밑에 넣어놓고 간이 먹었는데 그것 끓여먹는 시간 그것도 싫어서 보니 1분라면이니 컵라면이니 하는 것들이 나왔습디다, 좋은 것도 아닌데. 잠간의 시간마저 보낼 수가 없어서 더 빨리 더 빨리 되는 것 뭐 없을까, 합니다. 퀵 서비스라고 하는 것이 사람을 이렇게 병들게 하고 있습니다. 생각해봅시다. 아주 옛날이야기입니다. 나 혼자서나 생각할 이야기입니다마는 말씀하겠습니다. 제 어머니가 여름에 목화씨를 땅에다 심고 목화나무를 잘 가꾸어서 가을에 솜을 따고 그걸 틀어 실을 뽑고, 그리고 밤새 그것으로 베를 짜가지고 손수 재봉을 하시고⋯ 이렇게 해서 옷을 만들어주셨습니다. 시원치 않은 옷이지만 그 옷은 아주 값비싼 것입니다. 그 속에 사랑과 정성과 마음의 진실이 다 담겨 있습니다. 그것을 입고 자란다고 하는 것은 그실 천하를 얻은 것같은 행복이라 하겠습니다. 값비싼 옷들을 보는대로 사 입다가 이내 벗어 팽개쳐버리고 하는 것, 거기서는 인간미고 아름다움이고 찾아볼 수가 없습니다. 유감스럽게 생각합니다. 우리가 쓰는 말도 그렇습니다. 흔히들 쉽게쉽게, 빨리빨리, 나 하나만이라도, 지금 당장, 무엇부터… 이런 식으로 몰아붙입니다. 그러는 가운데서 소중한 정성, 사랑, 고귀한 인간미는 다 잃어버렸습니다.

몹쓸철학 그 두 번째는 'relativism' 이라고 하는 것입니다. 상대주의입니다. 요새 장사하는 사람이든 정치하는 사람이든 교육하는 사람이든 간에 모든 분야에서 들려오는 하나의 '좌우명' 이 있습니다. '변화하는 것만 생존한다' 하는 소리가 그것입니다. 변화하는 것만 생존한다, 변하지 않는 것은 죽는다, 이것입니다. 이른바 개혁이라는 것을 촉구하는 슬로건입니다마는 이것은 무서운 소리입니다. 모든것이 변한다, 변하지 않는 것은 없다, 변화해야만 살아남는다— 그러나 방향도 없고 목적도 없고 궁극도 없습니다. 목적도 없는 변화, 방향을 알 수 없는, 방향 실종된 이러한 변화, 참으로 무서운 것입니다. 그래서 절대적 진리는 없고 기준이 없고 중심을 잃어버린 그런 세상을 우리가 표류하고 있는 것입니다. 엄청난 문제입니다.

세 번째는 실리주의입니다. 요새는 이데올로기를 넘어서 실리를 추구합니다. 수십 년 수백 년 붙들어오던 이념이라고 하는 것, 이데올로기를 버리고 실리를 추구하는 그런 세상이 되었습니다. 결국은 실리, 즉 결과만 생각합니다. 방법과 과정을 생각하지 않습니다. 목적과 의미도 상관이 없습니다. 실리적으로 대처하겠다고 하는데, 여기서 수단과 방법을 가리지 않는 무서운 인간상이 나타나게 되었습니다. 이를테면 공부를 잘한다 합시다. 공부에 지름길이 없습니다. 인생에 요행길은 없는 것입니다. 보십시오. 공부 잘하도록 좋은 책상도 마련하고 좋은 램프도 켜놓고 좋은 음식이며 좋은 공부방이며 넉넉한 학비, 이런 것 다 해준다고 되는 일이 아닙니다. 공부는 스스로가 하여야 되는 것입니다. 분위기 만들어주었다고 공부가 되는 것은 아닙니다. 공부는 스스로에게 달려 있습니다. 어느 잡지에 보니 공부 잘하는 비결에 다섯 가지가 있다 하였습니다. 심력, 체력, 지력, 자기관리능력, 인간관리능력 등이 그것입니다. 체력도 없는 사람 보고 공부하라 다그치면 죽으라 하는 것과 같습니다. 자기관리능력이 없는 것입니다. 잠시도 앉아 있지 못합니다. 숫제 마음을 가누지 못합니다. 이런 사람 보고 공부하라, 몰아붙이는 것은 안될 일입니다. 자기관리능력이 있어야 공부도 합니다. 또 인간관리—친구들을 관리할 줄 알아야 합니다. 만약 이것이 안되면 우울증환자가 됩니다. 공부하다가 사람 병신됩니다. 이 다섯 가지 소양은 많은 시련으로부터 얻을 수 있는 것입니다. 긴 시간이 흘러가면서 깨닫고 훈련받고, 그리고 이러한 능력을 가지게 되는 것입니다. 그리고 공부할 수 있는 것입니다. '빨리빨리' 되는 일이란 하나도 없습니다. 우리할아버지가 늘 교훈으로 이야기해주신 것이 있습니다. 어떤 할아버지가 손자 손을 잡고 "도끼자루로 쓸만한 나무를 찍으러 가자"하고 등산을 하였습니다. 아시는대로 도끼라는 것은 도끼날이 있고 그 머리부분에 자루가 박혀 있는데 이 자루는 나무입니다. 아주 튼튼한 나무라야 합니다. 보통나무는 거기에 박아놓아봤댔자 한번 치면 부러져나갑니다. 쇠처럼 단단한 나무가 있어야 되는데 이것을 구하기 위해서 이제 산 속으로 올라갑니다. 마침 바위밑에 곧게 자란 참나무가 있었습니다. "할아버지, 저거 찍읍시다." 손자가 말했더니 "안된다"하고 할아버지는 지나쳐 올라갑니다. 한참 올라가다 보니 예쁘게, 곧게 자란 나무가 보였습니다. "저거 찍어요, 할아버지." "안된다." 할아버지와 손자는 숨을 몰아쉬면서 산꼭대기까지 올라갔습니다. 할아버지는 거기서 한 나무를 가리켰습니다. "사방으로 비바람을 맞는 저기 저 나무를 찍어라." "할아버지, 저런 나무는 저 산밑에도 얼마든지 있었는데요." "아니다. 그런 것은 바위밑 그늘에서 자란 것이다. 이 산꼭대기에서 비바람을 온몸으로 맞고 자란 저거라야 도끼자루가 될 수 있느니라."

여러분, 인격이 무엇입니까. 전기스위치를 건드리면 반짝하고 불이 들어오듯이, 컴퓨터스위치를 누르고 클릭하면 금세 눈앞에 뭐가 번쩍 나타나듯이 그렇게 되는 것이 아닙니다. 인간은 그렇지 않습니다. 인격적으로 변화하는 것이고 그렇게 되는 데는 많은 시간과 훈련이 필요합니다. 기적은 없습니다. 오랜 시간 동안에 훌륭한 인격으로 키워져나가는 것입니다. 그렇거늘 요사이는 모두가 그저 급하기만 합니다. 무엇이건 automatic으로, 자동적으로 데꺽데꺽 이루어지기만을 바랍니다. 이 조급함에 문제가 있습니다. 미국사람들의 격언에 이런 말이 있습니다. '차선은 최선의 원수다.' 그렇습니다. 최선이어야 하는데 우리는 최선을 버린 지 오래되었습니다. 차선만 찾습니다. 3선 4선을 찾습니다. 최선이 아니면 안된다—이런 고집이 다 어디로 갔는지 종적을 찾아볼 수 없게 되었습니다. 독일의 신학자 본훼퍼의 유명한 신학명제가 있습니다. '값싼 은혜가 우리 교회의 치명적인 원수다. 우리는 오늘 값비싼 은혜를 위하여 싸우고 있다.' 그 신학의 주제입니다. 때로 흔히들 예수 없는 은혜를 생각합니다. 복을 달라고 비는데 그 속에 예수가 없습니다. 예수님께서는 이미 복된 길을 가르쳐주셨습니다. 마음이 가난한 자는 복이 있나니, 애통하는 자는 복이 있나니, 핍박당하는 자는 복이 있나니, 좁은

문으로 들어가는 자가 복이 있나니… 복된 길을 다 가르쳐주셨거늘 다 마다한 채 손바닥 내놓고 무작정 복주십사, 몸부림칩니다. 이것은 믿음이 아닙니다. 잘못된 신앙입니다. 또한 십자가 없는 예수, 생각해보십시오. 예수께서는 전부 십자가에 초점을 맞추십니다. 자기 십자가를 지고 나를 좇을 것이니라, 하십니다. 여기에 생명의 길이 있다, 하십니다. 그런데 흔히들 십자가는 간데없이 안일하게 예수를 생각합니다. 뿐만아니라 discipline이 없는 은혜, 훈련과정을 무시한 은혜를 생각합니다. 긴 시간의 훈련이 필요합니다. 하나님께서 이스라엘백성에게 가나안땅을 주실 때 훌쩍 책장을 넘기듯이 하루아침에 주신 것이 아닙니다. 사십 년이라고 하는 긴 discipline 코스, 이 교과과정을 통해서 가나안땅을 주셨습니다. 우리는 이 귀한 진리를 망각하고 있습니다. 기나긴 훈련과정, 이 시련, 이것이 우리에게 반드시 필요한 것입니다. 이것을 통하여 복주시고 선한 길로 인도하신다는 말씀입니다.

　오늘본문에 아주 의미심장한 질문이 있습니다. 제자들이 예수님께 질문합니다. "구원을 얻는 자가 적으니이까?" 잘 상고해봅시다. 제자들이 예수님을 따를 때 기적을 바라고 축복을 바라고 형통을 바라고 출세를 바라고, 예수님을 통해서 기적같은 놀라운 축복이 있어지기를 바라고 따랐습니다. 따르면서 예수님의 교훈을 잘 들어보니 그게 아니었습니다. 그 마음에 깨달음이 옵니다. 예수님말씀이 부자가 천국에 들어가기가 약대가 바늘귀 들어가기보다 어렵다, 자기십자가를 져야 한다, 하십니다. 이런 말씀 하시는 것을 보고 '아, 내 소원성취, 아무래도 어렵겠는데…' 그래서 그런 질문을 해본 것입니다. "구원을 얻는 자가 적으니이까"—이에 예수님께서 이만큼이다 저만큼이다, 10%다 20%다, 하시지 않고 딱 한마디 말씀을 하십니다. "좁은문으로 들어가기를 힘쓰라." 적다는 말씀입니까 많다는 말씀입니까. 여러분 스스로 이해하시기 바랍니다. "좁은문으로 들어가기를 힘쓰라"하십니다. 요새 이렇게저렇게 남북이 서로 만나니까 "목사님, 언제 통일이 될까요?" 저보고 이런 질문 하는 분이 많습니다. 저는 항상 똑같이 대답합니다. "우리 할 탓이지요." 내가 해야 할 일이 여기 있는데 이것은 하지 않고 누가 해주기를 바라고 그대로 통일만 기다리는 것입니까. 우리 하기 탓입니다. 하나님 앞에서 우리가 어떤 태도를 취하느냐에 따라서입니다. 통일 언제 됩니까? ―뭘 바라는 것입니까. 무슨 대답을 원하는 것입니까. 오늘 예수님 말씀하십니다. "좁은문으로 들어가기를 힘쓰라." 얼마나 좁은지 봅시다. "들어가기를 구하여도 못하는 자가 많으리라"하십니다. 많은 사람이 결심을 합니다. 그러나 중도에 하차합니다. 모처럼 하나님의 사람으로 출발하여 예수의 제자가 되겠다고 나섰다가도 못하는 사람이 많으리라―참 유감스러운 일입니다. 하나님께서 주시는 특별한 은혜 가운데서만 가능합니다. 인간의지의 한계를 넘어서는 이야기입니다. 내 결심 가지고, 내 의지 가지고 불가능합니다. 하나님께서 큰 은혜를 베푸실 때라야 가능한 일입니다. 구하여도 얻지 못하는 자가 많으리라―참 대단한 말씀입니다. 일이 마술적으로 이루어지는 것이 아니라 인격적으로 이루어지는 것임을 말씀하십니다.

좁은문이 무엇입니까. 옛날로 돌아가서 보면 예루살렘성에 성문이 있었습니다. 큰 성문이 있고 이는 아침에 열었다가 저녁에 닫는 문입니다. 그러면 밤중에 밀려서 돌아오는 사람들이 성 안에 들어와야 되는데도 못들어오지 않습니까. 그들을 위해서 따로 비상구를 만들었습니다. 성문 곁에 개구멍같은 조그마한 문을 만들어놓았습니다. 이것을 이름하여 '바늘구멍'이라 하였습니다. 이것이 '좁은문' 입니다. 말을 타고 들어올 수 없습니다. 짐을 가지고 들어올 수 없습니다. 교만한 자도 안됩니다. 오직 겸손한 사람, 마음을 비운 사람, 오직 영혼만을 생각하는 사람, 오직 생명만을 생각하는 사람이 들어갈 수가 있습니다. 그리로 들어가려면 버릴 것이 많습니다. 교만도 자존심도 물질도 욕심도 명예도 다 버리고 오직 순수하게 생명위주의 신앙을 가진 사람만이 들어갈 수가 있습니다. 그것이 좁은문입니다. 아주 좁은 문입니다. 모든것을 버리고야 들어갈 수 있는 문입니다.

또한 좁은문은 시간적으로 좁습니다. 일단 닫히면 다시 열 수가 없습니다. 우리 앞에 잠깐잠깐씩 문이 열립니다. 열렸을 때 들어가야 됩니다. 일단 닫히고나면 열 수가 없습니다. 하나님의 일, 할 수 있을 때 하여야 됩니다. 일할 수 있을 때 일하여야 됩니다. 기회를 놓치면 다시는 일할 수 없습니다. 특별히 회개하는 것, 회개할 기회를 하나님께서 주실 때 회개하여야 됩니다. 회개의 기회를 놓치면 가슴을 쳐도 회개할 수가 없습니다. 문이 닫히고 맙니다. 항상 열려 있는 문이 아닙니다. 우리 앞에 있는 구원의 문은 닫힐 때가 있다는 것을 알아야 합니다. 종말론적인 기회가 우리에게 주어지고 있는데, 이 소중한 기회를 놓치면 안됩니다. 열렸을 때 들어가야 된다—시간적으로 좁은 문이라 말씀하십니다.

이제 여기 비사를 들어 이렇게 말씀하십니다. 이름만 가진 교인으로는 안된다는 것입니다. 피상적인 교인, 헌신이 없는 교인은 안된다는 것입니다. "주 앞에서 먹고 마셨으며 주는 또한 우리 길거리에서 가르치셨나이다." 아주 재미있는 말씀입니다. 천국문이 닫힌 다음에 가서 두드리고 "열어주소서"하지마는 "나는 너희가 어디로서 온 자인지 알지 못하노라"하십니다. '아 모르다니요? 우리가 주 앞에서 먹고 마셨구요. 주님과 함께 음식 나누었고 또 주님이 우리 길거리에서 가르치셨는데요.' 그 다음이야기가 없습니다마는 아마도 주인은 이럴 것입니다. 'So what? 그래서 어떻다는 얘기냐? 너와 함께 나가 음식을 나누었다고해서 그게 어쨌단말이며 너희 길거리에서 가르치는 것을 네가 들었다고 하나 들었으니 어떻단말이며 보았으니 어떻단말이냐. 음식 같이 먹었다고 그게 구원의 조건이냐.' 보아도 먹어도 배워도 그것으로 안됩니다. 중생하여야 됩니다. 내 십자가를 내가 져야 됩니다. 헌신하는 사람이 되어야 합니다. total commitment 가 있어야 합니다. 이것이 없이, 듣고 배우고 먹고 같이 교제하고 '내가 예수님 전도하시는 것 보았는데요' 하다니요. 믿어야 합니다. 주와 함께 헌신하였어야 합니다. 그것이 없었다는 말씀입니다. 요사이 보면 사람마다 육체의 건강을 위해서 많이들 노력합디다. 제가 이 집 저 집 다녀보니 집집마다 건강운동기구 없는 집이 없습디다. 다들 하나씩은 갖다놓았습디다. 그것들로 며칠이나 운동하였는지, 그것이 궁금합니다. 집에 건강기구를 쌓아놓았다고해서 건강해지는 것입니까. 운동을 하여야 됩니다. 더러 저보고 묻습니다. "목사님, 여행가셨을 때는 어떻게 운동을 하십니까?" "줄넘기 하지요." "줄 가지고 다니십니까?" "줄은 무슨. 맨손으로 해도 되는데." 줄 가지고 줄넘기 합니까. 줄 없어서 줄넘기 못합니까. 운동기구 없어서 운동 못하는 게 아닙니다. 운동은 나 스스로가 하여야 내가 건강해지는 것입니다. 보십시오. 결국은 내가 봉사하고 내가 헌신해서 그 속에서 내가 은혜를 받는 것입니다. 듣기만 하고 보기만 하고 그대로 앉아 있는 것은 아무 소용 없는 일입니다. "좁은문으로 들어가기를 힘쓰라" 말씀하십니다. 아주 단순한 마음, simple mind—거기에 구원의 길이 있습니다.

예수님께서 구원의 절대조건을 말씀하십니다. 첫째, 어린아이와 같이 되지 아니하면 천국에 들어가지 못하리라, 하십니다. 무슨 말씀입니까. 어린아이마음, 아주 단순한 마음입니다. 중생하지 못하면 천국을 보지 못하리라, 하십니다. 다시 태어나는 것입니다. 마음이 어린아이와 같게 태어나야 한다는 말씀입니다. 자기십자가를 지고 나를 좇지 않는 자도 내 제자가 되지 못한다, 하십니다. 내 몫에 태인 내 십자가를 조용히 지고 좁은문으로 들어가는 것입니다. 여러분, 소위 성공했다는 사람들이 어떤 사람들입니까. 존경받는 분들, 하나같이 한평생 외길을 간 사람들입니다. 휘청휘청하고 넓게 산 사람들이 아닙니다. 좁게 산 사람들입니다. 먹을 수 있다고 다 먹고, 갈 수 있다고 다 가고… 그러지 않았던 사람들입니다. 넓은 길이 있지마는 내가 가야 할 길은 좁은 길입니다. 넓은 세상이지마는 내가 생각해야 될 것은 좁은 길입니다. 그것을 알아야 합니다. 넓은 세상을 좁게 살 줄 알아야 하는 것입니다. 스스로 좁히면서 살아야 됩니다. 여러분이 교회에 나오는 것도 그렇지 않습니까. 한 달에 한 번 나오는 것은 넓은 길입니다. 일 주일에 한 번도 넓은 길입니다. 새벽기도까지 매일 나오는 것은 좁은 길입니다. 좁게 살 것입니다. 편하게, 넓게—못씁니다.

미국의 케네디 대통령이 생전인 1961년, 그의 고향인 매사추세츠 주에서 상원의원들을 상대로 연설한 연설문이 유명합니다. 거기에 이런 말이 있습니다. "우리가 먼훗날에 역사의 심판대 앞에 서면 다음과 같은 질문을 받게 될 것입니다. 너는 용감하였는가, 너는 총명하였는가, 너는 성실하였는가, 너는 헌신하였는가―여러분, 정말로 불의 앞에 용감하였습니까? 얼마나 성실하였습니까?" 우리가 이런 질문을 받는다면 과연 무슨 대답을 할 수 있겠습니까. 넓게 산 사람은 유구무언(有口無言)일 것입니다. 좁은 길로 간 사람만이 대답할 말이 있는 것입니다. 좁은 문 뒤에 영생이 있습니다. 넓은 문 뒤에 사망이 있습니다. 그런고로 주께서는 말씀하십니다. 스스로 좁혀서 좁은문으로 들어가기를 힘쓰라, 자신의 노력으로 오히려 좁혀가며 좁혀가며 살아라―그것이 영생으로 통하는 길이기 때문입니다. △

내 말을 네 마음에 두라

아들들아 아비의 훈계를 들으며 명철을 얻기에 주의하라 내가 선한 도리를 너희에게 전하노니 내 법을 떠나지 말라 나도 내 아버지에게 아들이었었으며 내 어머니 보기에 유약한 외아들이었었노라 아버지가 내게 가르쳐 이르기를 내 말을 네 마음에 두라 내 명령을 지키라 그리하면 살리라 지혜를 얻으며 명철을 얻으라 내 입의 말을 잊지 말며 어기지 말라 지혜를 버리지 말라 그가 너를 보호하리라 그를 사랑하라 그가 너를 지키리라 지혜가 제일이니 지혜를 얻으라 무릇 너의 얻은 것을 가져 명철을 얻을지니라 그를 높이라 그리하면 그가 너를 높이 들리라 만일 그를 품으면 그가 너를 영화롭게 하리라 그가 아름다운 관을 네 머리에 두겠고 영화로운 면류관을 네게 주리라 하였느니라

(잠언 4 : 1 - 9)

내 말을 네 마음에 두라

「엄마의 마지막 산 K2」라고 하는 제목의 책이 있습니다. 고산전문 등반가인 스코틀랜드의 여성산악인 알리스 하그브리스라고 하는 분이 세계제일의 고봉 에베레스트산을 올라가고 다시 3개월 뒤에 두 번째로 고봉 K2정상을 밟게 됩니다. 여성산악인으로 큰 성공을 거둔 이 여인이 하산길에 시속 160킬로미터나 되는 돌풍을 만나 실종되기에 이릅니다. 그녀의 남편은 이 사고소식을 듣고 아버지로서 아이들에게 그들의 어머니, 자기아내의 사고에 대하여 어렵사리 이야기를 꺼냅니다. 아이들은 이 소식을 듣고 눈물을 흘리면서 아빠를 빤히 쳐다보고 이렇게 말하는 것입니다. "엄마의 그 마지막 산에 가볼 수 없을까요?" 주위사람들의 만류를 뿌리치고 이 아버지는 아이들을 데리고 아내가 마지막으로 올랐던, 파키스탄 북부의 K2봉을 오르게 됩니다. 이때 영국 BBC방송에서 이것을 다큐멘터리로 방영하기 위하여 촬영진이 그 뒤를 따릅니다. '알리스의 마지막 산'이라고 하는 제목으로 방송을 하도록 계약이 되어 있었기 때문입니다. 아이들은 엄마를 찾아 나선 것입니다. K2봉을 향해서 갑니다. 엄마의 삶을 되짚어가는 길이기도 하고 엄마의 죽음을 이해하게 되는 길이기도 하였습니다. 긴 여행 끝에 어느만큼 산을 올랐을 때 아이들은 이렇게 말합니다. "정말 아름답네요. 이해할 수 있어요. 이제는 엄마의 마음을 알 것같애요." 엄마의 삶과 엄마의 죽음을 이해하게 되었다는 것입니다. 철없는 아이들이지만 산에 올라가면서 내려오면서 엄마가 왜 그렇게 이것을 좋아했는지, 왜 엄마는 여기서 죽었는지, 알 것같다고 말합니다. 집에 돌아오자마자 유치원 다니는 아이가 당장 유치원에 가겠다고 나섭니다. 그동안 수고도 하였고 시차도 있었으니 유치원은 며칠 쉬었다가 좀 건강을 회복한 다음에 가면 어떠냐, 하고 아버지가 만류하자 이 어린아이는 이렇게 말하는 것이었습니다. "난 하고 싶은 것을 할 수 있어요. 아무도 나보고 뭐라고 말할 수 없습니다." 깜짝놀라서 아버지는 물었습니다. "누가 그렇게 가르쳐주었느냐?" "엄마가요." 아이는 방긋 웃기까지 하였습니다. 엄마의 강인한 삶의 의지가 벌써 아이들의 마음에 전달되어 있는 것입니다. 알게모르게 어머니가 준 교훈, 소중한 마음, 소중한 말들이 이 어린아이들의 마음속에 살아 있는 것을 보고 아버지는 크게 감격하였다고 합니다.

열왕기상 3장에 보면 스물한 살에 왕이 된 솔로몬이 왕으로서 해야 할 일이 너무 많고 힘들어서 하나님 앞에 나아가 간절히 기도합니다. 일천 번제를 드리고 하나님 앞에 기도할 때 하나님께서 응답하십니다. "내가 네게 무엇을 줄꼬 너는 구하라(왕상 3:5)." 솔로몬은 단 한마디의 저 유명한 기도를 드립니다. "지혜로운 마음을 종에게 주사…" 여기서 지혜로운 마음이란 히브리원어 그대로 보면 '레브 쉐미트'라고 하는 말인데 '레브'는 마음이고 '쉐미트'는 듣는다는 뜻입니다. 그러므로 '듣는 마음'이 됩니다. 그래 옛날의 영어성경에서는 hearing heart라고 번역하였습니다. 듣는 마음, 매우 중요합니다. 듣는 마음이 지혜의 근본입니다. 듣는 마음이 바로 지혜입니다. 모름지기 우리는 들어야 됩니다. 듣는 마음이 있어야만 지혜를 얻을 수 있습니다.

부모가 누구입니까. 부모란 성서적으로 보면 적어도 세상에서는 하나님을 상징하는 분들입니다. 내 생명, 내 정신, 내 도덕성, 때로는 내 믿음의 뿌리가 부모에게 있습니다. 그로부터 물려받고 살아가는 것입니다. 그래서 부모를 거역하는 죄가 가장 큰 죄요 부모에게 효도하는 것이 가장 큰 의가 된다는 것입니다. 인간을 향한 계명 중의 첫째가 부모에게 효도하라는 것이요 두 번째가 살인하지 말라는 것입니다. 부모를 거역하는 것은 살인죄보다 더 큰 죄가 된다는 말씀입니다. 인간은 가르치고 배워서 인간입니다. 본능대로만 살면 동물입니다. 본능의 충동에 따라서 살면 짐승입니다. 오직 사람은 가르치고 배우고 가르치고 배워서 사람이 됩니다. 숟가락으로 밥먹는 것도 배워서 되는 것입니다. 심지어는 우리가 두발로 걸어다니는 것도 배워서 되는 것입니다. 그런 연구결과가 있고 실화가 있습니다. 산중에 있는 집이 불타는 바람에 가족들이 다 죽고 어린아이 하나가 살아남습니다. 이 아이를 늑대가 키웠습니다. 이 아이는 상당히 커서도 두 발로 걷지를 못하더라고 합니다. 손발로 기어다닐 뿐더러 짐승소리를 내는 것입니다. 생각해보십시오. 우리가 배운, 사는 모든것이 다 가르치고 배우고 가르치고 배운 것입니다. 그에 따라 인간이 되는 것입니다. 좀더 많이, 좀더 바르게 배워서 살아갈 때 그를 인격자라 하고 지성인이라 합니다. 배우지 않고 배운 바 없이 인간의 욕망과 충동에 끌려 사는 사람은 불한당이라고 합니다. 몹쓸사람, 짐승같은 사람입니다. 결국 사람은 가르치고 배우는 데서 비롯됩니다. 그런데 이상한 것이 길들인다는 것과 배운다는 것은 다르다는 사실입니다. 짐승은 때려가며 길을 들이지만 사람은 가르칩니다. 그런고로 배우는 자의 입장에서 볼 때 선택권이 있습니다. 배울 수도 있고 안배울 수도 있고, 들을 수도 있고 안들을 수도 있습니다. 이 계속적인 선택 속에 책임적 인간으로 키워지는 길이 있습니다.

내가 선택하고 내가 배우고 내가 책임지는 것입니다. 책임적 인간이란 바로 이렇게 스스로 선택해가면서 꾸준히 배우고 자기인격을 키워가면서 사람이 되고 인격을 이루는 것입니다. 언제나 자기경험을 앞세우는 사람이 있고, 지식을 앞세우는 사람이 있습니다. 뭐든지 경험이 제일인 줄 알고 남의 말을 듣지 않습니다. 내가 경험해야 되고 내가 먹어보아야 되고 내가 행동하여야 됩니다. 고집통입니다. 성경에도 이런 사람이 하나 있습니다. 다른 사람 다 부활하신 예수 만나보았다 하는데 도마같은 고집스러운 사람은 '내가 보고 내가 손을 넣어보고 내가 만져보기 전엔 안믿는다' 하였습니다. 이런 못된 인간이 예나 오늘이나 있습니다. 어찌 다를 경험할 수 있겠습니까. 인생은 one-way trip입니다. 일방통행로를 갑니다. 되돌아오지 못합니다. 엄격한 의미에서 모든 경험은 단회적입니다. 같은 경험을 두 번 겪을 수는 없습니다. 그런고로 가르치고 배우는 일이 중요합니다. 내가 경험해서 얻는다—벌써 경험하는 동안 되돌아오지 못하는 것입니다. 이렇게 고집스러울 때 그는 멸망으로 치달을 수밖에 없으나 지혜로운 사람은 지식이 먼저요 생각이 먼저이고 그 다음에 경험합니다. 지혜로운 것입니다. 바둑을 잘둔다고 자랑하는 사람이 있습니다. 한 15년 뒀다고 합니다. 몇단이다, 내가 제일이다, 늘 그렇게 교만했는데 그의 친구 되는 사람이 나도 좀 바둑을 배워야겠다, 하고 시작하여 1년되었을 때 15년된 그 사람과 바둑을 두어서 이겼습니다. 15년된 그 사람이 진 것입니다. 왜냐하면 1년된 이 사람은 바둑을 시작하면서 바둑에 대한 책 세 권을 통독하였습니다. 먼저 공부부터 한 것입니다. 책을 보고 공부를 하고 바둑을 둡니다. 공부 없이 한 것과는 다릅니다. 모든 일에서 공부가 먼저입니다. 이것은 먼저

간 사람들의 지식을 내가 얻고 그 연후에 신중하게 행동으로 들어가기 때문입니다.

　현대사회학의 석학 안소니 기드슨 박사는 케임브리지대학의 교수인데 그가 쓴 책에 「Modernity and Self-identity」라고 하는 것이 있습니다. 여기서 그는 현대의 특징을 네 가지로 말합니다. 첫째는 '탈전통시대' 라 합니다. 오래 내려온 지식의 전통, 경험의 전통을 무시하는 탈전통의 시대라는 것입니다. 그때문에 이 세상은 지금 정처없이 표류하게 된 것이다, 절망으로 치닫고 있는 것이다, 합니다. 또 생활의 다원화로 인해서 기준을 잃어버렸다는 것입니다. 여러분, 혹 부모님으로서 아이들에게 일찍 자고 일찍 일어나라 하십니까? 그 교육도 다 지나간 이야기입니다. 요새는 밤에 일하고 낮에 자는 사람도 있습니다. 생활방식이 거의 뒤바뀌고 말았습니다. '24시간 편의점' 이라는 것도 있습니다. 낮과 밤이 없습니다. 이런 생활규범이 모든 일에 관계됩니다. 전부 엉망이 되어버렸습니다. 질서를 잃어버린 것입니다. 그런가하면 권위부재의 시대입니다. 도대체 어떤 권위든 권위를 인정하지 않습니다. 거기서 기초가 흔들립니다. 또 한 가지는 인터넷과 TV를 통한 간접경험이 직접경험보다 위에 있는 시대라고 합니다. 그렇습니다. 결혼하지 않고도 영화구경 몇번 하고나면 결혼한 사람보다 결혼을 더 잘 압니다. 젊은사람들, 정보소화능력도 가지기 이전에, 정보처리능력도 없는데 엄청난 것들을 다 보아버렸습니다. 간접경험으로 다 해버렸습니다. 이제 감각이 둔해집니다. 결혼도 하기 전에 권태증부터 왔습니다. 인생을 허무하게 보기 시작했습니다. 절망으로 치닫고 있습니다. 이런 시대에 우리가 삽니다. 그런고로 더더욱 우리는 깊이 진실하게 공부하는 자세가 되어야 합니다.

　부모가 누구입니까. 부모란 내게 생명을 물려준 분들입니다. 인생의 선배입니다. 많은 시련 많은 고통을 통해서 많은 경험을 가졌습니다. 그 얼마나 소중한 노하우이겠습니까. 그리고 그 경험은 이제와서 지식으로 정리된 상태입니다. 그것을 알아야 합니다. 적어도 나이 쉰 넘었으면 이제쯤은 철이 났습니다. 무엇을 잘했고 무엇을 못했고 무엇이 옳았고 무엇이 잘못됐다, 이제 알 것같습니다. 다시 인생을 되돌려 살지는 못하지만 어떻게 살았어야 했다는 것만은 알고 있습니다. 그 뼈아픈 느낌, 뼈아픈 경험, 그 정리된 지혜, 이것은 값비싼 것입니다. 진주보다 귀하다, 하였습니다. 게다가 종말론적 인식이 함께하고 있습니다. 이제 인생이 얼마남지 않았습니다. 이제 생을 정리하면서 생각합니다. '아, 이렇게 살았어야 하는데…' 이 한마디, 이 교훈, 엄청난 것이 아니겠습니까. 저는 목사이기 때문에 임종을 많이 보게 되는데, 참 답답하고 괴로운 임종을 본 적이 있습니다. 아버지가 아직도 나이가 많지 않은데 그만 위암으로 세상을 떠나게 됩니다. 아들 삼형제가 지켜앉아 이제 마지막으로 무슨 말씀을 하시려나, 궁금한데 아버지는 이렇게 말합니다. "나는 너희들이 알다시피 인생 실패했다. 그런데 그 이유는 너희들의 할아버지, 내 아버지의 유언, 마지막 그 말씀을 지키지 않았기 때문이다." 그 유언인즉 "술먹지 마라"였습니다. 그 할아버지가 술먹고 망하면서 죽기 전에 딱 한마디, 아들에게 "술먹지 마라" 하였는데 그 아들이 그 유언을 안지켰습니다. 안지키면서 뭐라 했는지 아십니까. "피는 못속여. 부전자전이야." 그리고 또 술먹었습니다. 이제 죽어가면서 "나도 같은 유언을 하는데 너희들은 이 내 마지막 유언을 꼭 지켜다오. 술먹지 마라!" 그리고 죽었습니다. 아주 평범한 이야기입니다. 상식적인 이야기입니다마는 이 한마디가 사실은 얼마나 값비싼 것입니까. 얼마나 비싼 교훈입니까. 이래도 내가 경험해보아야겠다고 말하겠습니까. 나도 한번 경험해보아야겠다고 하겠습니까. 아닙니다. 내 경험과는 관계없습니다. 벌써 아버지, 할아버지가 경험하였습니다. 그리고 내게 주는 마지막 교훈입니다. 어떤 일이 있어도 이 유언 하나만은 지켰어야 하지 않겠습니까. 그와 같은 것입니다. 우리 부모님이 우리에게 주시는 교훈이란 한마디한마디가 다 소중한 것입니다. 그저 지나가는 말처럼 "공부해라"하지만 그것이 보통교훈인 줄 아십니까. 공부 못한 탓에 너무 억울한 생을 많이 살았거든. 그래서 너는 공부해라, 이것입니다. 논리적으로는 설명 못하나 그 가슴에 맺힌 것입니다. 그러나 이 한마디 말을 지키지 못하는 거기에는 지혜가 없습니다. 그리고 자녀를 사랑합니다. 나는 잘못살았지만 너는 바로 살아다오, 나는 후회가 많은 생을 살았다, 너는 행복하게 살아다오, 나는 분명히 곁길로 갔다, 너희들은 바른 길로 가다오, 이것이 바른 길이다, 이것이 옳았느니라—이 귀중한 교훈 한마디를 소홀히 여기면 어리석은 자가 될 수밖에 없습니다. 부모의 교훈은 곧 지혜입니다. 오늘본문에서는 부모님의 말씀과 지혜를 동격시하고 있습니다. '내가 내 아버지로부터 들었다. 너희들은 내 말을 들어라. 이것은 곧 지혜니라. 이것을 들을 때 지혜로운 자가 될 수 있느니라' 하고 말씀합니다. 지혜를 버리지 마라, 어기지 마라, 그리하면 지혜로운 자가 될 것이니라, 합니다.

「논어」에 이런 말이 있습니다. '배움을 소중히 여기라' 하는 교훈인데, 인덕을 좋아하면서 배움을 좋아하지 않으면 폐단이 있는데 바로 우롱당하게 되느니라, 하였습니다. 지혜를 좋아하고 배움을 좋아하지 않으면 방탕하게 되느니라, 성실을 좋아하고 배움을 좋아하지 않으면 이용당하게 되느니라, 솔직함을 좋아하고 배움을 좋아하지 않으면 날카로워져서 다른 사람의 마음을 아프게 하느니라, 용감함을 좋아하고 배우지 아니하면 난을 일으켜서 화를 당하게 되느니라, 강함을 좋아하고 배움을 좋아하지 않으면 망령되이 행동하게 되느니라―여러분, 성실, 솔직, 정직, 충성, 다 좋습니다. 그러나 배우지 않는 사람은 그것으로 인하여 멸망으로 갑니다. 지혜가 없습니다. 지혜는 곧 배움입니다. 배움은 겸손에서 옵니다. 특별히 나를 사랑하고 내 운명을 사랑하고 나를 가장 아껴주시는 부모님, 그의 교훈을 가슴을 열고 받아들이는 것은 지혜의 근본이 되는 것입니다. 그래 오늘말씀은 지혜를 소중히 여기라, 말씀하고 다시 지혜를 사랑하라, 내가 하는 말을 사랑하라, 기쁜 마음으로 받으라, 억지로가 아니라 사랑하는 마음으로 받으라, 그리하면 지혜가 너를 지켜줄 것이다, 지혜를 높이라, 너를 높여줄 것이다, 합니다. 그를 높이기 위하여 나를 낮춥니다. 그리할 때 지혜가 나를 높여줄 것입니다. 지혜가 제일이니 절대로 팔고 살지 말 것이니라. 또한 지혜를 품으라―가슴으로 품습니다. 아주 사랑하고 지혜를 가슴으로 품게되면 영화롭게 하리라, 말씀합니다. 지혜의 길은 여기에 있습니다.

　여러분, 효도라고 하는 것을 생각하십니까? 효는 우선 살아계신 부모님을 잘 모시는 것이겠습니다. 이미 돌아가셨더라도 우리는 깊이 그 마음을 헤아리고 그의 말씀들을 우리마음에 둘 것입니다. 저는 어려운 일을 당할 때마다, 종종 문제에 부딪힐 때마다 이상하게도 아버지께서 혹은 할아버지께서 내게 가르쳐주신 것, 앉혀놓고 공부시키듯이 가르친 것도 아니고 지나가는 말로 한마디씩 하신 그 말씀들이 생각나서 그것이 지혜가 되고 용기가 될 때가 참 많습니다. 그래서 요새는 그것을, 아버지가 하신 말씀을 이렇게 다 수첩에다 써보았습니다. 하나씩 생각날 때마다 써보니 참 소중한 말씀들이 많습니다. 많은 경험에서 하신 교훈의 말씀들이었습니다. "내 말을 네 마음에 두라." 그것이 지혜라고 말씀합니다. 이것은 약속 있는 첫계명입니다. 이 하나님의 말씀을 따라 효도의 길을 갈 때 하나님께서는 그로 형통케 하고 장수하게 하겠다고 약속하십니다. 여기에 복된 길이 있습니다. 복의 길을 보여주셨습니다. 그리고 오늘도 말씀하십니다. 이 길을 통하여 복을 받으라고. "내 말을 네 마음에 두라." 우리가 자녀들에게 꼭 하고 싶은 말입니다. 그렇다면 부모님의 말씀을 내 마음에 먼저 두어야 합니다. 분명한 것은 효자가 효자를 낳는다는 것입니다. 내 부모님의 말씀 내 가슴에 둘 때, 또 내가 일평생 소중히 얻은 지혜의 말을 할 때 자녀들이 저들의 마음에 두게 될 것입니다. 이러한 지혜의 유산, 믿음의 유산이 이어지면서 대대로 주의 축복을 누리게 될 것입니다. △

주도적 신앙의 본질

이에 비유로 말씀하시되 한 사람이 포도원에 무화과나무를 심은 것이 있더니 와서 그 열매를 구하였으나 얻지 못한지라 과원지기에게 이르되 내가 삼 년을 와서 이 무화과나무에 실과를 구하되 얻지 못하니 찍어 버리라 어찌 땅만 버리느냐 대답하여 가로되 주인이여 금년에도 그대로 두소서 내가 두루 파고 거름을 주리니 이 후에 만일 실과가 열면이어니와 그렇지 않으면 찍어 버리소서 하였다 하시니라

(누가복음 13 : 6 - 9)

주도적 신앙의 본질

여러분은 무화과나무를 본 적이 있습니까? 우리나라에서 무화과나무는 서울, 경기 지방에는 거의 없고 저 남쪽으로 여수, 순천, 제주도에 가면 무화과나무를 볼 수 있습니다. 무화과나무는 아무리 보아도 지지리 못생긴 나무입니다. 그 나뭇잎도 그저 보통의 가랑잎 같이 초라하게 생겼고 줄기도 곧게 자라서 재목으로 쓸 수 있는 그런 것이 아닙니다. 그저 비뚤빼뚤 옆으로 퍼졌을 뿐 무엇으로도 쓸모가 없습니다. 애시당초 관상목(觀賞木)도 못됩니다. 꽃도 없습니다. 그래서 무화과(無花果)라 합니다. 어떤 의미에서는 열매 자체가 곧 꽃입니다. 꽃이 피는 것을 볼 수 없습니다. 가령 벚꽃같은 것은 활짝 피는 멋이 있는데… 무화과나무의 존재가치가 있다면 오로지 그 열매 곧 무화과 때문입니다. 열매는 많이 열립니다. 뿐만아니라 이 열매는 여느 열매와 다른 점이 있습니다. 대개 열매라면 다 익어서 완전히 먹을 때가 될 때까지는 입에 댈 수가 없습니다. 떫고 쓰고 그렇습니다마는 무화과열매는 다 익기 전에도 시장할 때는 따서 먹고 시장기를 잊을 수가 있는 열매입니다. 많이 열리기도 하고 또 이렇게 시장한 사람에게는 요기거리가 될 수 있는 그런 열매입니다. 그래서 옛이스라엘에서는 이 나무를 길가에 많이 심어놓아 가는 사람 오는 사람, 배고픈 사람은 따서 먹게 하였습니다. 오늘본문에도 보는대로 무화과나무에는 뚜렷한 목적, 곧 열매를 얻는다는 목적이 있습니다. 이 목적이 이 나무의 존재가치를 가름합니다. 오로지 열매를 위해서 무화과나무를 심었는데 열매가 없다면 존재가치가 없는 것입니다. 잘 보십시오. 모든것이 그렇습니다. 좋은 목적을 가진 것은 좋은 것이요, 귀한 목적을 가진 것은 귀한 것입니다. 저는 이 강단에 설 때마다 참으로 늘 고맙게 생각하는 것이 하나 있습니다. 아주 귀중한 것, 그것은 바로 이 마이크입니다. 마이크라고 하는 기기가 나오기 전에는 목사님들이 아무리 설교를 크게 하여도 삼백 명에서 최고 오백 명까지밖에는 들을 수가 없습니다. 요새같이 방음장치를 잘한 건물에서도 정확하게 천팔백 명이 강단의 육성을 들을 수 있다고 합니다. 그래 옛날의 우리 목사님들은, 여기 연세높은 분들은 기억하겠지만 목소리가 다 컸습니다. 목청껏 소리지르지 않으면 교인들이 알아듣지 못하기 때문입니다. 그런데 요새는 이 마이크라고 하는 것이 있어서 이렇게 수만 명을 상대로 해도 보통의 목소리로 설교할 수 있으니 이 얼마나 고마운 물건입니까. 그런데 똑같은 마이크라도 댄스홀에 있는 마이크와 교회에 있는 마이크는 그 가치에서 천양지차입니다. 하늘과 땅의 차이가 있습니다. 하나님의 말씀을 전하는 마이크입니다, 이것은. 얼마나 소중합니까. 이와같이 그 목적이 그의 가치를 가름합니다.

    창조에 목적이 있습니다. 우연은 없습니다. 단 한 사람이 세상에 태어난 데도 목적이 있습니다. 길가의 마른 풀도, 발에 걸어채이는 돌부리 하나도 존재의 이유 있습니다. 우리가 미처 모르고 있을 뿐이지 다 나름의 목적과 가치가 있습니다. 사도 바울은 갈라디아서 1장 15절에서 "내 어머니의 태로부터 나를 택정하시고"라는 소중한 간증을 합니다. 이방인의 사도가 되기 위해서 나는 세상에 태어났다, 라고 그는 말씀합니다. 바울만 그런 것이 아닙니다. 바울이 그것을 깨달은 것은 예수믿고 하나님의 사람이 되고 가서 복음을 전할 때입니다. 자기로 인해서 구원의 역사가 이루어지는 것을 보고 감격하여 '맞다, 맞아. 내가 세상에 태어난 것은 바로 이때문이다' 라고 생각하게 된 것입니다. 여러분, 여러분은 어떻게 생각하십니까? 내가 세상에 존재하는 이유, 확실합니까? 이 순간을 위해서 내가 있는 것이다, 그런 생각 해보았습니까? 거기에 삶의 목적이 있는 것이고 내 삶의 가치가 있는 것입니다. 뿐만아니라 사건으로 보아도 우연한 사건은 없습니다. 사건 하나하나에 다 깊은 의미가 있습니다. 심지어는 인간의 실수에까지도 의미가 있습니다. 그리고 하나님 앞에는 뚜렷한 목적이 있어서 되는 일입니다. 재난이든 지진이든 전쟁이든 감당하기 어려운 엄청난 시련도 하나님께는 분명히 목적이 있어서 있어지는 일들이라는 것을 우리는 뒤늦게 깨닫습니다.

오늘본문을 봅시다. 자, 무화과나무에 열매가 없습니다. 없다고 해서 당장 찍어버리라 하시는 하나님이 아니셨습니다. 3년을 기다리셨습니다. 너무나도 고마운 말씀입니다. 열매 없는 것을 알고도 1년 2년 3년 기다리셨습니다. 하나님의 기다리심, 하나님의 인내, 그 속에 긍휼과 사랑이 있습니다. 하나님의 기다리심에는 인격적 관계가 있습니다. 물리적으로 기계적으로가 아니라 인격적으로 돌아오기를, 열매맺기를 기다리고 계시다는 말씀입니다. 그 아름다운 관계가 있습니다. 거저 기다리시는 것이 아닙니다. 계속해서 김을 매고 거름을 주고 물을 주고 가꾸면서 기다리십니다. 이것은 비유입니다. 이 스라엘을 향한 비유입니다. 하나님의 백성을 향한 비유입니다. 하나님께서 기다리실 때 거저 기다리시는 것이 아닙니다. 많은 시련을 통해서 역사하시고 또 선지자를 통해서 말씀하시고 주의 종들을 통해서 계속 일깨우시면서, 많은 수고를 하시면서 기다리십니다. 그럼에도 불구하고 열매가 없었다—이것입니다.

이제 중요한 것이 있습니다. 3년이 지난 다음에 하시는 말씀입니다. "찍어버리라 어찌 땅만 버리느냐." 이는 하나님의 인내의 한계를 말씀하시는 것입니다. 오래 참으십니다. 그러나 끝까지 참으시는 것은 아닙니다. 어느 순간에 가서는 심판의 역사가 나타납니다. 인내에 한계가 있음을 말씀하십니다. 구약성경을 읽어가느라면 정말 하나님께서 어떤 때는 참으시고 어떤 때는 못참으신 것을 볼 수 있습니다. 하나님의 백성이 우상을 섬기고 부도덕하고… 많이 잘못을 저질렀습니다. 이렇게 되어도 오래오래 참으시는 하나님을 볼 수 있습니다. 그런데 참지 못하시고 그대로 꽝 내려치시는 때가 있습니다. 그게 어느 때일까―하나님의 눈치를 좀 살펴야겠습니다. 대표적인 예가 이런 경우입니다. 이스라엘백성이 애굽에서 나와 광야에 머무는 동안 모세가 하나님의 말씀을 듣기 위하여 산에 올라갔는데 그 40일을 기다려내지 못하고 금송아지를 만들어 섬깁니다. 이들은 또 금송아지를 만들어놓고 떠듭니다. 그런데 '모세도 보이지 않고 하나님도 이제 우리가 볼 수 없고하니 그저 이제는 우상이라도 섬기자' 하는 정도였다면 또 모르겠는데 그것이 아닙니다. 금송아지를 만들어놓고 아론이 하는 말입니다. "이는 너희를 애굽땅에서 인도하여 낸 너희 신이라(출 32:8)." 신(神)이라 하였습니다. '하나님'이라 칭한 것입니다. 이럴 때 하나님께서 내려치십니다. 이것이 하나님의 인내의 한계입니다. 금송아지를 만들어놓고 그것을 하나님이라 칭한 것, 하나님의 이름에 대한 큰 도전이요 모독입니다. 이것을 신학적으로 말할 때는 '하나님을 우상화하였다' 합니다. 하나님을 버리고 우상을 섬긴 것이 아니라 하나님을 우상화하였습니다. 이럴 때 하나님께서 진노하신 것을 볼 수 있습니다. 확실히 하나님의 인내에 한계가 있습니다. 십자가는 하나님의 인내의 한계입니다. 예수님께서 비유로 말씀하십니다(마 21:33-40). "다시 한 비유를 들으라 한 집 주인이 포도원을 만들고 산울로 두르고 거기 즙 짜는 구유를 파고 망대를 짓고 농부들에게 세로 주고 타국에 갔더니 실과 때가 가까우매 그 실과를 받으려고 자기 종들을 농부들에게 보내니 농부들이 종들을 잡아 하나는 심히 때리고 하나는 죽이고 하나는 돌로 쳤거늘 다시 다른 종들을 처음보다 많이 보내니 저희에게도 그렇게 하였는지라 후에 자기 아들을 보내며 가로되 저희가 내 아들은 공경하리라 하였더니 농부들이 그 아들을 보고 서로 말하되 이는 상속자니 자 죽이고 그의 유업을 차지하자 하고 이에 잡아 포도원 밖에 내어쫓아 죽였느니라 그러면 포도원 주인이 올 때에 이 농부들을 어떻게 하겠느뇨." 중요한 질문입니다. 인내의 한계입니다. 십자가는 하나님의 인내의 한계입니다. 그 속에 사랑이 있고 그 속에 심판이 있습니다. 그 속에 무한한 주님의 사랑이 있는가하면 심판이라고 하는 무서운 선언이 그 속에 있습니다. 이것을 우리가 알아야 합니다.

다시 본문을 봅시다. 열매 없는 이 무화과나무 찍어버리라, 하실 때 과원지기가 말 못하는 나무 대신 대답합니다. 할말이 없습니다. 그러나 과원지기는 여기서 주도적으로 신앙을 고백합니다. 스티븐 코비 박사의 저서 「The 7 Habits of Highly Effective People」에 보면 성공한 사람들의 일곱 가지 습관을 말하는데 그 첫째가 proactivity입니다. 알고보면 일곱 가지 전부가 그것에 해당합니다. 전반적으로 주도성, proactivity를 말하고 있습니다. 무엇인고하니 '내가 책임진다' 그것입니다. 저 사람 때문에 내가 화를 내면서 손해볼 수 없습니다. 그것은 잘못입니다. 누구에게도 잘못의 책임을 탓할 것 없습니다.

내 책임이니까요. 환경에 책임돌릴 것 없습니다. 그 책에서 강조하는 말 중에 이런 말이 있습니다. '내가 하고 싶어 한 일이다.' 모든 일은 내가 하고 싶어서 내가 한 일입니다. 그럴 때 주도성이 살아납니다. 만일에 '하고 싶지 않은 일을 저 사람이 하라고 해서 했습니다' 한다면 내 존재가 없어지는 것입니다. 나는 아무것도 아닌 것입니다. 어떤 일이든지 내가 선택하고 내가 책임지는 것입니다. 이것이 주도적 인격입니다. 그렇지 않은 분도 많았지만 옛날에는 왜 그런지 '사장님'은 대체로 배가 나왔었습니다. 그래서 배 많이 나오면 '사장님 배'라고 하였습니다. 왜 배가 나왔는지 아십니까. 사장님 기분좋은 시간이 있습니다. 수하의 사람들이 결재서류를 들고와서 부들부들 쩔쩔매면서 내놓으면 턱을 치켜들고 그것을 보는 듯하다가 "음, 좋아!" 도장을 꾹 찍습니다. 무슨 상황입니까. "내가 책임져. 가지고 가." 이것입니다. 그때에 기분이 좋은 것입니다. 그때마다 배가 나옵니다. "이거 내가 책임져." 무슨 소리입니까. 내 영역이 그만큼 크다는 것입니다. 이것을 알아야 됩니다. 내가 책임질 때 그만큼 내 존재가 커지는 것입니다. 이것이 바로 인간의 존재의식입니다. 그런고로 핑계를 많이 하는 사람, 특별히 남에게 책임을 전가하는 사람, 이런 사람은 그 존재가 아주 형편없는 것입니다. 부부싸움 할 때 버럭버럭 화를 내고 있는데 아내가 왜 그렇게 화를 내느냐고 말하면 "나는 본래 그렇지 않았는데 너하고 살면서 이렇게 됐다"라고 못난 소리 하는 남정네가 있습니다. 저 못난 것 제 책임이지 누구 책임입니까. 칠만한 인간가치가 없는 존재들입니다. 남 원망하는 순간 내 존재가 증발한다는 것도 알아야 합니다. 원망할 것 없습니다. 환경 탓할 것 없습니다. 누구 잘못이다, 할 것 없습니다. 내 책임 내가 지는 것입니다. 그 순간부터 인간의 존재가 살아납니다. 이것을 분명히 알고 살아야 합니다.

　내 책임을 내가 질 뿐만 아니라 남의 책임까지도 내가 질 수 있어야 됩니다. 그럴 때에 그만큼 나의 인생의 영역이 더 커지는 법입니다. 세계적인 언론인의 하나인 월터 크론카이트에게 누가 "당신의 성공비결이 뭡니까?"하고 질문하자 크론카이트는 딱 한마디로 이렇게 대답하였습니다. "방송이 나를 위하여 있으니까요." 여러분은 어떻게 생각하십니까? 내 직장이 누구를 위하여 있습니까? 나를 위하여 직장이 있는 것이지 직장을 위하여 내가 있는 것이 아닙니다. 어디 가서 일을 하든 '이곳은 나를 위하여 있다' 할 것입니다. 내가 주인입니다. 가정에 대해서도 그렇습니다. 가정을 위하여 내가 지금 머슴살이를 하는 것이 아닙니다. 나를 위하여 가정이 있다, 하는 마음으로 가정을 대할 것입니다. 어느 처지에서든 주인의식을 가지고 주도적으로 사는 법입니다. 내 책임 내가 지고 남의 책임도 내가 지는 것입니다. 그러면 그만큼 존재의 영역이 큽니다.

　오늘본문에서 과원지기가 책임을 지고 하는 말 속에 중요한 원리가 세 가지 있습니다. 첫째는 이 무화과나무에 대한 믿음입니다. 지금은 열매가 없습니다, 분명히. 3년 동안 없었습니다. 그러나 과원지기는 거기에 잠재적 가능성, 잠재적 능력이 있다고 생각합니다. 이것이 믿음입니다. 사람의 몸에 생기는 탈에도 병이라는 것이 있고 장애라는 것이 있습니다. 장애를 disorder라 하고 병을 disease라 합니다. 장애와 병은 다른 것입니다. 병이란 지금은 아프고 괴롭지마는 이것이 더 나빠질 수도 있고 나을 수도 있습니다. 그런 가능성이 있습니다. 그러나 장애란 이제는 멎은 것입니다. 그래서 장애자가 불쌍한 것입니다. 장애는 끝난 것입니다. 낫는 것이 아닙니다. 없는 팔이 생기지 않습니다. 오늘 이 과원지기는 이 무화과나무를 보되 하나의 병리적 관계로 봅니다. 생리적이라 보지 않고 병리적이라고 봅니다. 그것이 믿음입니다. 혹 부부싸움을 하더라도 두 사람의 말 속에 "always"라는 말은 들어가지 않아야 한다, 라는 말이 있습니다. 가령 저녁에 남편이 늦게 들어왔습니다. 매일같이 늦게 들어오더라도 맞이할 때는 일단 이렇게 말하여야 됩니다. "당신은 그렇지 않은데 오늘 무슨 바쁜 일이 있었습니까? 어쩌다 늦었습니까?" 그렇지 않고 "당신은 왜 밤낮 그 모양이에요?"하거나 한술 더 떠서 "당신의 아버지도 그랬다는데 당신도…"하고 아예 '유전' 탓을 하는 것이면 이것은 장애의 수준입니다. 여망이 없습니다. 매일같이 있는 것도 처음 있는 것처럼, 액시던트로, 병리적으로 볼 줄 아는 시각이 필요합니다. 본래가 그렇다느니, 족보가 그렇다느니, 근본적으로 못됐다느니, 하게되면 끝난 것입니다. 그 속에 가능성이 있다, 아직도 얼마든지 가능성이 있다, 이렇게 볼 줄 아는 믿음, 이것이 중요합니다. 오늘본문을 뒤이어 보면 이런 말씀이 있습니다. 18년 귀신들린 여자가 있습니다. 이게 사람이겠습니까. 그럼에도 불구하고 예수님께서는 이 여인에게서 가능성을 보셨습니다. 귀신만 나가면 되는 것입니다. 그래서 '아브라함의 딸'이라 하십니다(16절). 참으로 귀한 말씀입니다.

또한 이 과원지기는 열매 없는 것에 대해서 그 책임을 함께하려고 합니다. 열매 없는 책임이 내게 있습니다, 내게도 있습니다, 하는 것입니다. 저기만 있는 것이 아니라 내게 책임이 있습니다, 하고 책임을 집니다. 출애굽기 32장에 보면 이스라엘백성이 범죄할 때 하나님께서 크게 진노하시어 다 진멸하겠다, 정죄하려 하실 때 모세가 간곡히 아룁니다. "그러나 합의하시면 이제 그들의 죄를 사하시옵소서 그렇지 않사오면 원컨대 주의 기록하신 책에서 내 이름을 지워버려주옵소서(출 32:32)." 너무도 귀중한 말씀입니다. 이 백성의 죄 중에 내가 함께하겠다, 하는 것입니다. 형벌을 함께 받겠다는 것입니다. 이 백성을 진멸하고 너와 네 후손을 번성케 해서 가나안에 들어가도록 하리라고 하나님께서 말씀하시는데도 불구하고 '아닙니다. 저는 그거 원치 않습니다. 이 백성과 함께 죽겠습니다' 하는 것입니다. 이것이 모세의 마음입니다. 오늘 열매 없는 무화과나무가 저주를 받습니다. 이 순간 과원지기가 그에 함께하겠다는 마음입니다. 그뿐아니라 책임을 지고 다시 1년 동안 수고하겠다고 합니다. 땅을 파고 거름을 주고 물을 주고 정성을 다하겠습니다, 그러고도 열매가 없으면 그때 찍으세요, 한번 더 기회를 주세요. last chance, 종말론적 기회를 주세요—이렇게 청합니다. 얼마나 소중한 것입니까. 부자만을 연구해서 유명해진 토머스 스태니(Thomas J. Stanney)라고 하는 분이 쓴「백만장자 마인드」라고 하는 책이 있습니다. 재미있는 책인데, 여기 보면 백만장자들의 백만장자 된 이유에 대해서 깊이 분석하여 여덟 가지의 특성을 들고 있습니다. 그런데 이상한 것은 백만장자 된 것이 결코 교육으로, 환경으로, 운으로가 아니라는 것입니다. 백만장자 되는 길은 성실함과 건전함과 원만한 가정과 종교적 신앙과 우정과 스포츠맨십에다 낙천성, 그리고 자기관리능력이 있고 나아가 남의 책임을 내가 지는 성격을 가졌다는 데 있습니다. 이런 사람이 백만장자가 되는 것입니다. 허물이 있으면 그것을 남에게 떠넘기고 이리저리 변명하는 시시한 인간은 결코 성공할 수가 없습니다. 요새 우리는 이때문에 마음이 아픕니다. 왜 이렇게 책임질 줄을 모르는 사회입니까. 대체 누구잘못인지 알 수가 없습니다. 청문회를 해도 소용없습니다. 왜? 서로가 발뺌만 하니까요. 이런 시시한 인간들 때문에 세상이 지저분한 것입니다. 지도자 자격이 없습니다. 책임을 질 줄 아는 인간이 필요한 때입니다.

예수님의 십자가를 생각해봅시다. 우리가 허물이 많고 부족하지마는 주께서 우리를 위하여 십자가를 지셨습니다. 왜? 죽으실만한 가치가 있다는 뜻입니다. 소망이 있다는 뜻입니다. 가능성이 있다는 뜻입니다. 십자가의 희생을 지불할만한 가치가 있다고 우리를 믿어주시는 것입니다. 그리고 대신 죽으신 것입니다. 그런고로 주도적 신앙의 본질이란 바로 십자가의 마음입니다. 열매 없는 무화과나무를 위해서 대신 책임을 집니다. 그 가능성을 믿고 있기 때문입니다. 그런고로 주도적 신앙이란 생산적인 것입니다. 이렇게 책임지는 그 누군가가 있어서 이 나무는 다시 열매를 맺게되는 것입니다. △

내일을 기다리라

여호수아가 옷을 찢고 이스라엘 장로들과 함께 여호와의 궤 앞에서 땅에 엎드려 머리에 티끌을 무릅쓰고 저물도록 있다가 여호수아가 가로되 슬프도소이다 주 여호와여 어찌하여 이 백성을 인도하여 요단을 건너게 하시고 우리를 아모리 사람의 손에 붙여 멸망시키려 하셨나이까 우리가 요단 저편을 족하게 여겨 거하였더면 좋을 뻔하였나이다 주여 이스라엘이 그 대적 앞에서 돌아섰으니 내가 무슨 말을 하오리이까 가나안 사람과 이 땅 모든 거민이 이를 듣고 우리를 둘러싸고 우리 이름을 세상에서 끊으리니 주의 크신 이름을 위하여 어떻게 하시려나이까 여호와께서 여호수아에게 이르시되 일어나라 어찌하여 이렇게 엎드렸느냐 이스라엘이 범죄하여 내가 그들에게 명한 나의 언약을 어기었나니 곧 그들이 바친 물건을 취하고 도적하고 사기하여 자기 기구 가운데 두었느니라 그러므로 이스라엘 자손들이 자기 대적을 능히 당치 못하고 그 앞에서 돌아섰나니 이는 자기도 바친 것이 됨이라 그 바친 것을 너희 중에서 멸하지 아니하면 내가 다시는 너희와 함께 있지 아니하리라 너는 일어나서 백성을 성결케 하여 이르기를 너희는 스스로 성결케 하여 내일을 기다리라 이스라엘의 하나님 여호와의 말씀에 이스라엘아 너희 중에 바친 물건이 있나니 네가 그 바친 물건을 너희 중에서 제하기 전에는 너의 대적을 당치 못하리라

(여호수아 7 : 6 - 13)

내일을 기다리라

마거리트 히긴스(Marguerite Higgins)라고 하는 분은 한국전쟁에 종군 취재하여 퓰리처상을 받은 유명한 기자입니다. 그녀가 중공군의 개입으로 말미암아 전세가 불리해져서 후퇴작전을 하고 있는, 그리고 포위당해서 아주 절망에 빠져 있는 미 해병중대를 찾아가 얼어붙은 콩통조림을 따먹고 있는 한 병사에게 이렇게 물어보았습니다. "만일 내가 하나님이라면 당신은 나한테 무엇을 구하겠습니까?" 병사는 슬픈 낯으로 이렇게 대답하였습니다. "Give me tomorrow." 아주 유명한 이야기가 되었습니다. "나에게 내일을 주십시오." 미래가 보장되기만 하면 현재의 고생은 문제가 안됩니다. 우리에게 밝은 미래만 있다면 우리가 무슨 고생을 한들 그것은 문제가 되지 않습니다. 문제는 미래가 암울하고, 이러다가 아주 망하는 게 아닌가, 아주 끝나는 게 아닌가 하는 불안 때문에 우리는 괴로워하고 있다는 것입니다.

본문에 나타난 이야기는 대단히 중요한 역사적 사건입니다. 이스라엘백성이 애굽에서 400년 노예생활을 하다가 하나님의 특별한 은혜로 구원을 받습니다. 홍해를 건너서 가나안으로 향하는데, 광야를 거쳐 요단강을 건너가야 하겠지만 그들의 경건과 거룩함이 하나님의 기대하시는 수준에 미치지 못함으로해서 저들은 다시 해안에서 광야로 들어가 40년 동안을 훈련받게 됩니다. 40년 동안의 긴긴 훈련 뒤, 지도자 모세는 세상을 떠났고 후계자 여호수아의 인도로 몽매에도 잊지 못하는 가나안땅을 밟게 됩니다. 요단강을 건너 맨처음 만나는 큰 성 여리고를 쉽게 점령할 수 있었습니다. 그들은 감사하였습니다. 만족하였습니다. 하나님의 약속의 땅을 우리에게 주셨다, 하는 감격으로 충만하였습니다. 이제 여세를 몰아 그 다음에 있는 조그마한 성, 아이 성을 공격하게 되었는데 작은 성이니 많은 군사가 필요없다해서 이삼천 명만 보냈더니 패전을 하였습니다. 서른여섯 명이 죽고 3000명의 군대가 그대로 벌벌떨면서 후퇴하고 말았습니다. 난감해졌습니다. 전쟁이란 이길 때도 있고 질 때도 있는 것입니다. 어찌 늘 승전만 있겠습니까마는 이 전쟁은 이야기가 다릅니다. 하나님께서 함께하심으로 약속의 땅을 얻게되는 거룩한 전쟁인 것입니다. 이 전쟁에는 패전이란 있을 수 없습니다. 한편 생각하면 이스라엘이 군사력이 강해서, 훈련된 군사가 많아서 승전을 기대할 수 있는 것이 아닙니다. 오직 하나님, 애굽에서 인도하여내신 하나님, 광야를 거쳐 나오게 하신 하나님, 그 위대한 하나님께서 함께하시는 백성이라는 그 사실 때문에 가나안 일곱 족속은 지레 벌벌떨고 땅을 내놓을 수밖에 없었습니다. 바로 이러한 전쟁이니 이제야 여기에 패전이라는 것은 있을 수가 없는데 일이 이렇게 되었으니 '하나님께서 저들과 함께하시지 않는구나' 하고 가나안 일곱 족속은 연합군을 만들어 이스라엘 60만을 아주 진멸해버리고 말 것입니다. 이런 상황에 있습니다. 그야말로 위기 중의 위기입니다. 답답하고 괴로운 나머지 여호수아가 옷을 찢고 장로들과 함께 하루종일 하나님의 법궤 앞에 엎드려 웁니다. 통곡을 합니다. '어찌하여 이런 일이 있는 것입니까? 어찌 이런 일이 있을 수 있습니까?' 하고 목놓아 웁니다.

하나님께서 대답을 하십니다. "어찌하여 이렇게 엎드렸느냐?" 엎드렸다고 해결이 되느냐, 운다고 해결이 되느냐, 통곡한다고 문제가 해결되느냐, 어찌하여 여기 엎드려 울고 있느냐, 말씀하십니다.

그리고 패전의 원인은 너희 자신들에게 있느니라, 너희 속에 있느니라, 내게 있는 것이 아니고 너희에게 있는 것이다, 망한 이유가 바로 너희 자신에게 있는 것이다—이렇게 원인규명을 촉구하십니다. 그리고 "스스로 성결케 하여 내일을 기다리라"하고 말씀하십니다. 내일을 기다리라—참 중요한 말씀입니다. 위기관리능력을 상실한 여호수아는 지금 절망에 빠졌습니다. 소망 없습니다. 아무리 생각해도 구제불능입니다. 그러나 하나님께서 말씀하십니다. '내가 너희에게 내일을 줄 것이다.' 오늘 너희가 당한 이 큰 사건은 큰 회개를 촉구하는 것이요, 성실을 위하여, 하나님의 선민의 성실을 위하여 있어진 사건이다, 하십니다. 그런고로 내일을 기다리라, 내일은 하나님께서 주실 것이다, 조용히 기다리라—내일은 하나님께 속한 것입니다.

　이제 본문의 내용을 자세히 음미해봅시다. 적이 강해서가 아니고 정세가 잘못된 것도 아니고 전략이 잘못된 것도 아니고 상황이 잘못된 것이 아닙니다. 원인은 너희 속에 있다, 내적인 문제다, 성결의 문제요, 도덕성의, 진실의 문제다, 신앙적 문제다, 라고 하나님께서 지적하고 계십니다. 여러분, 이것을 알아야 합니다. 세상이 어떻고 정황이 어떻고 경제가 어떻고 정치가 어떻고… 정말로 그렇습니까? 문제의 근본은 도덕성에 있고 신앙에 있는 것입니다. 내적인 것입니다. 특별히 아간을 지목하십니다. '너희 속에 아간이라고 하는 반역자, 저 사람이 있느니라'하고 말씀하십니다. 하나님께서 치르시는 거룩한 전쟁, 성전(聖戰)입니다. 그런데 아간이란 자가 있어 이 전쟁을 강도질하는 전쟁으로 의미를 바꾸어놓았습니다. 탈취물을 위한 전쟁으로, 도적질하는 전쟁으로 만들었습니다. 하나님께서 가나안 땅을 심판하시고 심판의 기구로 이스라엘백성을 사용하시는 것입니다. 이스라엘은 오직 하나님의 명령에 따라서 하나님의 거룩한 심판을 집행하고 있는 것이고 하나님께서 주시는 약속의 땅을 마침내 소유하게 되는 것입니다. 이 거룩한 역사에 웬 도둑질입니까. 웬 강도질입니까. 이같은 불순한 일이 존재할 수 없는 것입니다.

 나아가서는 아간적인 죄를 생각하게 됩니다. 아간이 지은 죄가 무엇입니까. 전쟁을 하는 통에 본즉 좋은 외투가 있단말입니다. 옛날에는 옷을 3대나 물려 입었다고 합니다. 옷이 귀한 때였거든요. '아, 이 아까운 외투를 왜 불태워버리노' 하고 아간은 외투를 취하고, 은 200세겔이 있는 것을 보고 그것도 취하고, 또 금덩이가 하나 눈에 띄므로 '이 아까운 걸 버리다니 그럴 것 없다. 요걸 다 감춰놨다가 전쟁 끝난 다음에 꺼내가지고 행복하게 살아야겠다' 생각하여 그것도 취하고… 요샛말마따나 경제논리로 보면 그런 것들을 불태우고 없애고 할 필요가 없는 것입니다. 그러나 하나님의 약속을 받는 선민의 논리로 볼 때는 그거 안될 일입니다. 금덩이가 나를 살리는 게 아닙니다. 하나님의 능력과 하나님께서 나와 함께하시는 그 역사가 나를 살리는 것입니다. 여기서 빗나가는 것입니다. 21절에 보면 "탐내어"라고 말씀합니다. 금덩이를 보는 순간 탐심이 발동하였습니다. 외투 한 벌을 보는 순간 욕심이 생겼습니다. 거기서 정신이 확 돌아간 것입니다. 내가 지금 무엇을 하고 있다, 생각하지 못하였습니다. 언제나 탐심이 문제입니다. 지나친 욕심이 문제입니다. 탐심과 욕심에 사로잡혀 있는 동안은 아무 볼 것이 없습니다. 초라해지고 추해지고 더러워지고 악해지고, 이웃도 없고 아무도 보이지 않습니다. 오로지 돈에, 오로지 욕심에 미쳐버립니다.

그리고 이기심입니다. 내 생각만 한 것입니다. 나라가 어떻게 되고 민족이 어떻게 되고 하나님의 뜻이 어떻게 되고… 전혀 생각하지 않고 나 하나만 생각하였습니다. 곧 나 하나만 생각하는 이기주의, 이것이 문제입니다. 여러분, 사람의 삶에 의미와 의욕을 고갈시키는 가장 큰 원인이 무엇인지 아십니까? 이기주의입니다. 이기적인 생각에 사로잡히면 벌써 내 양심이 나를 정죄하기 시작합니다. '이놈아, 너는 너밖에 모르는구나.' 이렇게 되기 시작하면 사람이 초라해집니다. 아주 비겁해지고 맙니다. 이기주의자는 또 생각하는 것이 있습니다. 내가 나만을 생각하였으니 다른 사람이 나를 위할 리가 없지, 합니다. 내가 남을 위할 때라야 남이 나를 위합니다. 그것을 스스로 알고 있습니다. 그러므로 이기주의자는 고독합니다. 이기주의자는 사람 만나는 것도 반갑지 않습니다. 이래서 이상한 존재가 되는 것입니다. 정신병자가 되는 것입니다. 내 돈이라고 내 마음대로 쓰는 것이 아닙니다. 성인군자가 되라는 것이 아닙니다. 적어도 이기심의 노예가 되면 사람이 아주 못쓰게 되는 법입니다.

또한 숨겼다, 하는 말씀이 있습니다. 아간 그도 양심이 있었거든요. 양심의 가책을 느끼고, 사람들의 눈을 의식하고 땅속에다 그것들을 숨겨놓았던 것입니다. 숨겼다는 것, 은폐하였다는 것, 하나님께서 이것을 용납치 않으십니다. 하나님께서 이것을 정죄하지 않으시면 이 숨겨진 일은 영원히 숨겨질 수 있습니다. 그야말로 '완전범죄'가 될 수 있거든요. 오직 하나님만이 아시니까, 둘이서도 아닌 혼자서 숨겨놓은 것이니까요. 그런고로 하나님께서 내려치시는 것입니다. 신약성경에 보면 참 상식적으로는 도저히 이해가 안되는 사건이 하나 있습니다. 은혜가 충만한 초대교회에서 아나니아와 삽비라라고 하는 두 사람이 내외간인데 하나님의 은혜를 받고 감사하는 마음이 생겨서 땅을 팔아, 여유있는 땅을 팔고 그 돈을 베드로 앞에 갖다놓는데, 땅을 팔고보니 그 돈이 너무 많고 아깝다는 마음이 들어 반을 감춰놓고 나머지 반만 가져왔습니다. 이것이 문제가 됩니다. '땅 판 것 전부냐?' 하고 물을 때 '아닙니다. 반은 놔두고 반만 가져왔습니다' 했더면 문제가 없는데 '다입니다' 하였습니다. '너 어찌하여 성령을 속이느냐?' 딱 한마디 떨어졌는데 죽어버렸습니다. 어떻게 그럴 수가 있느냐, 이것입니다. 이 사람들 괜한 일 하다가 죽었습니다. 안 바치고 사는 사람도 많은데 왜 바치려다가… 그 거짓말 한마디 때문에 죽은 것입니다. 무슨 의미가 있는고하니 교회의 거룩함을 위해서 교회가 세워지는 벽두에 이같은 거짓은 있을 수가 없다는 것입니다. 그래서 대표로 아나니아와 삽비라가 죽습니다. 아간의 행위가 이 비슷한 맥락입니다. 숨긴 것 때문에 문제가 되는 것입니다.

독일에서는 해마다 재미있는 발표를 하고 있습니다. 대학과 국제투명성위원회가 공동으로 조사해서 조사결과를 발표하곤 합니다. '세계 국가청렴도 조사' 입니다. 1996년 가을에 발표된 내용을 보면 청렴도 제1위가 뉴질랜드, 둘째가 덴마크, 셋째가 스웨덴, 넷째가 핀란드, 다섯째가 캐나다, 일곱째가 싱가포르, 여덟째가 스위스, 그리고 일본이 열일곱째였습니다. 전체 대상국 53개국 중 한국은 스물일곱째였습니다. 꼭 중간에 걸렸었습니다. 그러나 IMF 이래로 우리는 40번째로 밀려났습니다. 이것이 한국입니다. 여러분, 이것을 알아야 합니다. 잘살고 못살고, 능력이 있고없고, 성공하고 실패하고, 그것이 먼저가 아닙니다. 선행이라고 하는 것은 높은 차원에 있는 것입니다. 그러나 의라고 하는 것은 기준치를 말하는 것입니다. 의는 선행이 아닙니다. 좀더 나아가서 정직성이라고 하는 것은 잘했나 못했나를 묻는 것이 아닙니다. 다만 진실을 묻는 것입니다. 투명성이라는 것은 가졌느냐 못가졌느냐, 능력이 있느냐 없느냐를 묻는 것이 아닙니다. 사실을 사실대로 인정하느냐, 이것을 묻고 있는 것입니다. 투명성, 이것이 윤리도덕의 기본입니다. 심지어는 경제의 기본입니다. 정치의 근본입니다. 이것 빠져나가면 아무것도 없게 됩니다. 깊이 생각할 일입니다. 일본의 NHK 방송에서 20대 일본청년들을 상대로해서 의식조사 설문을 내었습니다. 많은 젊은이들이 제일 먼저 생각하는 것, 그것이 뭘까, 그에 관한 설문을 내면서 '당신은 주변사람들에게 자신이 어떤 사람으로 보여지고 싶습니까?' 물었습니다. 어떤 사람이라는 말을 듣고 싶습니까, 어떤 사람이 되고 싶습니까, 이것입니다. 이에 대한 대답으로 첫째간 것이 바로 정직한 사람이라는 말을 듣고 싶다, 하는 것이었습니다. 둘째가 신념이 강한 사람, 셋째가 상냥한 사람, 넷째가 평범한 사람이라는 말을 듣고 싶다, 하는 것이었습니다. 다섯째가 개성이 있는 사람, 여섯째가 믿음이 있는 사람, 마지막이 유능한 사람이라는 말을 듣고 싶다는 것이었습니다. 저는 여기서 생각해봅니다. 우리나라 청년들에게 그런 질문을 하였다면 첫째가는 것이 어떤 대답일까? 아마도 '유능한 사람'이 첫째일 것같습니다. 여러분은 어떤 사람이 되고 싶습니까? 자녀들에게 어떤 사람이 되라고 이릅니까? 첫째가 무엇입니까? 유능한 사람, 유능한 사람, 수단과 방법을 가리지 않는 유능한 사람—이것이 망조입니다. 정직한 사람, 투명한 사람, 이것이 기본입니다. 다른 말은 못들어도 좋습니다. 잘나고못나고가 문제 아닙니다. 저 사람은 정직한 사람이다—이것이 첫째입니다. 그리고야 경제도 되고 나라도 되는 법입니다.
　체코슬로바키아의 수도 프라하는 역사적이고 아름다운 도시입니다. 1997년에 이 도시를 방문했던 사람이 신문에 기고한 글의 내용이 이러했습니다. 구 프라하를 여행하면서 지하철을 탔습니다. 지하철 표를 사는 데는 있는데 검표하는 데는 없습니다. 검표하는 사람도 없습니다. 표 사서 그냥 나가 타는 것입니다. 이상하다 싶어서 직원 보고 검표 안하느냐고 물었더니 "어쩌다가 한 달에 한 번 불쑥 검표하는 수는 있습니다." "무임승차 하는 사람이 없다는 것입니까?" "없습니다." 여러분, 어찌 생각하십니까? 우리나라에 이런 식으로 검표절차가 없다면 어떻게 될 것같습니까. 기가막힐 일이지만 무임승차 하는 사람들 때문에 지하철공사 망할 것입니다. 이런 자질로 지금 경제가 되기를 바라는 것입니다. 될 턱이 없습니다. 모두가 다 거짓말이니⋯ 세계가 비웃고 있습니다. 재주 좀 있다고 되는 것이 아닙니다. 기술 좀 있다고 되는 것이 아닙니다. 진실을 잃어버리면 nothing입니다. 아무것도 기대할 것이 없습니다. 이것을 알아야 합니다. 등산을 하는 사람들은 산을 높이 올라갑니다. 하다가 조난을 당해서 혹 길을 잃어버리든가하면 이렇게 충고합니다. 내려가려고 애쓰지 말고 위로 올라가라, 높은 데 올라가서 다시 내려다보고 내가 지금 어디에 있는지 확인하고 그 다음에 내려가라, 합니다. 우리는 현실에 매여 현실문제에만 급급해서는 안됩니다. 높은 데로 올라가서 다시 이 세상을, 나 자신을 바로 볼 수 있어야 합니다. 미국의 복음성가 가수 피터 빌혼이 한번은 아이오와 주의 포트 메디슨 형무소를 찾아가 전도하면서 가스펠 송을 불렀습니다. 그때 부른 노래에 '날개가 상한 새는 날 수 없습니다' 라는 노래가 있습니다. 이 노래를 듣고 한 죄수가 찾아와 슬픈 얼굴로 묻습니다. "날개가 상한 새는 영영 날 수 없는 것입니까?" 빌혼은 아무 대답도 못하였습니다. 그래 집에 돌아왔는데 그 일이 기억에서 영 지워지지를 않습니다. 날개가 상한 새는 날 수 없습니까? ─ 그 슬퍼하던 얼굴을 떠올리고 그는 깊은 은혜 가운데 노래를 다시 지었습니다. '예수께로 가면 어떤 죄도 용서받을 수 있습니다. 예수께 맡기기만 하면 실패한 과거도 새롭게 됩니다. 주님의 사랑에 그대를 맡기십시오. 그대의 날개는 다시 새로워지고 높이높이 푸른하늘을 날 수 있을 것입니다.' 듣고 많은 사람이 은혜를 받았습니다. 그로부터 20년 후, 뉴욕 YMCA에 행사가 있어서 갔는데 의젓한 미군대령 한 사람이 다가오더니 인사를 합니다. "제가 20년 전, 상한 날개를 치유하면 다시 날 수 있다고 한 그 노래를 듣고 새사람이 된 바로 그 사람입니다." 여러분, 상한 날개로는 날 수 없습니다. 이 날개를 치유하여야 날 수 있습니다. 내일은 오직 하나님의 것이요 하나님께서 우리에게 주실 것입니다. "스스로 성결케 하고 내일을 기다리라" 하셨지만 메시지의 내용은 그것이 아닙니다. 하나님께서 기다리시는 것입니다. 스스로 성결하여질 때를 기다리십니다. 그리고 내일을 주실 것입니다. 모름지기 스스로 성결케 하고 하나님께서 주시는 내일을 기다려야 할 것입니다. △

온전한 구원의 속성

그러므로 나의 사랑하는 자들아 너희가 나 있을 때뿐 아니라 더욱 지금 나 없을 때에도 항상 복종하여 두렵고 떨림으로 너희 구원을 이루라 너희 안에서 행하시는 이는 하나님이시니 자기의 기쁘신 뜻을 위하여 너희로 소원을 두고 행하게 하시나니 모든 일을 원망과 시비가 없이 하라 이는 너희가 흠이 없고 순전하여 어그러지고 거스리는 세대 가운데서 하나님의 흠 없는 자녀로 세상에서 그들 가운데 빛들로 나타내며 생명의 말씀을 밝혀 나의 달음질도 헛되지 아니하고 수고도 헛되지 아니함으로 그리스도의 날에 나로 자랑할 것이 있게 하려 함이라 만일 너희 믿음의 제물과 봉사 위에 내가 나를 관제로 드릴지라도 나는 기뻐하고 너희 무리와 함께 기뻐하리니 이와 같이 너희도 기뻐하고 나와 함께 기뻐하라

(빌립보서 2 : 12 - 18)

온전한 구원의 속성

　미국의 34대 대통령 아이젠하워가 월터 리드 육군병원에서 임종을 맞을 때 그 얼마 남지 않은 시간에 빌리 그레이엄 목사님이 그분을 방문하였습니다. 의사는 면회시간을 30분으로 제한하였습니다. 그는 이런 이야기 저런 이야기로 위로의 말을 하다가 시간이 되어 이제 나가려고 일어서는데 아이젠하워는 "좀더 있다 가시지요"하고 목사님을 쳐다봅니다. "특별히 하실 말씀이 있습니까?" 목사님은 물었습니다. 아이젠하워는 신중하게 이런 말을 하였습니다. "하나님을 어떻게 만나야 할는지 확신이 없습니다. 저를 좀 도와주십시오. 이 아이젠하워의 마지막부탁입니다." 여기서 빌리 그레이엄 목사님은 기독교의 근본교리를 간략하게 설명해줍니다. "사람은 하나님 앞에 설 때 자기 의로 서는 것이 아닙니다. 우리는 다 죄인입니다. 잘한 일도 있고 못한 일도 있겠지만 하나님 앞에 내놓을 수 있는 의, 잘했다고 내놓을 수 있는 것은 없는 것입니다. 오직 십자가의 은혜, 우리를 위하여 십자가를 지신 그 은혜를 감사하는 마음으로, 믿음으로 받아들이십시오. 그리하면 나의 하나님의 자녀 됨을 하나님께서 확증해주시고 하나님의 자녀로 영접해주실 것입니다." 한동안 기도하는 마음으로 묵상하더니 아이젠하워는 이렇게 말하였습니다. "빌리, 감사하오. 나는 이제 준비가 되었소." 그리고 눈을 감았습니다.
　여러분, 구원이라는 것이 무엇입니까. 너무 추상적으로 생각할 것 없습니다. 참구원이란 바로 마지막순간에 있는 것입니다. 이것은 최종구원, final salvation, final triumph, 마지막승리, 마지막구원입니다. 교회가 존재하는 것은 바로 여기에 있습니다. 우리 생각해봅시다. 저는 두 교회를 섬기고 있습니다. 한 40여 년 교회를 섬기면서 봅니다마는 전에 그렇게 젊고 아름다웠던 분이 이제 할머니가 되기도 하고, 그렇게 당당하던 분이 이제 허리가 꼬부라지고 백발이 되고, 또 우리 가운데 있던 분이 하나씩하나씩 떠나는 것을 봅니다. 우리교회에서만도 1년에 300명 이상이 주님 앞으로 갑니다. 이렇게 가다보면 여러분과 제 차례가 될 것입니다. 여기에 문제가 있습니다. 그 순간을 생각해보십시오. 잘살고 못살고, 부하고 가난하고, 출세하고 못하고가 무슨 대수입니까. 아무것도 아닙니다. 문제는 아이젠하워가 직면했던 그 시간입니다. 그 순간에 내가 어떤 모습으로 나타나느냐, 이것이 중요합니다. 여기에 구원이 있습니다. 교회는 이것을 위하여 존재합니다. 그래서 교회를 종말론적 공동체라고도 하고 혹 비유적으로 말하는 분들은 천당가는 대합실이라고 합니다. 여기 머물렀다가 주님 앞으로 가기 때문입니다. 참 구원이 여기에 있습니다. 그리고 우리는 다시 우리가 세상에 머무는 동안 그 구원을 우리생활 속에서 매일매일 경험하게 됩니다. 그래서 삼차원적으로 생각하면, 하나는 과거구원입니다. 우리 옛날죄로부터, 믿기 전의 생활로부터, 타락한 생활로부터 구원받았습니다. 그리고 하나님의 자녀가 되었습니다. 죄사하심받고 구원받았습니다. 그의 세례를 받고 그리스도인이 되었습니다. 이제 저 앞에 가나안땅이 있습니다. 약속의 땅, 하늘나라가 있습니다. 주님 계신 그곳에 우리가 가게 됩니다. 이것이 마지막 구원입니다. 완전한 구원입니다. 그리고 이 세상에 사는 동안 우리는 매일매일 구원을 체험하면서 성장해나가는데 세상으로 기울던 사람들이 하늘나라지향적으로, 물질밖에 모르던 사람들이 진리를 생각하고, 나밖에 모르던 사람들이 하나님의 뜻과 이웃을 생각하는 사람으로 바뀌어가면서 현재적으로 많은 시험 속에서 구원을 받게 됩니다. 시험에 빠지지 않고 구원받게 됩니다. 이것이 현재적 구원입니다.

특별히 바울신학에서 이것을 강조합니다. 신학적으로 말하면 구약으로 돌아가 출애굽의 역사에서 우리는 구원론과 교회론을 읽을 수 있습니다. 이스라엘백성이 애굽에서 구원받았습니다. 400년 노예생활 하던 사람들이 하나님의 특별한 은혜로 기적적으로 구원받았습니다. 홍해를 건너서 광야로 나왔습니다. 이제 애굽과는 관련을 끊었습니다. 이것이 첫째구원입니다. 이제 요단강을 건너가야 합니다. 가나안땅에 들어가야 마지막구원이 되겠습니다. 그 구원의 날을 바라보고 있습니다. 광야 머무는 그동안 그것이 교회입니다. 광야교회입니다. 그 교회에 머무는 동안 그들은 많은 시련을 통하여 훈련받으면서 이제 영원한 구원을 지향하게 됩니다. 여기서 생각할 것은 이 광야교회에서 하는 일은 무엇이냐입니다. 옛날생활의 잘못되었던 풍속, 성품, 세계관, 가치관, 이런 것들을 끊어버리는, 그리고 하늘나라지향적인 사람으로 커나가는 훈련을 하게 됩니다. 이것이 광야교회에서 하는 일입니다.

옛생활을 하나씩하나씩 벗어버리는 것입니다. 거기에는 많은 시간이 듭니다. 여기서 의식을 바꾸는 것입니다. 그리고 또하나는, 앞으로 가나안땅에 들어가 살 때에 지켜야 할 율법, 하나님의 법을 미리 주셔서 여기서 법에 대한, 하나님의 법에 대한 오리엔테이션을 거칩니다. 하나님의 법을 몸에, 생활에 익히도록 비상한 훈련을 받습니다. 이 훈련과정이 바로 교회입니다. discipline, 제자훈련을 받는 것입니다. 다시한번 생각해보면 쉽게 이해될 것입니다. 동·서독이 통일된 지 꼭 10년째입니다, 금년이. 그러나 우리는 한번 생각해봅니다. 동독과 서독이 과연 통일된 것입니까. 많은 사람들이 묻습니다. 과연 통일이 된 것이냐고. 그것이 잘된 것이냐 못된 것이냐, 지금 의견들이 분분합니다. 한 가지 분명한 것은 통일된 것이 아니라는 사실입니다. 정치적으로는 통일이 되었는데 의식은 그렇지 못합니다. 세계관이 그렇지 못합니다. 동·서 사람들의 사는 자세가 틀립니다. 그래서 많은 갈등을 일으킵니다. 심지어는 통일된 것 잘못이라는 말까지 나오고 있습니다. 제가 동독을 방문하고 서독 방문하였을 때도 동·서가 합친 것, 완전히 잘못된 것이라고 말하는 것을 직접 들었습니다. 그래서 요새 신문에 비판이 나온 것을 보니 '멀고도 험한 완전통일의 길'이라 하였습니다. 통일된 것같은데 아닙니다. '이중식민지화하고 있다' 합니다. 자본주의체제에 의한 사회주의식민화—이렇게 비판하고 있는 것을 봅니다. 물리적으로는 통일이 되었으나 정신적으로는 그렇지 않다는 것입니다. 점점 더 어려운 갈등에 시달리고 있습니다. 이것과도 같습니다. 우리는 분명히 구원을 받았습니다. 하나님의 사람으로 구원받았으나 정말로 우리가 하나님의 자녀 된 것입니까. 온전한 하나님의 자녀 된 세계관을 가지고 살아가고 있는 것입니까. 어디까지 왔습니까. 이것을 묻고 싶은 것입니다. 자동차운전도 그렇습니다. 운전면허 따고 내 자동차에 떡 올라탔습니다. 이 자동차 분명히 내 자동차입니다. 내가 운전할 것입니다. 그런데 운전이 당장에 마음대로 됩니까. 내가 편안하게 드라이브를 즐길 수 있을 만큼 되는 데는 적어도 3년 이상의 시간이 필요합니다. 어지간히 사고도 내고 이리 찌그러지고 저리 부딪치고 해가면서 운전이라고 하는 그 단순한 것 하나를 몸에 익히는 법입니다.

몸에만이 아닙니다. 기술이며 마음이며 정신에까지 드라이빙 마인드가 있는 것입니다. 그런 것까지 다 훈련을 해서 온전하게 운전이라고 하는 것을 내것으로 삼는데, 거기까지 달하는 게 쉽지 않습니다. 어떤 사람은 수십년 운전하면서도 영 틀렸습니다. 잘못되었습니다. 잘못배웠습니다, 그 사람. 왜 이런 것입니까. 바른 훈련의 길이 없었기 때문입니다. 긴 훈련의 시간이 필요합니다. 그래서 하나의 운전자가 되는 것입니다.

오늘본문에 "너희 구원을 이루라" 말씀합니다. 이 구원은 현재적 구원입니다. 과거구원을 말할 때는 "구원얻었느니라"합니다. 미래의 구원을 말할 때는 "구원얻으리라"합니다. 오늘본문에서는 "구원을 이루라"하였습니다. 현재를 말씀하는 것입니다. 우리의 주기도문에도 '다만 악에서 구하옵소서' 합니다. 그것도 현재를 말하는 것입니다. 여기 '이룬다' 라는 말의 헬라원문 '카테르가제스데' 는 'work out' 이라는 뜻입니다. 아주 끝낸다는 뜻입니다. 여기서 우리는 생각을 하여야 합니다. 먼저는 지성이 구원을 받아야 합니다. 오늘 본문에 보면 하나님의 소원이 있습니다. "자기의 기쁘신 뜻을 위하여 너희로 소원을 두고 행하게 하시나니"라고 하였습니다. "너희 안에 행하시는 이는 하나님이시니"—우리 안에 하나님이 계셨습니다. 이 사실을 깨달아야 합니다. 깨달음이 구원을 받아야 합니다. 내가 믿는 줄 알았는데 그것이 아닙니다. 하나님께서 나로 믿게 하신 것입니다. 내가 이 자리에 겨우 나와 앉은 것, 이것이 놀라운 기적입니다. 그것도 누구 말마따나 내가 예수를 믿다니 '천지개벽 이래 최고의 기적' 입니다. 그렇습니다. 내가 예수를 믿다니 기적인 것입니다. 어떤 사람은 병원으로 몇바퀴 돌아서 오는 사람이 있고 어떤 사람은 아예 감옥에까지 갔다가 교회나옵디다. 결국은 이제 깨닫습디다. 내가 믿는 것이 아니라 하나님께서 나를 여기까지 인도하셨다는 것을 깨닫습니다. 여기 하나님의 경륜이 있었다고 깨닫습니다. 항상 그런 깨달음으로 살아갑니다. 그런고로 그는 만족합니다. 하나님께서 주도하시고 하나님께서 창조적으로 역사하시고, 하나님의 놀라운 경륜 속에 내가 있어 나를 주의 뜻으로 인도하고 있다, 하는 것입니다.

우리 소망교회의 탄생만 보아도 그렇습니다. 23년 전에 제가 모 대학의 학장으로 있을 때입니다. 어느 수요일 저녁에 누구를 만났는데 그가 "몇사람 모여서 기도회를 하는데 거기 목사님 설교 한번 하러 가십시다"하고 청합니다. "그러죠"하고 따라갔습니다. 목사가 설교를 사양할 수가 있습니까. "갑시다." 그 사람의 차에 탔습니다. 압구정동으로 찾아옵니다. 저는 그때 압구정동이 북에 있는지 남에 있는지도 몰랐었습니다. 밤중이었습니다. 열한 명이 모여서 예배를 드렸습니다. 이것이 소망교회가 될 줄 누가 알았겠습니까. 전혀 생각지 않았던 일입니다. 여기가 한국의 신앙 일번지가 될 줄 누가 알았겠습니까. 소망교회로해서 유명한 압구정동이 될 줄 누가 알았겠습니까. 저도 몰랐고 여러분도 몰랐습니다. 그러나 하나님께서는 아시고 역사하신 것입니다. 이 사실을 깨닫는, 이 깨달음의 의미를 깨닫는, 은총을 깨닫는, 그런 지성적 구원이 있어야 합니다. 지성이 구원을 받아야 합니다. 우리나라에 참 고마운 분들이 있습니다. '창조학회'라는 것이 있는데 주로 박사학위를 가진 물리학자들이 무려 300명이나 여기 회원으로 등록되어 있습니다. 이분들은 철저히 과학자입니다마는 창조론을 믿습니다. 진화론은 거짓말이요 성경말씀이 너무나도 과학적이고 합리적이라는 것입니다. 이렇게 믿고 고백하고 복음전파를 위하여 애쓰는 분이 무려 300명이나 됩니다. 참으로 고 마운 일입니다. 세계의 유명한 물리학자들, 과학자들, 요새 말하는 바 벤처의 기술자들, 특별히 지놈(genome)학자들도 보면 그중에 아 주 신앙좋은 분들이 있습니다. 하나님의 세계에 대해서 놀라는 사람 들입니다. 감격하는 사람들입니다. 지성이 구원받은 것입니다. 요새 보니 별로 시원치도 않은 사람들이 하나님이 보이느냐 안보이느냐, 이따위 소리나 하고 앉았지 참된 과학자들, 이를테면 아인슈타인 박 사를 보십시오. 그분이 조금만 더 살아 있었더면 신학에 엄청난 공 로를 세웠을 것이라고들 말하고 있습니다. 아인슈타인 박사는 늘그 막에 이르러 연구를 신학적으로 하였습니다. 제가 왜 이 말씀 드리 는고하니 우리의 지성, 우리의 생각하는 것, 이성이 구원을 받아야 하기 때문입니다. 이러고보면 성경 어디를 읽어도 다 귀한 말씀이요 다 옳은 말씀이요 다 바른 말씀입니다. 합리적으로 그렇게 이해가 됩니다. 여기에 의심이 아직도 많다면 아직도 내 지성이 구원을 받 지 못한 탓입니다. 모름지기 내 지성이 구원을 받아야 합니다. 중국 에 가보니 그분들은 말을 해도 아주 유식하게 합니다. '삼관개혁' 이 라고 하는 말이 있습디다. 무슨 말인가했더니 별것이 아닙디다. 세 계관, 인생관, 가치관의 개혁이 없이는 경제, 정치 소용없다, 이것입 니다. 여러분, 가치관의 변화가 없이, 가치관이 중생하지 못하고 돈 벌면 어떻게 되겠습니까. 잘살게되면 어떻게 되겠습니까. 소돔과 고 모라가 되고 맙니다. 그야말로 꽈당 망하고 끝나게 됩니다. 배부르 게 잘사는 것 좋은 것이 아닙니다. 세계관, 가치관, 인생관이 구원을 받아야 합니다. 그러고야 참구원의 역사가 있습니다.

그리고, 감성이 구원을 받아야 합니다. 오늘말씀에 "두렵고 떨림으로 너희 구원을 이루라" 말씀합니다. 두려운 마음, 떨리는 마음, 경건적인 감성이 있어야 합니다. 감지능력, 주변환경에 대한 나의 반사능력, 나아가서는 자신을 다스리는 능력―이런 것이 감성입니다. 모름지기 신앙적 EQ(감성지수)가 높아야 합니다. 여러분의 감성은 어디까지 왔습니까? 무엇을 기뻐합니까? 무슨 일에 행복을 느낍니까? 무슨 일이 자랑스럽습니까? 이 감성이 아직 구원을 못받고보면 예수믿으면서도 즐기는 것이 그저 노래방이요 갈짓자걸음입니다. 아직도 우리의 기쁨, 그것이 없습니다. 보십시오. 이스라엘백성이 애굽으로부터 구원을 받았습니다. 구원받을 그 때에 열 가지 재앙을 보았고 홍해를 육지같이 건너는 엄청난 감격을 경험하였습니다. 그런 그들이 이제 좀 어려운 일이 앞에 있다고하여 원망해서야 쓰겠습니까. 물이 없다고 원망하고, 배고프다고 원망하고, 고기 먹고 싶다고 원망하고… 원망치고도 같잖은 것은 마늘과 부추가 없다고 원망한 것입니다. 정력이 떨어져서 못살겠다나요. 원망죄, 그때문에 그 이스라엘백성이 가나안에 못들어간 것입니다. 여러분의 마음속에 지금 원망이 얼마나 남아 있습니까? 아직도 불평이요 이래 원망 저래 원망입니까? 그렇다면 당신은 아직도 미숙한 것입니다. 유치한 것입니다. 그 크신 은혜에 감격하고보면 무슨 일도 다 소화할 수 있습니다. 아무것도 문제될 수가 없습니다. 주님께서 기뻐하시는 것 기뻐하고 주님께서 사랑하시는 것 사랑하고, 주님께서 "나의 평안을 너희에게 주노라(요 14:27)"하신바 그 평안이 나에게 있기 때문입니다. "이 마음을 품으라 곧 그리스도 예수의 마음이니(빌 2:5)"하고 바울은 말씀합니다. 그리스도의 마음이 있어서 그리스도께서 사랑하시는 것 사랑하고, 그리스도께서 좋아하시는 것 좋아하고, 기뻐하시는 것 기뻐합니다. 이것이 그리스도인의 EQ가 되는 것입니다.

일찍이 황해도 신천교회에서 목회하시던 김익두 목사님은 예수 믿기 전 신천장터의 유명한 깡패였습니다. 제가 여러번 직접 뵈었는데, 참 장대하게 생긴 분이었습니다. 그분과 악수를 했다하면 손이 으스러져나가는 것같았습니다. 그만큼 세었습니다. 이분이 악수하자고 손을 내밀면 저는 아예 "목사님, 이러시면 안됩니다. 제 손 으스러집니다"하고 사양할 정도였습니다. 기골부터 장대하고 힘도 장사인 그런 분입니다. 깡패였던 이분이 예수믿고 새 사람이 되자 "김익두는 완전히 변했다"하고 소문이 나고 이제 전도사가 되어 사방으로 전도하러 다니는데, 그의 과거를 잘 아는 어떤 아주머니가 있어 고개를 갸우뚱합니다. '김익두가 변하면 얼마나 변하겠어? 그 무서운 깡패가…' 그러는 참에 때마침 그가 자기집 앞에서 예수믿으라고 소리치는 것입니다. 어디보자, 하고 이 아주머니, 물버지기를 들고나가 김익두 전도사님의 얼굴에다 확 끼얹었습니다. 그러고 낌새를 살피는데 김익두 전도사님, 천연히 웃으면서 "아이고 아주머니, 수고하십니다"하는 것이었습니다. 아주머니 왈 "어디, 김익두 얼마나 죽었나 보자!"하였것다, 이에 김익두 전도사님, 이렇게 말하는 것입니다. "내가 죽었으니 아주머니가 살아 있지 않소." 예수믿기 전에 이런 일 당했으면 당신이 살아남겠소? 당신이 지금 살아 있다는 게 바로 내가 죽었다는 뜻이라오ㅡ여러분, 여러분은 얼마나 죽었습니까? 아직도 못된 것이 살아남아 꿈틀꿈틀합니까? 그래서는 안됩니다.

의지가 구원을 받아야 합니다. 우리가 살아가는 어느 순간순간 하나님의 뜻과 내 뜻이 대립될 때가 있습니다. 그래서 오늘말씀에는 "항상 복종하여"라고 하였습니다. "항상 복종하여 두렵고 떨림으로 너희 구원을 이루라"하였습니다. 복종할 때가 와야 합니다. 결정적인 시간에 가서는 나를 죽여야 합니다. 예수님 겟세마네동산에서 "나의 원대로 마옵시고 아버지의 원대로 하옵소서(마 26:39)"라고 기도하신바 이러한 total commitment, 완전히 위탁하는, 그런 신앙이 되어야 할 것입니다. 소원을 성취하려면 열 개의 단계를 거쳐야 한다는 심리학적 연구가 있습니다. I won't, 나는 하지 않을 것이다, 하는 사람은 성공확률이 제로입니다. I can't, 나는 할 수 없다, 하는 사람은 성공확률이 10%입니다. I don't know how, 어떻게 할지를 모르겠다, 하는 사람은 20%이고, I wish I could, 하고 싶다, 하는 사람은 30%이고, What is it, 나는 그것이 무엇인지를 모르겠다, 하는 사람은 40%이고, I think I might, 이것은 할 수도 있을 것이다, 하는 이 사람은 50%이고, I might, 할 수 있을 것이다, 하는 사람은 60%이고, I think I can, 내가 할 수 있다고 생각한다, 하는 사람은 70%이고, I can, 할 수 있다, 하는 사람은 90%이고, By God I can, 내게 능력 주시는 자 안에서 내가 할 수 있다, 하고 신앙적으로 결단하는 사람은 100% 성공할 수 있다고 합니다. 여러분, 나 자신을 십자가에 못박아야 합니다. 그리할 때에만 하나님의 뜻이 이루어집니다.

이번(2000년)에 시드니올림픽에서 경기하는 것들을 보았을 것입니다. 준결승이라는 게 있고 결승이라는 게 있어 결승을 final이라 하고 준결승을 semifinal이라 합디다. 그렇습니다. 준결승에서 실패하면 결승에 못나갑니다. 이것을 알아야 합니다. 결승에 나가기 위해서는 준결승에 이겨야 되는 것입니다. 오늘의 우리생활은 준결승적인 의미를 띠었습니다. semifinal입니다. 여기서 이겨야만 내가 저기에 다다를 수 있습니다. 나의 구원 어디까지 왔습니까? 당신의 구원을 묻습니다. 당신의 지성, 감성, 의지가 어디까지 왔습니까? 깊이 생각해보십시오. 여기 이 준결승에서 승리하여야 최종승리를 바라볼 수 있습니다. 최종승리를 바라보기에 그 믿음 그 소망으로 오늘의 이 현재적 시련을 이길 수가 있는 것입니다. 온전한 구원에 이르는 그 영광이 우리교회 23주년을 맞이하면서 확실하게 이루어질 수 있기를 바랍니다. △

보내심받은 자의 실체

보라 내가 너희를 보냄이 양을 이리 가운데 보냄과 같도다 그러므로 너희는 뱀같이 지혜롭고 비둘기같이 순결하라 사람들을 삼가라 저희가 너희를 공회에 넘겨 주겠고 저희 회당에서 채찍질하리라 또 너희가 나를 인하여 총독들과 임금들 앞에 끌려가리니 이는 저희와 이방인들에게 증거가 되게 하려 하심이라 너희를 넘겨 줄 때에 어떻게 또는 무엇을 말할까 염려치 말라 그 때에 무슨 말할 것을 주시리니 말하는 이는 너희가 아니라 너희 속에서 말씀하시는 자 곧 너희 아버지의 성령이시니라 장차 형제가 형제를, 아비가 자식을 죽는 데 내어 주며 자식들이 부모를 대적하여 죽게 하리라 또 너희가 내 이름을 인하여 모든 사람에게 미움을 받을 것이나 나중까지 견디는 자는 구원을 얻으리라
(마태복음 10 : 16 - 22)

보내심받은 자의 실체

어느 집의 한 꼬마가 책상 위에 놓여 있는 성경책을 가리키면서 제 엄마 보고 묻습니다. "저 책은 누구거예요?" 어머니는 늘 이 어린 것의 손목을 잡고 교회다녔지만 이것이 뭘 알랴 하였는데 이제 성경에 관심을 보이는 것이 퍽이나 대견스러워 즐거운 마음으로 친절하게 설명을 하였습니다. "이 책은 하나님의 말씀이란다. 하나님의 책이야." 그런데 꼬마는 엄마를 빤히 쳐다보고 이렇게 말하는 것입니다. "하나님의 것이면 하나님께 돌려보내요! 엄마는 한 번도 저 책을 보지 않았잖아요." 여러분, 성경은 하나님의 말씀이라고 우리는 고백합니다. 그 하나님의 말씀을 얼마나 사랑하고 얼마나 읽었습니까? 우리는 하나님의 말씀 안에서 구원을 받고 중생함을 받고, 그 말씀의 능력으로 세상을 이기고 죄악을 이기고 사망을 이긴다고 믿고 있습니다. 그렇게 믿고 그렇게 고백하면서 이 말씀 얼마나 사랑하였느냐, 그 말씀입니다. 집에 가거든 혹 성경책에 먼지나 앉지 않았는지 한번 털어보십시오. 제가 옛날에 심방을 많이 할 때 어느 가정에 가서 예배를 드리려고 "성경을 봅시다"하고보면 그 집 부모가 성경책이 어디 있는지 몰라서 집 구석구석을 뒤지고 "여기 있었는데… 여기 있었는데…"하고 우왕좌왕하는 꼴을 볼 때가 있습니다. 이런 때 저는 뺨을 한대 얻어맞는 듯한 부끄러움을 느낍니다. 목사인 내가 얼마나 신통치 않았으면 교인이 제 집에서 성경책의 행방도 모른단 말인가! 그런 아픔을 느끼는 때가 있었습니다.

철학자 파스칼은 그가 쓴 「팡세」에서 이런 말을 합니다. '우리가 하나님을 알지 않고는 내가 누구인지를 알 수가 없다. 내가 누구인지를 알지 못하면 필연적으로 불안할 수밖에 없다.' 내가 나를 알기 위해서는 하나님을 알아야 하고 하나님을 알기 위해서는 하나님의 말씀을 읽어야 합니다. 하나님의 말씀에서 우리는 하나님을 만납니다. 신학자 칼 바르트는 이런 말을 합니다. '우리는 하나님을 알 수는 없으나 하나님을 만날 수는 있다.' 성경을 읽어가면서 살아계신 하나님을 만나고, 하나님을 만나는 순간 내가 누구인지를 알고 내 운명도 알게 되는 것입니다.

프린스턴신학교의 유명한 성서신학자 오토 파이퍼 교수가 강의시간에 학생들 보고 "여러분은 종교개혁을 마르틴 루터가 일으킨 줄로 아는데, 그건 잘못된 생각이다"하고 점잖게 말씀합니다. 학생들은 어리둥절했습니다. 이 무슨 뚱딴지같은 소리인가, 그럼 도대체 누가 종교개혁을 일으켰단말인가? 노교수는 다시 천천히, 분명하게 말하였습니다. "종교개혁은 루터가 갈라디아서를 읽을 때, 갈라디아서 말씀에 귀를 기울일 때 그 말씀이 그 안에서 폭발을 일으켜 비롯된 것이다. 갈라디아서의 진리가 그 사람을 폭발시킴으로 그는 그 진리를 전파하지 않고는 다른 아무 일도 할 수가 없었던 것이다." 종교개혁은 루터가 이룬 것이 아니고 갈라디아서의 말씀이 이룬 것이다—아주 신중한, 대단히 중요한 강의였습니다. 공교롭게도 제가 프린스턴대학에 다닐 때 바로 마르틴 루터의 신학을 공부하였습니다. 그때 루터신학을 가르치는 교수는 다른 것은 전부 참고만 하게 하고 오로지 루터의 갈라디아서주석을 한 학기 내내 page by page, 읽고 또 읽고 토론하고 연구하게 하였습니다. 루터는 갈라디아서주석을 두 번 썼습니다. 처음에 쓴 것은 좀 작고, 뒤에 쓴 것은 신구약성경보다도 부피가 큽니다. 그의 갈라디아서주석을 읽어보면 루터가 과연 얼마나 갈라디아서에서 불같은 은혜를 받았는지, 엄청난 생명력을 경험했는지를 우리도 읽을 수가 있습니다. 성경이 주는 진리, 이 생명력이 그를 사로잡아서 마침내 종교개혁을 이룩한 것입니다. 이것이 하나님의 사랑입니다. 내가 하나님의 일을 하는 것이 아니고 하나님의 진리가 나를 잡아서 당신의 뜻을 이루시는 것입니다. 우리는 조용히 순종할 따름입니다.

마태복음 10장을 가리켜서 흔히 소명장(召命章), 사명장(使命章)이라고도 부릅니다. 예수님께서 열두 제자를 부르시고 부르신 다음에는 그들 속에 귀신을 내쫓고 병을 고치는 능력을 넣어주십니다. 보이지 않는 것이지만 능력을 주시고 그 다음에는 보내십니다. 잃어버린 양에게로 가라, 하고 보내십니다. 그래서 이 과정을 이렇게 정리합니다. Calling, Giving, Sending. 이것이 하나님께서 이루시는 일입니다. 부르시고 능력을 주시고 그 다음에는 보내십니다. 여기에 그리스도인의 정체가 있습니다. 내가 부르심받았습니다. 그리고 내게 능력을 주셨습니다. 그리고 나를 당신 원하시는 곳으로 보내고 계십니다. 내 삶의 현장은 바로 my mission field, 내 선교현장이라는 것을 잊어서는 안됩니다. 오늘 예수님께서 내가 너희를 보낸다, 말씀하십니다. 내가 너희와 함께하리라, 내가 너희의 입에 말을 주리라, 순종만 하라, 그러면 내가 너희를 위하여 역사할 것이다—이렇게 약속하시고 말씀하시는 것이 오늘본문의 주제입니다. 그런데 비유로 하시는 그 말씀이 너무나도 오묘하고 깊이깊이 생각하여야 될 말씀입니다. "내가 너희를 보냄이 양을 이리 가운데 보냄과 같도다"하고 말씀하십니다. 나는 성경 읽을 때마다 이 말씀에 불만(?)이 있습니다. 양을 이리 가운데 보내시는 것같은 줄 아시면서 왜 보내시는지. 생각해보십시오. 세상은 이리고 너희는 양이다, 하시는데 양을 이리 가운데 보내시면 살라시는 것입니까 죽으라시는 것입니까. 그런 줄 알면서도 보내신다니 이런 엄청난 말씀이 어디 있습니까. 이것이 우리의 실체입니다. 이것이 주님의 사랑입니다. 세상은 마치 이리와 같습니다. 물어찢고 싸웁니다. 그러나 양과 같은 사람들을 보내십니다. 양이 무엇입니까. 양은 무능합니다. 양은 뿔도 없습니다. 사나운 이빨도 없습니다. 날개도 없습니다. 독도 없습니다. 양은 순진하고 약하고 순종형입니다. 그래서 목자가 양을 인도합니다. 시편 23편에 보면 "사망의 음침한 골짜기로 다닐지라도"라는 말씀이 있는데 실지적으로 상상을 해보십시오. 사망의 음침한 골짜기를 지나서 푸른 초장으로 인도하려고 합니다. 목자가 인도하는대로 양은 따라갑니다. 그런데 어느 목자가 양을 인도할 때 때립니까, 코를 꿰었습니까, 목을 매었습니까, 발을 묶었습니까. 그냥 목자가 가면서 "따라와" 하면 졸랑졸랑 사망의 음침한 골짜기도 목자를 믿고 따라가더라, 이것입니다. 이것이 양입니다. 저를 여러분이 목사라고 부릅니다. 목사라는 말이 본래 목자라는 뜻입니다. 그렇다면 여러분은 양이라는 말입니다. 그럼 내가 이제 가는 길로 여러분은 기쁜 마음으로 순종하면서 따라와야 되는 것입니다. 그런데 더러는 보니 염소가 있습디다. 이놈은 말을 안들어요. 그러나 양이 목자를 따라갈 때는 코를 꿰였거나 막대기로 얻어맞는 것도 아닙니다. 그저 앞서가면 좋은 마음으로, 기쁜 마음으로, 사망의 음침한 골짜기라도 믿고 따라가는 것입니다. 이것이 목자와 양의 관계인데 오늘 여기 주신 말씀은 '너희는 양이다' 하십니다. 처음도 양이고 마지막도 양이다, 하십니다. 그런데 요새는 이상해서 둔갑들을 잘합디다. 처음에는 양이다가 그 다음에는 고양이가 되었다가 여우가 되었다가 마지막에는 늑대가 되는 것을 봅니다. 양이 늑대를 만났다고 늑대가 되고 사자를 만났다고 사자가 되어서야 되겠습니까. 양은 시종일관, 처음부터 양이고 죽을 때도 양으로 죽는 것입니다. 이것이 주님의 말씀입니다. 이리 가운데 살아도 너희는 양이다, 영원히 양이어라, 하고 말씀하십니다.

또한 "뱀같이 지혜롭고"하십니다. 뱀과 같이—또하나의 비사로 무궁무진한 진리를 말씀하십니다. 저는 지금은 뱀을 볼 일이 없지만 어렸을 때 뱀을 무척 많이 보았습니다. 뱀과 함께 살았다고해도 과언이 아닙니다. 시골에 살았으므로 집안에도 뱀이 있었습니다. 방에서 뱀을 만날 때도 있습니다. 어렸을 때 풀을 베러 많이 다녔으므로 하루도 뱀을 안보는 날이 없었습니다. 매일같이 뱀을 보고 뱀과 함께 삽니다. 생태학적으로 보면 뱀이란 중요한 것입니다. 요새는 철 없는 사람들이 너무 많이 '잡아먹어서' 걱정입니다마는 어쨌든 뱀이 많아야 합니다. 뱀을 자세히 보면 그 색깔은 예쁩니다. 하지만 세상에 있는 짐승 중에 뱀같이 열악한 여건에 있는 짐승이 없습니다. 보십시오. 하다못해 귀뚜라미도 발이 있습니다. 발이 있고 머리가 있고 날개가 있든지 뿔이 있고… 다들 뭔가가 있는데 뱀은 기다란 '막대기' 입니다. 아무것도 없습니다. 만일에 이 여건을 놓고 생각한다면 뱀으로서는 창조주께 항의할만한 것입니다. "왜 나는 이렇게 만들었습니까?" 이렇듯 철저하게 열악한 환경에 있지마는 뱀은 지혜롭습니다. 그 불편한 몸을 가지고 못가는 데가 없습니다. 헤엄도 잘 칩니다. 나무도 잘 탑니다. 숲속을 달릴 때 보면 번개같이 잽쌉니다. 자, 여러분은 무슨 불평이 그렇게 많습니까? 왜 나는 날개가 없나, 나는 왜 발톱이 없나, 나는 왜 뿔이 없나… 다 없어도 좋습니다. 뱀과 같이 지혜로우라고 말씀하십니다. 또한 세상에 살지마는 비둘기와 같이 순결하라, 하십니다. 비둘기는 굶어죽어도 먹어서 안될 것은 안먹습니다. 아주 순결합니다. 그래서 제물로 사용되었습니다. 비둘기와 같이 순결하라, 순결을 지켜라, 말씀하십니다.

그리고 우리를 보내시면서 '두려워하지 말라. 또 걱정도 하지 말라. 너희가 현장에 가면 무슨 말을 할 것인지 내가 일러주리라. 가서 무슨 말을 할까, 걱정하지 말아라' 하십니다. 그런데 미리 들려주시지도 않고 미리 알게 하시지도 않습니다. 현장에 가서 부닥치면 그때에 들려주리라, 하십니다. 그렇게 예수님 말씀하십니다. 여러분, 전도를 해보았습니까? 오늘 여러분 혹 '나는 왜 이렇게 믿음이 자라질 않나, 나는 왜 이렇게 믿음이 없나' 생각하십니까? 전도 안해서 그렇습니다. 전도하고 봉사하게되면 믿음도 얻고 용기도 지혜도 얻게 됩니다. 제가 인천에서 목회할 때 나이많은 어느 장로님의 아들이 그 장로님 쉰두 살에 얻은 첫아들이었습니다. 그래 귀하게만 키워졌습니다. 고등학생인데 이 녀석이 교회를 잘 안다닙니다. 그래 장로님은 걱정이었습니다. "곽목사님, 제 아들을 위해서 기도해주시고 지도해주세요." 그런 부탁을 하지만 제가 뭘 어떻게 하겠습니까. 기도할 뿐이었습니다. 어느날 서울에서 인천행 기차를 타고 앉아서 책을 보는데 뒤에서 귀에 익은 목소리가 들립니다. 몰래 보았더니 바로 그 녀석이 탔더라고요. 그는 나를 못보고 나는 그를 보았는데 제 친구들하고 같이 앉아서 전도를 하는 것입니다. 하나님께 대해서, 교회에 대해서, 예수님께 대해서 어떻게나 전도를 잘하는지 '아니, 이 녀석 봐라!' 하였습니다. 차를 내릴 때 다가가서 어깨를 한번 탁 치니까 나를 쳐다봅니다. "아이, 목사님!" "야, 너 전도 참 잘하더

라. 목사같더라 야." 그랬더니 하는 말이 하도 재미있는 것이어서 잊혀지지 않습니다. "목사님, 제가 이렇게 예수를 잘믿는 줄 나도 몰랐습니다." 이러는 것입니다. 여러분, 전도해보십시오. 하나님께서 기발한 아이디어를 주십니다. 봉사해보십시오. 뜨거운 가슴을 주십니다. 그런데 우리에게 언제나 문제가 있지요. 머리(Murrey)라고 하는 유명한 신학자의 사도행전 연구에 이런 말이 나옵니다. '우리 교인들이 잘못하는 게 있다. 성경 사도행전에는 충만 자체를 위해서 기도한 흔적이 없다' 하였습니다. 그런데 우리는 충만 기다리다가 파장 보거든요. 현장에 가야 충만이 있지 안방에서 충만이 있는 게 아닙니다. 골방에 충만이 있는 게 아닙니다. 핍박받는 그 현장에 가서 딱 서서 예수 그리스도를 증거하려고 하면 그때에 요새말로 '꽉꽉' 주시는 것입니다. 거기에 충만함이 있습니다. 충만 기다리려들지 마십시오. 보내심받은 자란 기쁜 마음으로 믿고 나가고, 거기에 충만함과 용기가 있는 것입니다.

저는 프란체스코의 기도문 몇가지를 가지고 있는데 늘 감사하게, 참 감동적인 기도들이라고 생각합니다마는 제가 제일 좋아하는 기도문은 바로 이것입니다. '주 예수님, 제가 죽기 전에 두 가지 은총을 내려주십시오. 첫째, 영혼과 육체의 고통을 겪어서 당신의 십자가의 고난의 맛을 보게 허락하여주시옵소서.' 영혼과 육체의 고통을 주어서 당신의 십자가의 고통이 얼마나 어려웠는가를 몸으로 깨닫게 해주십사 합니다. '두 번째는 당신이 우리 죄를 위하여 그처럼 참으셨던 일, 그 불타는 듯한 사랑을 간직할 수 있게 하옵소서.'

우리를 사랑하시는 그 불타는 듯 뜨거운 사랑이 십자가의 고난을 이기실 수 있게 하였던 것입니다. 우리를 사랑하시는 그 뜨거운 사랑으로 인하여 십자가를 참으셨는데, 나도 그같은 불타는 사랑을 가지게 해주십사, 하는 기도입니다. 얼마나 위대한 기도입니까. 우리가슴에 주님의 가슴에 있었던 사랑, 나를 위하여 십자가에 죽으셨던 그같은 뜨거운 사랑이 있게 해주십시오, 하는 기도입니다. 오로지 충성, 오로지 사랑, 거기에 그리스도인의 모습이 있습니다. 그리고 오늘본문은 이렇게 결론을 지어갑니다. "나중까지 견디는 자는 구원을 얻으리라." 주님께 충성하며 자기를 이기고 주께서 사랑하신 자를 사랑하며 끝까지 사랑하는 것, 이것이 견딘다는 것입니다. 끝까지 자기정체와 실체를 지켜서 사랑과 충성으로 일관하는, 이제 나를 위하여 사는 것이 아니고 오직 그리스도를 위하여, 나를 기쁘게 하는 생이 아니라 오직 그를 위하여, 그리고 그의 능력을 받아서 그의 은혜 가운데 그의 마음으로 살아가는 것입니다.

아인슈타인 박사가 제자들과 함께 이야기를 나눌 때 제자들이 스승에게 말합니다. "선생님, 선생님의 그 무궁무진한 지식, 그 엄청난 탐구열, 그것에 놀라지 않을 수가 없습니다." 아인슈타인은 말없이 물컵에 손가락을 넣었다가 꺼내어 물 한 방울 달랑 떨어지는 것을 보이고나서 말합니다. "내 지식은 이것만도 못하다. 저 바닷물에요 물 한 방울만도 못한 것이다. 하나님의 지혜와 능력이 무궁무진한 것이다." 제자들이 또 "성공의 비결은 무엇입니까?" 물었을 때 유명한 '아인슈타인의 성공비결'을 말해주었습니다. 성공을 S라고 할 때 S=X+Y+Z이다, 라고 공식으로 말하였습니다. X는 말을 많이 하지 말라는 것입니다. 말이 많으면 생각이 복잡해지고 말실수를 하게 되고 실수한 것을 만회하기 위해서 많은 시간과 정력을 낭비하게 된다, 그러니 말을 적게 하고 실천하는 사람이 되라, 하였습니다.

Y는 생을 즐기는 사람이 되라는 것입니다. 무슨 일을 하든지 기쁜 마음으로, enjoy하는 마음으로 하라, 연구도 enjoy하는 것으로, 즐기는 것으로 하라, 하였습니다. Z는 한가한 시간을 가지라는 것입니다. 일한다고 일에 빠져버리고 연구한다고 연구에 미쳐버리지 말라, 한가한 시간을 가져서 내가 누구인지, 내 정체에 대해서 항상 생각할 줄 알고 자기자신을 생각할 줄 아는 지혜를 가져야 한다는 것이었습니다.

여러분, 보내심받은 사람들, 바로 그 속에 내가 있습니다. 주님께서는 우리가 하나님의 사람으로 부르심받고 능력받고 보내심받은 사람으로 살아가기를 원하십니다. 나의 나됨을 다시한번 물읍시다. 그러면 내가 가야 할 길이 환하게 보일 것입니다. 이 길에서 떠나기 때문에 문제가 있는 것입니다. 여기에 정력을 다 쏟아버리면 항상 주는 우리와 함께하시고 우리를 통하여 역사하시고 우리를 통하여 영광받으시고, 주의 크신 뜻을 이루어갈 때 그 속에서 우리 또한 무한한 행복을 체험하고 살아가게 될 것입니다. △

모세의 불신앙

여호와께서 모세에게 일러 가라사대 지팡이를 가지고 네 형 아론과 함께 회중을 모으고 그들의 목전에서 너희는 반석에게 명하여 물을 내라 하라 네가 그 반석으로 물을 내게 하여 회중과 그들의 짐승에게 마시울지니라 모세가 그 명대로 여호와의 앞에서 지팡이를 취하니라 모세와 아론이 총회를 그 반석 앞에 모으고 모세가 그들에게 이르되 패역한 너희여 들으라 우리가 너희를 위하여 이 반석에서 물을 내랴 하고 그 손을 들어 그 지팡이로 반석을 두 번 치매 물이 많이 솟아나오므로 회중과 그들의 짐승이 마시니라 여호와께서 모세와 아론에게 이르시되 너희가 나를 믿지 아니하고 이스라엘 자손의 목전에 나의 거룩함을 나타내지 아니한 고로 너희는 이 총회를 내가 그들에게 준 땅으로 인도하여 들이지 못하리라 하시니라 이스라엘 자손이 여호와와 다투었으므로 이를 므리바 물이라 하니라 여호와께서 그들 중에서 그 거룩함을 나타내셨더라

(민수기 20 : 7 - 13)

모세의 불신앙

성경을 읽어갈 때 대부분 납득이 되기도 하고 잘 이해가 될 때가 있습니다마는 우리의 작은 이성의 비판에 의해서 쉽게 납득이 잘 안되는 말씀들도 많이 있습니다. 제가 개인적으로 쉽게 이해하지 못하는 말씀이 두 가지 있는데, 하나는 모세가 어째서 가나안땅에 들어가지 못하였는가입니다. 모세는 어쩌면 이스라엘을 구원하기 위해서 세상에 태어난 사람입니다. 그리고 그의 생애 전부가 하나님의 역사를 위한 훈련이요 과정이었습니다. 어찌생각하면 다른 사람 다 못들어가도 모세는 가나안에 들어가야 할 것같습니다. 모세가 이스라엘을 인도하기 위하여 얼마나 많은 수고를 하였습니까. 얼마나 숱한 고생을 하고 핍박을 받았습니까. 그 모세가 가나안땅에 못들어가고 비스가산 언덕에서 요단강너머 멀리 가나안땅을 바라보고 느보산에서 죽었습니다. 어찌 이런 일이 있는 것입니까. 그뿐아니라 그가 나이많아서 120세나 되었으니 나이탓으로 기진해서 조상에게로 돌아갔다고 기록되었다면 그런대로 납득을 하겠습니다마는 그게 아닙니다. 오늘본문에 나타난 사건이 있습니다. 이 사건으로 인하여 하나님께서 "이스라엘 자손의 목전에 나의 거룩함을 나타내지 아니한고로 너희는 이 총회를 내가 그들에게 준 땅으로 인도하여들이지 못하리라"하고 말씀하십니다. 어찌 이렇게나 가혹한 심판이 있을 수 있다는 말입니까. 이것이 의문의 첫째입니다. 두 번째 의문은 신약에 나오는바 아나니아와 삽비라에 대한 이야기입니다. 혼탁한 교회가 아닙니다. 세속화하고 타락한 교회가 아니라 초대교회, 성령이 충만한, 은혜와 진리가 충만한 그런 교회입니다. 그런 교회에 어찌 옥에

티와도 같이 아나니아와 삽비라 사건 같은 것이 있는 것입니까. 그 사건 자체가 마음에 안듭니다. 거짓말 한 번 했다고하여 그 내외가 당장에 다 죽었습니다. 어찌 이렇게까지 가혹할 수 있다는 말입니까. 이것도 쉽게 납득하기 어려운 대목입니다.

이제 우리는 생각을 하여야 합니다. 여기에는 깊은 뜻이 있습니다. 두고두고 생각하고 명상하고 깨달아야 할 하나님의 말씀이 있습니다. 모세가 훌륭한 일을 많이 하였습니다. 한평생 큰 업적을 남겼습니다마는 그 업적과 모세 자신의 문제와는 아무 상관이 없습니다. 이것을 알아야 합니다. 모세는 하나님의 명령을 받들어서 순종한 사환이요 머슴일 뿐입니다. 어찌생각하면 모세 그는 하나님의 명령을 받아서 사람에게 집행합니다. 그러는 중에 백성들 앞에는 하나님과 같이 높이높이 존경과 추대를 받았습니다. 그렇지만 그의 사역과 그 자신, 그의 업적과 모세라고 하는 개인의 관계는 전혀 무관한 것입니다. 그런고로 그가 가나안에 들어가고 못들어가고는 그의 업적에 걸린 문제가 아니었습니다. 이 점 우리가 깊이 생각할 것입니다. 동시에 신약의 아나니아와 삽비라 사건에는 초대교회, 그리스도의 교회를 창시하는 이 거룩한 역사 앞에 이같은 거짓과 불의와 위선은 용납될 수 없다, 하는 중요한 교회론적 의미가 있는 줄로 압니다. 모세가 지금 도덕적으로 죄를 지었다는 것이 아닙니다. 신앙적 죄를 지었습니다. 한 백성의 죄의 문제가 아니라 지도자 하나님을 대신해서 역사하는 한 지도자의 죄를 말하는 것입니다. 거기에 중요한 의미가 있습니다.

이스라엘이 애굽에서 나오게 될 때 하나님께서 열 가지 재앙을 내리심으로 애굽으로하여금 항복하게 하시고 그 백성으로 홍해를 건너 광야로 나오게 하십니다. 이 모든 역사에 모세가 중간에 있습니다. 모세를 통해서 이같은 역사를 이루셨습니다. 그런데 광야에 나온 사람들이 내쳐 가나안으로 가지 못합니다. 많은 사람들이 광야에 엎드러져 죽었습니다. 죽게된 죄목을 성경은 이렇게 말씀합니다. 한마디로 요약하면 '원망죄' 입니다. 원망이라고 하는 죄가 얼마나 무서운 죄인지를 우리는 까맣게 잊고 있습니다. 살인과 도적질, 거짓말, 간음… 이런 것만 죄인 줄 알지 우리마음 속에 있는 원망, 이것이 얼마나 무서운 죄인가에 대해서는 무심합니다. 오늘 우리는 이것을 생각하여야 합니다. 야고보서에서도 말씀하고, 사도 바울도 고린도전서 10장에서 말씀합니다. 광야의 이스라엘이 하나님을 원망하다가 죽었느니라, 그런고로 너희는 원망을 하지 말라—교회를 향해서 이렇게 경고하고 있습니다. 원망죄란 하나님을 믿는 사람들의 죄입니다. 하나님을 섬기는 신앙인의 죄, 그 중심부에 원망이라고 하는 죄가 있습니다. 오늘본문에 이스라엘백성이 신 광야, 가데스에 있을 때 물이 없어서 하나님을 원망하였다, 하는 내용이 있습니다. 아시는대로 이스라엘백성은 출애굽 때에 홍해가 갈라지는 기적을 보았습니다. 하나님께서 불기둥과 구름기둥으로 인도하시는 것을 보았습니다. 어쩌면 지금도 구름기둥 속에 있고 불기둥 속에 있는 것입니다. 그리고 아침마다 내리시는 만나를 먹고삽니다. 그런데 잠시 목이 마르다고해서 '물이 없다!' 원망할 수 있는 것입니까. 기다리는 마음이 부족합니다. waiting faith, 기다리는 믿음이 없습니다. 하나님을 바라고 조용히 기다리는 믿음이 없습니다. 저들은 조급하고 초조하고, 그리고 쉽사리도 하나님을 원망하였습니다. 다 하나님께서 역사하십니다. 여러분, 잘 보십시오. 어떤 때에 우리가 무슨 일에 조급한 나머지 원망하고, 망한다, 총체적 위기다, 호들갑을 떨다보면 또 문제가 잘 풀립니다. 그리고나면 오히려 그 일로 인해서 결과적으로 잘되거든요. 그때가서 뉘우칩니다. '아이고, 원망하지 말았어야 하는 걸…' 개인적으로나 민족적으로나 우리는 이같이 쓸데없는 원망을 많이 해버렸습니다. 무릇 말이 많습니다. 호들갑을 잘떱니다. 왜 이렇듯 성급하고 잠시도, 조그마한 일도 견디지 못하는지 — 이것이 우리의 결정적인 약점입니다. 좀 느긋하게 하나님 알아서 하시리라, 합동하여 선을 이루시리라, 우리를 가나안땅으로 인도하시는 하나님의 엄연한 역사가 여기 있지 않은가, 원망할 것 없다, 하고 잠잠히 기다렸으면 얼마나 좋았겠습니까. 원망이란 그 성격상 원래 에스컬레이팅되게 마련입니다. 상승작용을 합니다. 조그마한 일 원망하다보면 커지고커지기 시작하여 마침내는 마귀가 그 틈을 탑니다. '너 잘한다. 마음껏 원망해라.' 마귀가 뒤에서 이렇게 충동질합니다. 그러다보면 부모 탓하고 재산 탓하고 정치 탓하고, 마지막에는 하나님 원망합니다. 모든 원망이 결국은 하나님께까지 상승하게 마련입니다. 오늘본문을 봅시다. "우리도 죽었더면 좋을 뻔하였도다." 이렇게까지 원망합니다. 차라리 죽는 게 낫지, 이 말입니다. 이스라엘백성이 하나님 앞에 우상섬기고 간음하고 범죄하다가 많이들 광야에서 이미 죽었거든요. 그래 "우리 형제들이 여호와 앞에 죽을 때에 우리도 죽었더면 좋을 뻔하였도다" 하는 것입니다. 배은(背恩)에 망덕(忘德)도 분수가 있지 이 무슨 꼴입니까. 이렇게 받은바 모든 은혜를 다 부정하고마는 것입니다. 왜 우리를 인도해냈느냐, 라고도 원망합니다. 어째서 우리를 이 광야로 인도해냈느냐고 출애굽의 거룩한 역사 그 자체를 부정하고 있습니다. 그들은 이 원망하는 시간에, 물이 없다는 이 하나의 사건 속에서 마침내 과거에 받은 그 많은 은혜를 다 부정하고 있습니다. 여러분, 혹 현실이 내게 조금 괴롭더라도 지난 날에 받은 많은 은혜, 그것을 잊어서는 안됩니다. 그것을 망각해서는 안됩니다. 얼마나 많은 은혜를 받고 오늘 우리가 여기에 있습니까. 그 과거에 주신 은혜, 비록 지금이 괴롭더라도 다시한번 생각하고 감사하여야 할 것입니다.

저 가나안의 약속이 있지 않습니까. 어쨌든 하나님께서 약속하신 약속의 땅 가나안이 저 앞에 있습니다. 하나님께서 우리를 그리로 인도하시겠다고 약속하셨습니다. 내가 어느 과정을 거치고 있건 그 약속의 땅에 대한 소망, 그리고 믿음이 있어야 하는 것입니다. 그런데 저들은 이것까지 다, 다 그대로 부인해버리고 있습니다. 과거의 은혜, 미래의 약속, 다 부정해버리고 오늘 원망과 불평을 토해내고 있는 것입니다. 참으로 어처구니없는 순간입니다. 그런데 이 원망하는 백성 앞에, 이 위기상황에서 모세가 어떻게 대처하였습니까. 위기대처능력이 오늘 문제가 되는 것입니다. 모세가 이 모습들을 보는 순간 세 가지의 반응을 보입니다. 첫째는 "패역한 너희여"하고 저주를 합니다. 절망입니다. 패역한 너희여─반역자들아, 배반자들아, 하는 것입니다. 인간이 가진 죄 중에 가장 나쁜 죄가 배신하는 죄입니다. 배반하는 죄입니다. 그런데 이같은 죄를 꾸짖고 있습니다. 패역한 너희여, 하고 저주합니다. 원망하는 백성을 보는 순간 자기페이스를 잃어버립니다. 그대로 저주해버립니다. 이것이 모세가 잘못한 것입니다. 원망이 분노로 폭발하였습니다. 분노로 폭발하는 시간입니다. 하나님의 백성입니다. 어쨌든 하나님께서 인도하시는 백성입니다. 큰 권능으로 구원하신 백성입니다. 하나님의 백성을 모세가 심판하고 저주할 권리가 없습니다. 다른 어떤 상황에서도 내가 하나님의 위치에 올라서는 안됩니다. 소망이 있느니없느니, 이런 소리 하는 것이 아닙니다. 하나님께서 함께하시기 때문에 우리는 신앙적으로 반응하여야 되는 것입니다. 분노하는 이 순간은 모세가 신앙을 저버리는 순간입니다. 그리고 원망하는 백성을 원망하고 저주합니다. 여러분, 하나님의 백성은 하나님께서 알아 하십니다. 모세가 이렇다저렇다 말하게 되어 있는 것이 아닙니다. 보아하니 이상한 것이 있습디다. 내 자녀가 뭘 잘못했을 때도 내가 나무랄 수는 있지만 다른 사람이 나무라면 기분나쁩니다. 그래 부부간에도 이때문에 싸울 때가 많습니다. 엄연히 자식 잘되라고 하는 건데도 아내가 아이들을 나무라고 쥐어박고 하면 남편이 가만있지 못합니다. "왜 아이를 가지고 그래?" 이러다가 싸우지 않습니까. 그런가하면 남편이 어떤 때 아이들한테 심하게 굴면 아내가 또 "당신이 잘못해놓고 왜 아이를 탓해요?"합니다. 이러다가 또 한바탕 티격태격합니다. 무슨 현상입니까. 내가 사랑하는 사람 내가 책망할 수는 있지만 제삼자인 누군가가 책망하고 비판하는 것은 영 못참는 것입니다. 하나님께서도 그렇습니다. 하나님의 백성 하나님께서 알아 하시는 것이지 제가 뭔데 소망이 있느니없느니 합니까. 아주 건방진 태도입니다. 불신앙적입니다. 여러분, 하나님께서 행하시는 역사, 우리가 시비를 하지 맙시다. 그것은 하나님께서 하시는 일입니다. 우리는 사랑할 의무가 있고 용서할 의무가 있을 뿐이지 우리가 비판할 권리도 권력도 없는 것입니다. 모세가 여기서 실수하였습니다.

예수님께서 십자가를 지실 때를 생각해봅시다. 얼마나 어려운 순간입니까. 백성들이 창으로 찌르고 조소를 하고 머리를 흔들고 저주하면서 예수님을 십자가에 못박습니다. 더욱 놀라운 것은 대제사장 가야바가 그 앞에 앉아 있는 것입니다. 예수를 십자가에 못박는 원인이 여기에 있습니다. 그럼에도 불구하고 예수님께서는 그 누구도 원망하시지 않습니다. 그 순간 하나님을 생각하십니다. 그리고 말씀하십니다. "하나님이여 저희를 사하여주옵소서 자기의 하는 것을 알지 못함이니이다(눅 23:34)." 바로 이것입니다. 예수님께서는 그 순간 가야바를 저주하시지 않습니다. 백성을 원망하시지도 않습니다. 다만, 저들을 용서하여주옵소서, 하십니다. 이것이 바른 신앙적 자세입니다. 우리가 잘 아는 스데반도 그렇지 않습니까. 헬라파 유대인들, 바로 엊그제까지도 친구간이었습니다. 이 사람들이 스데반을 향하여 돌을 던집니다. 이를 갈고 돌을 던집니다. "이럴 수 있느냐. 너희가 어찌 이럴 수 있느냐." 원망할 수 있겠습니다. "세상이 어찌 이렇단말인가." 절망할 수 있겠습니다. 그러나 그렇지 않았습니다. 그는 하늘을 우러러보았습니다. 하나님을 쳐다보았습니다. 예수 그리스도를 보게되고 눈과 눈이 마주칠 때, 그에게는 원수가 없습니다. 뿐만아니라 그 얼굴은 천사의 얼굴과 같이 되었다고 합니다. 얼마나 귀한 이야기입니까. 모세가 그 순간 바로 이 신앙을 갖지 못했더라는 것입니다. 패역한 너희여, 하였습니다. 원망 불평한 것, 이것이 불신앙이었습니다.

또한 "우리가 너희를 위하여 이 반석에서 물을 내랴"하고 소리칩니다. 생각해보십시오. 모세가 언제 물낸 일 있습니까. 하나님께서 내시고 모세는 심부름을 하는 것입니다. 하나님께서 "반석을 쳐라"하시어 치는 것입니다. "지팡이를 들고" 물을 쳐라, 하시므로 쳐서 홍해가 갈라졌던 것입니다(출 14:16). 하나님께서 하신 것이지 모세가 한 것이 아닙니다. 모세는 하나님의 자그마한 심부름을 하였을 뿐입니다. 40년가까이 모세를 통한 이적과 표적을 보아온 나머지 사람들이 모세를 하나님 우러르듯 높이 보게되자 이제 이 사람이 자기페이스를 잃어버린 것인지, 요샛말로 간이 부었는지, 순간적으로 착각을 합니다. 우리가 너희를 위하여 물을 내랴—모세 그가 해낸 일은 아무것도 없는데 이렇게 큰소리칩니다. 큰 실수입니다. "우리가"하고, "물을 내랴"하고 소리를 지르면서 반석을 칩니다. 여기서 자신의 존재, 자신의 위치를 잃어버렸습니다. 능력 안에 살면서 자신이 능력의 사람인 줄로 착각하였습니다. 하나님의 능력, 그것을 집행하는 사람일 뿐인데 어느 결에 이렇듯 교만하고 오만한 시간이 왔더라는 말씀입니다. 또 "반석을 두 번 치매"—두 번 친 실수가 여기 있습니다. 하나님께서는 두 번 치라, 하시지 않았습니다. '원망하는 너희를 불쌍히 여기사 오늘도 너희에게 물을 주시는 하나님께 감사하라, 할렐루야!' —이렇게 말하고 반석을 딱 쳤어야 마땅할 것같습니다. 그런데 이 사람은 지금 화가 나고보니 하나님께서 치라 하시므로 치기는 치는데 딱, 딱, 쳤거든요. 하나님의 일에 물리적으로는 순종하지만 마음으로는 반항을 하고 있는 것입니다. 마음에는 분노가 있었던 것입니다. 이것은 순종이 아닙니다. 가끔 우리에게 이런 경우가 있습니다. 아이에게 어디 좀 갔다오너라, 심부름을 시킬 때 "예, 가겠습니다"하고 냉큼 일어나 나서면 좋겠습니다마는 요새 아이들, 더러는 그렇지 않거든요. "예"하고는 선뜻 나서지 않습니다. "갈 거냐, 안갈 거냐?"하면 마지막에는 볼멘소리를 합니다. "가요, 가!" 그러면 어떻게 합니까. "그만둬!" 이렇게 됩니다. 그런 마음으로 가는 것 반갑잖은 것입니다. 물리적으로 순종했다고 순종이 아닙니다. 마음으로부터라야 합니다. 정성이 있어야 합니다. 정성없는 그것은 순종이 아닙니다. 오늘 모세는 하나님의 일과 사람의 일을 섞어버립니다. 혼합해버립니다. 이것이 큰 실수입니다.

하버드대학에서 내놓은 어떤 연구발표에 보면 이런 것이 있습니다. 1623명을 상대로 잘 조사해보았더니 '분노가 일 때 이 분노를 가만히 삭이려들면 안된다. 분노를 쌓아두면 위험하다' 하는 응답이었습니다. 분노를 삭이려들면 병걸린다, 그러므로 분노는 발산을 하여야 된다는 것이었습니다. 분노를 터뜨리는 게 낫다, 이렇게 생각하는 것인데 실은 그게 아니라고 합니다. 분노를 가만히 놔두면 차라리 좋지만 그렇지 못하고 이것을 폭발시켜버리면 심장에 무리가 와서 심근경색에 이른다고 합니다. 그런 줄 아십시오. 폭발시키면 다른 사람에게 나쁜 것은 말할것없고 자기심장이 녹아난다는 것입니다. 이것이 그 연구의 결과입니다. 그러면 어찌하는 게 좋은가—분노가 솟아오르면 겸손하게 제 삼자를 찾아가서 조용하게 이 문제를 의논하고 의논하면서 차근차근 한 계단 한 계단 내려서면서 해결하여야지 폭발시키는 것은 잘못이다, 이것입니다. 오늘 모세가 분노를 폭발시키고 있습니다. 이에 대하여 하나님께서 이제 심판하십니다. "너희가 나를 믿지 아니하고" 하십니다. 믿지 않았다, 하십니다. 모세는 믿음의 사람입니다. 모세가 하나님을 안믿었다면 누가 믿었다는 것입니까. 어디에 믿음이 있다는 것입니까. 그러나 분명히 말씀하십니다. 너는 나를 믿지 않았다, 라고. 모세 안에 믿음이 없었습니다. 너는 나의 거룩함을 드러내지 않았다, 하십니다. 하나님의 일과 사람의 일은 확연히 구분되는 것입니다. 하나님의 일은 하나님의 일답게 하여야 하는데 네가 거기에 분노를 섞어 네 마음대로 하였다, 안될 일이다, 하심입니다. 너는 나를 거역하였다, 하심입니다. 모세는 한평생 하나님께 순종하였습니다. 그러나 오늘 이 시간에는 반항을 하고 있는 것입니다. 재미있는 이야기가 있습니다. 「도덕경」을 쓴 노자는 성창이라고 하는 스승으로부터 도에 대한 가르침을 받았다고 합니다. 어느날 성창스승의 임종이 가까웠다고 하는 기별을 받고 나이많아 세상을 떠나는 스승을 찾아갔습니다. 임종이 온 줄 알고 "스승님, 아무래도 세상을 하직하시게 될 것같구만요. 마지막 가르침을 주십시오." 성창은 이 노자를 가만히 쳐다보다가 "자네, 내 얼굴 좀 보게. 내가 지금 이빨이 있나?"하고 물었습니다. "없구만요." 이빨이 다 빠져서 없었습니다. "혀는 있나?" "혀는 있구만요." "됐어, 그거야." 제자는 "잘 알았습니다"하고 받아들였습니다. 날카로운 이빨은 없어지고 부드러운 혀는 남는다, 그 말입니다. 강한 자는 부러집니다. 온유한 자는 남습니다. 소크라테스의 모든 교훈을 정리해보면 네 가지로 요약된다고 합니다. 어려서는 겸손하라, 젊어서는 온화하라, 장년에는 공정하라, 늙어서는 신중하라, 하는 것입니다. 모세가 신중치 못했습니다. 그리고, 엄청난 말씀이 있습니다. 12절에 보면, 너희는 가나안에 들어가지 못하리라, 말씀하시고, 26절에 보면 아론에 대하여 그 영화로운 제사장옷을 벗기라, 하십니다. 그것을 벗기는 순간 그는 죽었습니다. 아마도 가데스에서의 저런 소동을 아론이 더 크게 주도하였던 것같습니다.

    여러분, 원망하는 죄가 얼마나 큰 죄인지를 알아야 합니다. 가장 높은 덕은 감사하는 것이고, 원망을 받되 대신 원망해서는 안됩니다. 세상이 온통 엉망이 되어가도 우리는 원망을 해서는 안됩니다. 하나님을 믿기 때문입니다. 온유한 마음으로, 겸손한 마음으로 섬길

뿐더러 오직 믿음으로 믿음의 사람의 길을 어엿이 가야 하는 것입니다. △

하나되게 하신 것을 지키라

그러므로 주 안에서 갇힌 내가 너희를 권하노니 너희가 부르심을 입은 부름에 합당하게 행하여 모든 겸손과 온유로 하고 오래 참음으로 사랑 가운데서 서로 용납하고 평안의 매는 줄로 성령의 하나 되게 하신 것을 힘써 지키라 몸이 하나이요 성령이 하나이니 이와 같이 너희가 부르심의 한 소망 안에서 부르심을 입었느니라 주도 하나이요 믿음도 하나이요 세례도 하나이요 하나님도 하나이시니 곧 만유의 아버지시라 만유 위에 계시고 만유를 통일하시고 만유 가운데 계시도다 우리 각 사람에게 그리스도의 선물의 분량대로 은혜를 주셨나니 그러므로 이르기를 그가 위로 올라가실 때에 사로잡힌 자를 사로잡고 사람들에게 선물을 주셨다 하였도다

(에베소서 4 : 1 - 8)

하나되게 하신 것을 지키라

　예수님께서 겟세마네동산에서 기도하실 때 눈앞에는 지금 몇시간 후의 십자가가 있었습니다. 이제 피땀흘려 기도하시는 그 순간에 예수님께서는 제자들도 함께하기를 원하셨습니다. 그래서 제자들을 권면하여 "깨어 기도하라" 말씀하십니다. 그럼에도 불구하고 여전히 제자들은 잠에 빠져 있었습니다. 유감스럽게도 그 세 제자는 잠에서 헤어나지를 못했습니다. 예수님께서는 '잠시도 깨어 있지 못하느냐?' 이렇게 자못 감정어린 말씀을 하십니다마는 저들은 여전히 잠에 빠져 있었습니다. 마침내 예수님께서 동정어린 말씀을 하십니다. "마음에는 원이로되 육신이 약하도다." 깨어 기도하라고 일깨우십니다마는 제자들은 그리하지 못했습니다(마 26:36-41).

　"마음에는 원이로되 육신이 약하도다." 이는 깊은 동정에서 사랑으로 하시는 말씀입니다마는 여러분은 여기서 어떻게 생각하십니까? 육신이 약한 것이 아니라 의지가 약합니다. 마음이 약합니다. 그리고 상황을 판단하는 능력도 없습니다. 나아가 저들은 예수님께서 이렇듯 간곡하게 하시는 말씀을 들을 수 있는 깨끗한 마음의 자세도 안되었던 것같습니다. 마침내 예수님께서 십자가에 돌아가시고 그 사흘 뒤에 부활하십니다. 그 부활하신 예수님을 만나뵐 때 저들이 얼마나 부끄러웠겠습니까. 예수님 십자가를 지실 때 저들은 산지사방으로 흩어져버렸습니다. 겁을 먹고 도망갔었습니다. 특별히 예수님의 수제자 베드로까지도 저 살자고 예수님을 세 번이나 부인하는 부끄러운 행태를 보였습니다. 그가 이제 부활하신 예수님을 만나뵐 때 얼마나 몸둘 바를 몰랐겠습니까. 왜 그랬을까? 왜 이다지도 비참해졌을까? 왜 이렇듯 초라한 인간이 되었을까? 이유는 겟세마네동산에서 "깨어 기도하라"하시는데 기도하지 않은 데 있습니다. 기도 없이 시험을 이길 수 있다고 착각하였습니다. 그렇지 않아도 베드로는 장담까지 하지 않았습니까. "죽을지언정 내가 주를 부인하지 않겠습니다." 그 몇시간 뒤에 예수님을 부인한 것입니다. 부인만 한 것이 아닙니다. 맹세까지 하였습니다. 저주까지 하였습니다. "베드로가 맹세하고 또 부인하여 가로되 내가 그 사람을 알지 못하노라 하더라(마 26:72)." "저가 저주하며 맹세하여 가로되 내가 그 사람을 알지 못하노라 하니(마 26:74)." 뒤늦게야 깨닫고 베드로는 얼마나 마음아팠겠으며 얼마나 후회하였겠습니까. 그래 전설에는 예수님께서 "닭 울기 전에 네가 세 번 나를 부인하리라"하고 말씀하신 바가 있어 베드로는 그 뒤 평생에 걸쳐 닭 우는 소리가 날 때마다 무릎을 꿇었다고 합니다. 여러분, 내가 나를 믿는다는 것이 이토록 비참한 일입니다. 뭘 좀 아는 줄 알았는데 아는 게 없습니다. 아무것도 아닙니다. 뭐가 된 줄로 알았는데 된 것도 없습니다. 할 수 있는 줄 알았는데 아무것도 한 것이 없습니다. 이 때에 후회라고 하는 가슴아픈 고통이 옵니다. 이것은 배고픈 것과도 다릅니다. 어디가 쑤시고 아프다는 것과는 본질적으로 다릅니다. 이것은 동물적 고통이 아닙니다. 생리적 고통이 아닙니다. 가장 인간적인 고통입니다. 인격적인 고통입니다. 참을 수 없는 고통입니다. 사실 자체가 무서운 것입니다. 내가 나한테 속는다고 하는 것처럼 불행한 일도 없습니다.

필립 브룩스라고 하는 사람이 인간을 세 유형으로 나누어서 보았습니다. 첫째는 피상적 낙관주의자입니다. the shallow optimist입니다. 두 번째는 염세주의자, the pessimist입니다. 세 번째는 진정한 의미의 낙관주의자, real optimist입니다. 그리고 이것을 그는 발달심리학적으로도 적용하여 이야기합니다. 어렸을 때는 누구나 피상적 낙천주의자가 됩니다. 그저 마냥 즐겁기만 하고 마냥 흥미롭습니다. 모든것이 아름답고 모든것이 가능해보입니다. 안될 게 없는 것같습니다. 그래서 우리가 아이들을 이렇게 격려하기 쉽습니다. 하면 된다, 안되면 되게 하라, 안될 것이 없다, 태산이 높다 하되 하늘 아래 뫼이다, 오르고 또 오르면 못오를 리 없다─철없는 소리입니다. 피상적 낙관주의입니다. 그러나 이제 철이 들고보면 되는 일이 없습니다. 어디 마음대로 됩니까. 반대로 생각됩니다. 되는 것 없습니다. 안되는 것뿐입니다. 내 노력도 내 의지도 내 지식도 내 소유도, 아무 것도 믿을 것이 못됩니다. 이래서 완전히 그 가치를 부정하게 될 때 소위 pessimist가 되는 것입니다. 염세주의자가 됩니다. 어떤 의미에서 인간이란 한 번쯤은 철저한 염세주의자가 되어야 한다고 생각합니다. 아직도 그것을 모르면 사람이 덜된 유치한 인간입니다. 아직도 제가 잘난 줄 알고 뭐 된 줄 압니다. 부질없는 생각입니다. 철저하게, 일단 자기능력과 모든것을, 존재자체를 부정하는 그런 순간이 필요합니다. 그 연후에, 하나님을 믿는 사람들이면 오직 하나님의 은혜로 내가 있다, 나의 나됨은 오직 하나님의 은혜다, 하나님의 능력과 그 은혜와 그 사랑과 그 지혜 속에서 오늘 내가 있는 것이다, 그래서 나는 소중한 것이다, 할 것입니다. 이런 사람이 진정한 의미에서의 낙관주의자다, 라고 할 수 있습니다. 우리 신앙의 사람들은 이런 의미에서 낙천가여야 합니다. 은혜 안에 부담이 없습니다. 주님께서 나와 함께하실 때 안되는 일이 없습니다. 이제는 우리가 다시 은혜 안에서 새로운 세계를 바라보게 됩니다. 이것이 그리스도인입니다.

특별히 오늘의 우리가 마음아파하는 일은 하나되어야 한다는 것입니다. 하나되지 아니하면 나도 불행하고 저도 불행합니다. 우리 모두가 살 수 없습니다. 하나됨, 통일, 연합, 이 얼마나 소중한 것입니까. 그런데 연합을 외치기는 하는데 되는 일이 없습디다. 우리에게 지금 난센스가 있습니다. 남과 북이 하나가 되겠다고 지금 갖은 노력을 다 기울이는데 보아하면 우선 동과 서가 하나되지 못하고 있습니다. 김정일씨하고 하나가 되겠다고 노력을 하는데 국회는 하나가 안됩니다. 큰 하나를 이루겠다고 하는데 집안식구끼리 싸우고 있습니다. 피투성이가 되어서 싸웁니다. 난센스 아닙니까. 왜 하나가 안되는 것입니까. 하나되어야 될 줄 알면서, 그렇게 외치면서, 그렇게 노력하면서 왜 안되느냐, 이것입니다. 그 근본원인을 한번 생각해보아야 하겠습니다. 문제는 하나됨의 의미를 우리가 이해하지 못하고 있다는 것입니다. 하나되려고 노력할 것 없습니다. 본래가 하나이니까요. 그 오리지날의 길을, 그 본래성을 이해하고야 하나될 수 있습니다. 이것이 협상으로가 아닙니다. 정치적 노력으로 되는 것이 아닙니다. 본질로 돌아가서 짚어보아야 합니다. 인간이 무엇인가—근본으로 돌아갈 때, 본래성으로 돌아갈 때 비로소 하나가 될 수 있습니다. 미국이 남북전쟁을 하고 있을 때 포토맥 강을 사이에 두고 북군과 남군이 대치하였습니다. 이제 새 날이 밝으면 일이 터져서 수많은 사람이 죽게 될 것입니다. 그날 밤입니다. 달빛이 흐르고 사위가 조용합니다. 병사들은 불안에 떨면서 하룻밤을 지냅니다. 어느 병사가 생각합니다. '노래를 부르자.' 그런데 군가를 부르기로 하면 양군의 군가가 각각입니다. 국가도 서로 다릅니다. 그래, 이 병사는 이쪽도 저쪽도 다같이 소리를 맞추어 부를 수 있는 노래 'Home, Sweet Home'을 "즐거운 곳에서는 날 오라 하여도…"하고 부르기 시작하였습니다. 옆에서도 따라들 부릅니다. 강 건너편으로 소리가 전해졌습니다. 그 쪽에서도 이 노래를 맞추어 부르기 시작합니다. 일대가 노래로 가득찼습니다. 모두들 저마다 목이 메인 채 계속 부릅니다. 다음날, 전쟁은 없었습니다. 왜 그러했겠습니까. 다들 근본으로 돌아갔기 때문입니다. 우리가 왜 싸워야 되는 것입니까, 즐거운 곳에서는 나를 오라 하는데 나는 왜 여기서 이러고 있어야 됩니까―이렇게 된 것입니다. 근본으로 돌아갔습니다. 근본이 하나다―이것을 우리는 동질성 회복이라고 하지만 그것이 아니라 동질성 이해입니다. 누가 있어 회복하고 말고 합니까. 원점으로 돌아가는 것입니다. 거기에 하나가 있는 것입니다. 또한 좀더 깊은 곳에서 생각하여야 합니다. 형식적으로는 다른 것같으나 속은 다 같은 것이기 때문입니다. 저는 공동묘지에 갈 때마다 나 혼자서 소리내어 웃곤 합니다. 묘비가 가소로워서요. 무덤을 크게 하고, 묘비를 굉장하게 하고… 거기에다 돈을 처넣다니 이 무슨 쓸데없는 짓입니까. 그런가 하면 어떤 묘지는 돌아보는 이가 없어서인지 다 없어져갑디다. 그러나 생각해봅시다. 묘비가 크건작건 무덤이 크건작건 그 속에는 똑같이 썩은 시체가 있을 뿐입니다. 이것은 한가지입니다. 왜 그것이 시체라는 걸 몰랐느냐, 이것입니다. 왜 쓸데없이 형식적인 것에 신경을 쓰고 있느냐, 그것입니다. 돈이 있으면 어떻고 없으면 어떻습니까. 인생은 저나 나나 같은 길을 가고 있습니다. 깊은 곳에서 보면 다를 것이 없습니다.

「화성에서 온 남자, 금성에서 온 여자」라고 하는 제목의 책을 보앉는데 부부생활 잘하기 위하여 한 번쯤은 읽어볼만합니다. 존 그리샴이라고 하는 박사가 가정문제에 대하여 십여 년 동안을 연구하고 세미나며 강연이며 상담을 해온 끝에 쓴 책입니다. 화성에서 온 남자 같은, 그리고 금성에서 온 여자 같은, 본질적으로 서로 다른 사람들이 처음 만나 눈이 맞았을 때, 사랑하고 한창 좋을 때는 오히려 서로가 다르다는 것에 매력을 느낍니다. 다르기 때문에 좋습니다. 남자이고 여자이니 서로 좋고, 부드럽고 거치니 서로 좋고, 하나는 시험에 안나오고 하나는 나오니 좋고. 이렇게 서로 다른 것 때문에 좋아돌아가다가 어느 시간에 이르러 달라지기 시작하는데… 남자는 여자 보고 "날 닮아라" 하고 여자는 남자 보고 "왜 여자의 세계를 이해 못하는 이런 사람이 되었느냐" 하고, 서로가 나를 닮으라고 싸우고 터지는 것입니다. 해결책이 있다면 서로 다르다는 것 자체를 인정하고 사는 데 있다, 라고 말합니다마는 그러나 좀더 깊이 생각해봅시다. 다른 것이 몇 가지고 같은 것이 몇 가지입니까. 남자와 여자라는 것 알고보면 같은 게 99%고 다른 것은 몇가지만 있을 뿐입니다. 그럼에도 불구하고 이상하게도 서로 사이가 좋을 때는 전부 같은 것뿐이요 서로 하나가 되기 쉬운데 사랑이 식어지고나면 이제는 다른 것만 보이는 것입니다. 먹고사는 것이 다릅니까. 죽는 것이 다릅니까? 늙는 것이 다릅니까. 무엇이 다르다는 것입니까. 그런데 그 조그마한 차이, 이것에 매여서 그 소중한 동질성을 다 잃어버리고 사는 것입니다. 생각하면 저쪽이 괴로우면 내가 더 괴로운 법입니다. 저쪽이 죽으면 내가 먼저 죽는 것입니다. 왜 이런 생각을 못합니까. 그런데 서로 괴롭히면서 한평생을 살다니요.

  남자와 여자를 두고 신학적으로 말하면 남자는 흙으로 만들어지고 여자는 갈비뼈로 만들어졌습니다. 이것을 정리하면 무슨 말인고 하니 '만든 부분은 다르다' 하는 말입니다. 성경에는 사람창조의 이야기가 분명히 두 번 있습니다. 만들어진 부분은 다르고 창조된 영혼, 하나님의 형상에 대해서는 같다고 말씀합니다. "남자와 여자를 창조하시고"하였습니다. 창조에 대한 이 두 이야기는 너무나도 중요한 의미를 가졌습니다. 창조된 바는 같고 만들어진 부분은 서로 다르다―모름지기 우리는 좀더 깊은 세계에서 생각을 하여야 됩니다. 같은 것이 전부다, 다른 것이란 아주 미미한 것이다―이것을 아는 것이 하나되는 길입니다. 나아가서는 종말론적으로도 생각해봅시다. 결과에가서 같습니다. 지금은 조금 다른 것이 있는 것같아도 결국은 다 같습니다. 제가 이런 가정을 압니다. 어떻게 되어서 남자는 박사가 되고 출세하고 한 사람인 데 비하여 여자는 초등학교도 못나왔습니다. 옛날어른들이 결혼을 시켜주었기 때문입니다. 이 집에 대화가 있겠습니까. 남자는 항상 부인을 구박하는 형입니다. '이 무식한 것! 내가 데리고 사는 것만해도 고마운 줄 알아라.' 이런 식입니다. 또 여자쪽에서는 '잘난사람 잘난대로 해. 나야 그저 뭐 식모로 들어왔다가 식모로 갈 거니까.' 이러고 삽니다. 한평생을 살았습니다. 이거야말로 문자그대로 화성에서 온 남자와 금성에서 온 여자였습니다. 이제 나이많아서 남자가 병원에 들어갔습니다. 치매가 온 것입니다. 그 인간이 통째로 가버린 것이지요. 그 부인이 오히려 웃읍디다. "이 사람 좀 봐요. 제 나이도 몰라요. 제 이름도 몰라요." 진작에 이럴 줄 알았더면 이 남자 좀 사람답게 살았을는지요. 뭘 안다고, 뭘 믿고 그리도 '까불었는지.'

　한경직 목사님을 그 연세 97세때 뵈었더니 "곽목사 잘 들어두라

우"하고는 애기합디다. 선배가 후배한테 하는 말입니다. "내가 영어를 많이 하고 영어를 좋아해서 영어성경을 한국말성경보다 더 많이 봤거든." "그래서요?" 그런데 어느날 갑자기 싹 없어지는데, 영어단어가 하나도 생각나지 않는다는 것입니다. 영어성경을 읽을 수가 없다고 합니다. 그리고 다 잊어먹었던 소시적 어머니와의 대화, 이런 것이 생각난다고 합니다. "이제 갈 때가 되었나봐." 이런 말을 하였습니다. 이승만 박사가 파란눈의 부인과 평생을 살았지요. 하와이에 유리되어 있을 때 나중에는 영어를 다 잊어버려서 통역을 두었다고 합니다. 보십시오. 지식이라는 것이 도대체 무엇입니까. 가졌다면 뭘 가졌다는 것입니까. 우리가 어느 시간을 좀 멀리 내다보고 생각하면 그것은 아무것도 아닙니다. 다 하나입니다. 하나가 될 수밖에 없습니다. 그 종말을 바라보고 오늘 현재를 생각해보십시오. 누가 누구를 허물하고 누구를 원망하겠습니까. 교만할 거리가 어디 있습니까. 이것이 실체입니다. 그런고로 하나입니다.

예수믿는 순간부터 하나됨을 이해하기 시작합니다. 다같은 죄인이기 때문입니다. 잘났으나 못났으나 죄인이기는 같습니다. 내 의로 하나님 앞에 갈 수 없는, 다 죽을 죄인입니다. 죄인이다—여기서부터 시작합니다. 오직 예수의 은혜로 내가 구원을 받았습니다. 예수의 은혜로 내가 살고 하나님의 은혜로 내가 살고 주님의 거룩한 은혜로 내가 하늘나라를 지향합니다. 그리고 오늘을 삽니다. 철저하게 하나입니다. 이것이 그리스도인입니다. 하나님의 형상에서 하나요, 구속받은 것이 하나요, 소망도 하나입니다. 초대교회를 연구해보면 기독교가 맨처음 시작되고 얼마 안가서 세계적인 종교로 왕성하게 됩니다. 대로마제국을 무너뜨리고 기독교가 온세계를 지배하게 되는 역사가 나타나는데, 이것을 종교학적으로(신학적으로가 아니고) 연구해보면 큰 공로자가 둘 있습니다. 하나가 노예요, 하나가 여성입니다. 로마인구의 3분의 1이 노예였습니다. 로마사람의 눈에 노예는 사람이 아니었습니다. 팔고 사고 죽이고, 마음대로 할 수 있는 존재였습니다. 하나의 물건이요 동물에 불과하였습니다. 그런데 이 노예를 그리스도인은 형제로 영접하였습니다, 교회에서 똑같이. 너와 나는 같다, 하고 주인과 노예가 같이 하나됨을 지켜갑니다. 이것이 세계적인 종교로의 요인이 되었습니다. 또하나는 여성입니다. 그옛날의 여성의 위치란 죄송하게도 형편이 없었습니다. 인구조사를 할 때도 여자는 셈에 넣지 않았습니다. 남자의 부속쯤으로 취급하여 남자만 머리수에 쳤습니다. 이러함에도 불구하고 기독교에서는 다 같이 그리스도인이요 다같은 하나님의 형상이기에 똑같은 형제자매로 보았습니다. 예수님께서도 정말로 천대받던 불쌍한 사람들을 하나같이 대하시고 정신병자까지도 아브라함의 딸이라 부르셨습니다. 세리같은 사람도 예수님께서는 당신의 제자로 세우셨습니다. 막달라 마리아같은 더러운 여자도 사랑하시고, 부활하시고 맨먼저 그를 만나주십니다. 보십시오. 이것이 예수님의 insight입니다. 예수님의 하나됨의 세계관입니다. 그런고로 그리스도인되었다는 것은 곧 하나되었다, 라는 것을 의미합니다. 성령이 하나되게 합니다. 벌써 하나되게 하였습니다. 하나를 만들자는 노력이 아닙니다. 하나됨을 깨닫고 하나됨을 지켜야 한다는 것입니다.

　오늘성경은 가르치고 있습니다. "모든 겸손과 온유로"라고 말씀합니다. 내가 나됨을 알게될 때, 하나됨을 아는 순간, 온유하고 겸손해집니다. 그리고 "오래 참음으로"라고 하였습니다. 혹 나와 의견이 다른 것이 있더라도 멀리 내다보고 오래 참음으로 사랑의 줄로 매게 될 때 비로소 하나가 되는 것입니다. 여러분, 북녘땅에 있는 우리 형제자매들을, 그 비참한 모습을 보고 내가 같은 아픔을 느끼고 내 형제로 내 자매로 대할 수 있습니까? 고통당하는 그 누구도 나와 함께, 나와 같은, 이라고 하는 마음이 있을 때 하나가 됩니다. 높은 위치에서 누구를 구제하는 것처럼, 누구를 먹여살리는 것처럼 생각한다면 그것은 착각입니다. 나와 저는 하나입니다. 여기에 다른 점이 있다면 은사가 다릅니다. 그러나 은사를 주신 분은 한 분이십니다. 오늘 성경은 하나됨에 대하여 강조하고 있습니다. 몸이 하나요, 성령이 하나요, 소망이 하나요, 부르심이 하나요, 주도 하나요, 믿음도 하나요… 다른 것이라면 오직 은사만 다르다는 것입니다. 같은 것이 전부입니다. 조금 다른 그것은 하나님께서 쓰시는바 용도가 다른 것입니다. 하나됨을 깊이 깨달아야 합니다. 내가 하나님의 자녀 중 하나라는 것을 잊지 맙시다. 내가 하나님의 자녀인 동시에 저도 하나님의 자녀입니다. 내가 하나님의 형상이고 저도 하나님의 형성입니다. 하나됨입니다. 이미 이루신 하나됨을 굳게 지켜나갈 때 거기에 평안이 있고 기쁨이 있고 자유가 있는 것입니다. △

개혁신앙의 용기

   그리스도의 은혜로 너희를 부르신 이를 이같이 속히 떠나 다른 복음 좇는 것을 내가 이상히 여기노라 다른 복음은 없나니 다만 어떤 사람들이 너희를 요란케 하여 그리스도의 복음을 변하려 함이라 그러나 우리나 혹 하늘로부터 온 천사라도 우리가 너희에게 전한 복음 외에 다른 복음을 전하면 저주를 받을지어다 우리가 전에 말하였거니와 내가 지금 다시 말하노니 만일 누구든지 너희의 받은 것 외에 다른 복음을 전하면 저주를 받을지어다 이제 내가 사람들에게 좋게 하랴 하나님께 좋게 하랴 사람들에게 기쁨을 구하랴 내가 지금까지 사람의 기쁨을 구하는 것이었더면 그리스도의 종이 아니니라 형제들아 내가 너희에게 알게 하노니 내가 전한 복음이 사람의 뜻을 따라 된 것이 아니라 이는 내가 사람에게서 받은 것도 아니요 배운 것도 아니요 오직 예수 그리스도의 계시로 말미암은 것이라

               (갈라디아서 1 : 6 - 12)

개혁신앙의 용기

운동선수들에게 충고하는 원리적인 운동철학이 있습니다. 운동을 잘하기 위해서는 이런 생각 이런 자세로 임하여야 한다, 하는 철학이지마는 비단 운동에만이 아니라 모든 일에 그렇습니다. 무슨 일에 성공을 하기 위하여 똑같은 원리로 생각해볼만한 철학이라고 생각합니다. 간단히 '3C'로 표현합니다. C자로 시작되는 세 단어 confidence, concentration, courage가 그것입니다.

confidence란 심리적인 안정을 이릅니다. 심리적 안정이 없이는 되는 일이 하나도 없습니다. 육체도 힘을 잃을 수 있고 또 정신은 더더욱 그렇습니다. 요새같이 고도의 정신력을 가져야 할 수 있는 일들은 마음의 안정이 없으면 아무것도 안됩니다. 그리고 모든것으로부터 자유하는 평화로운 마음이어야 합니다. 운동선수가 현장에 나가서 이런 걱정 저런 걱정에 마음을 빼앗기고 흔들리면 운동이 제대로 되지 않습니다. 언제나 마음이 평안하고 안정된 상태에 있어야만 무슨 일도 할 수 있고 무슨 생각도 할 수 있는 것입니다. 가장 기본적인 소양입니다. 물론 육체의 건강도 그렇습니다.

concentration이란 집중력을 이릅니다. 어떤 환경, 어떤 조건에도 흩어지지 않는 집중력이 필요합니다. 간혹 나이가 좀 든 분들, 자꾸만 건망증이 생기고 뭘 자꾸만 잊어버립니다. 그런데 어린아이들은 기억력이 좋습니다. 내가 오래전에 어떤 책을 보았더니 어린아이들이라고해서 뇌가 더 좋고 나이든 사람이라고해서 뇌가 잘못된 것이 아니라고 합니다. 문제는 집중력입니다. 아이들은 오로지 하나만 생각하는데 우리어른들은 이 사람 만나서 저 사람 생각하고 이것 보면서 저것 생각하고 하다가 그 뇌에 아무것도 입력되지 않는다는 것입니다. 그러니까 기억력이 나빠지는 것이지 기억력이 나빠서 나쁜 것이 아닙니다. 집중력이 없는 것입니다. 결국은 공부 잘하고 못하고가 집중력에 달려 있습니다. 일단 책을 마주하면 딴생각없이 그대로 집중이 되어야 되는데, 책상에 앉아서도 이 생각 저 생각 하고 낙서하고… 그렇게 많은 세월 보낸들 뭘 하겠습니까. 그런 습관이 몸에 배면 영영 공부는 끝나고 맙니다. 운동이든 공부든 무슨 일이든 집중력이 있어야 되는 법입니다.

그 다음으로 courage, 용기입니다. 결정적인 시간에는 용기로 결단하여야 합니다. 여러분은 무엇을 믿고 삽니까? 어떤 때는 자신의 판단력, 자신의 지식, 특히 여자들은 또 육감을 내세웁니다. "여자 육감이 얼마나 무서운 줄 알아?" 이래가면서 생사람을 괴롭히는 수도 있습니다. 예감이니 느낌이니 하는 것에 의지하려고 합니다마는 헛된 것입니다. 물론 판단도 하고 느끼기도 하고 예감도 있어야 되겠지마는 마지막 결정은 의지로 하여야 합니다. 이럴까 저럴까, 저럴까 이럴까… 이러면 끝도 없는 것입니다. 저는 아주 젊었을 때 책에서 본 하나의 단어를 한평생 잊지 않고 기억합니다. 아우구스티누스가 말한 '에포케'라고 하는 말입니다. '판단중지'라고 하는 말입니다. 마지막 결정은 의지적 결단으로 하여야 합니다. 이럴까 저럴까, 저럴까 이럴까—이것은 끝도 없는 것입니다. 그러다 세월 다 갑니다. 노처녀 시집 못가는 이유가 바로 이래서입니다. 이 사람은 사람은 좋은데 돈이 없고 저 사람은 돈은 있는데 사람이 멍청하고… 이 사람일까 저 사람일까, 하다가 세월 다 가는 것입니다. 마지막에는 과감하게 최선을 택하고 차선을 버릴 줄 아는 용기가 있어야 합니다. 버리는 용기가 필요하고 선택하는 의지적 결단이 필요합니다. 그 용기가 있어야만 밀어붙여서 큰일을 할 수가 있습니다.

「Rich Dad, Poor Dad(부자 아빠, 가난한 아빠)」라고 하는 책이 있습니다. 아버지들이 자식들에게 충고하는 것들을 모아놓았습니다. 이 책에 이어서 나온 책이 또 있습니다. 「Rich Dad's Guide to Investing」이라는 책입니다. 「부자아빠의 투자 가이드」입니다. 부자 아빠가 살아오면서 경험한 것을 가지고 자식에게 적어도 사업은 이렇게 하여야 한다, 라고 가이드를 하는 내용입니다. 사람의 심리를 잘 통찰하고 다섯 단계의 '투자 마인드'를 이러주는 것입니다. 첫째로 투자는 자신을 통제하는 능력에서 시작하고 자신을 통제하는 능력에서 끝난다, 하였습니다. 자신을 통제하는 능력이 있어야 합니다. 시작도 중요하지만 끝내는 능력이 있어야 합니다. 도박하는 사람들 보십시오. 어디서 문제가 되는고하니 손을 씻어야 할 때 씻지 못하는 것입니다. 그래서 망합니다. 자신의 능력의 한계를 알아야 합니다. 절대로 자기자신을 잃어버려서는 안됩니다. 다시말하면 욕심조절을 하여야 됩니다. 무제한 욕심을 내어서는 안되는 법입니다. 어떤 사업이든 자기통제능력이 없으면 끝난 것입니다. 두 번째는, 어떤 유형의 투자자가 되느냐입니다. 투자가 문제가 아니고 사업이 문제가 아니라 그것을 통해서 내가 어떤 사람이 되느냐입니다. 어떤 인간이 될 것이냐? 인간이 망가지면 안됩니다. 이 사업을 통해서 어떤 인간으로, 어떤 모델로 내가 발전하게 될 것이냐? 사람됨을 먼저 생각할 줄 아는 그것이 있어야 합니다. 그저 벌겠다고만 해서는 안됩니다. 벌어서 내가 어떤 사람이 되느냐, 그것을 생각하여야 됩니다. 사람됨에 관점을 두어야 합니다. 또한 강력한 사업체를 만드는 방법을 알아야 합니다. 다시말하면 지속할 수 있어야 됩니다. 요새 우리나라 경제가 시끄러워지는 이유가 뭔지 아십니까? 심리학적으로 생각하면 간단합니다. 한탕 해가지고 뛰겠다는 사람들 때문에 문제가 됩니다. 가문의 명예도 자존심도 전혀 안중에 없습니다. 그냥 한탕 해서 어디로 날라버리겠다는 것입니다. 이 사업과 함께 한평생을 살아야겠다—그런 장기적인 계획이 없습니다. 그것이 망조입니다. 또, 궁극적 투자이어야 한다, 라고 말합니다. 마지막입니다. 여기에 일생을 거는 것입니다. 그런 창업적이요 또는 종말론적인 의지를 가지고 일에 임해야 합니다. 마지막이 중요합니다. 용기있는 자만이 성공할 수 있다, 끊는 용기, 선택하는 용기, 지속하는 용기, 나의 나됨을 지켜나가는 용기, 이 용기가 모든것의 근본이라고 말하고 있습니다.

여러분, 종교개혁이라고 하는 것은 엄청난 일입니다. 1500년대 당시로 돌아가서 생각해봅시다. 온세계가 로마가톨릭의 손 안에 있을 때입니다. 이걸 대항해서 종교개혁을 일으킨다고 하는 것은 상상도 할 수 없는 엄청난 일입니다. 그럼에도 불구하고 이 일을 가능케 할 수 있었던 것은 먼저 자기개혁이 있었기 때문입니다. 우리는 종종 세상을 바꾸려고듭니다. 가정을 바꾸고 사회를 바꾸고 나라를 바꾸고… 무슨 개혁, 무슨 개혁, 수없이 '개혁' 소리를 들었는데 무엇이 개혁될 수 있다고 보겠습니까. 없습니다. 왜입니까. 자기개혁이 없기 때문입니다. 개혁이란 운동이 아닙니다. 자기개혁을 이룰 때 거기서 감화를 끼치고 퍼지고 파급효과를 내어 조용하게 이루어지는 것입니다. 지도자란 누구를 명령하는 사람이 아닙니다. 자기됨을 확실하게 지켜가고 있을 때 그에게 감동받은 사람들이 그 주위에 목숨을 걸고 모여들어서 그 뜻을 받들어나갈 때 여기서 개혁의 역사가 이루어지는 것입니다. 이것은 제도로 할 수 있는 것이 아닙니다. 제도 몇백번 바꾸어도 소용없습니다. 인격적 감화가 없이는 절대로 개혁은 없습니다. 자기개혁이 먼저 있어야 합니다. 자기개혁은 곧 신앙개혁에서 비롯됩니다. 의의 문제가 해결되어야 합니다. 생명의 문제에 대한 해답을 얻어야 됩니다. 그래서 복음의 능력을 깨닫고 그 복음의 엄청난 dynamic power, 그 능력이 내 안에 들어올 때 내 인격을 변화시키고 내 생각을 변화시키고 마침내 개혁이라고 하는 역사가 이루어지는 것입니다. 그런고로 자기개혁, 신앙개혁, 즉 의의 문제가 최우선이요 근본이라는 것을 명심하여야 됩니다. 종교개혁은 마르틴 루터가 갈라디아서를 읽고 거기서 복음진리를 깨달음으로 비롯되었습니다. "의인은 오직 믿음으로 말미암아 살리라." 여기서 엄청난 진리를 깨달았습니다. 그 진리가 루터를 사로잡았습니다. 그 생명력이 폭발할 때 그가 수도원을 뛰쳐나올 수 있었으며 그 인격이 변화하였을 때 그 감화를 받은 사람들이 너나할것없이 성원하고 협력하고 해서 위대한 역사를 이루게 된 것입니다.

사도 바울은 오늘본문에서 복음의 절대적 성격을 강력하게 말씀하고 있습니다. 보십시오. "혹 하늘로부터 온 천사라도 우리가 너희에게 전한 복음 외에 다른 복음을 전하면 저주를 받을지어다." 당당하게 말씀합니다. 이 절대화, 진리의 절대화, 복음의 절대화, 이것이 중요합니다. 요새 많은 사람들은 이 현대의 큰병인 상대주의에 빠져서 이것도 좋고 저것도 좋은데 요것이 조금 더 좋은 것같기도 하다, 하면서 허우적허우적 표류를 하고 있습니다. 오늘본문에 나타난 강력한 신앙적 용기를 보십시오. 내가 전한 복음, 너희가 받은 복음,

이 복음진리 외에 다른 복음을 전한다면 그 누구라도, 천사라도 저주를 받을 것이다, 합니다. 이 절대적 신앙, 이 절대적 확신, 이것이 마음속에 솟아오를 때 개혁의 용기로 나타나게 되는 것입니다. 특별히, 이 거룩한 진리가 나를 고용하고 있다는 것입니다. 나는 그 진리에 사로잡혔습니다. 내게는 선택권이 없습니다. 그를 위해서 내가 있는 것입니다. 내가 깨달은 진리, 내 학설, 이런 것이 아닙니다. 그의 진리가 나를 붙들어서 나로하여금 오늘이 있게 하셨다는 것입니다. 그것이 바울의 신앙입니다. "내 어머니의 태로부터 나를 택정하시고…(갈 1:15)"—도대체 내가 세상에 태어난 것 그 자체가 이것 때문입니다. 하나님께서 이것 때문에 나를 이 세상에, 이 시점에 보내셨다는 것입니다. 여러분은 이런 생각 해보았습니까? 여러분은 무슨 일을 하고 있습니까? 하나님께서 이 일 때문에 나를 세상에 보내셨다, 확신하십니까? 이 순간을 위하여 나는 존재하는 것이다—그리고 거기에다 온정력을 쏟아냅니다. 이것이 능력입니다. 이것이 개혁적 용기입니다. 그리고 그는 생각합니다. '내가 하고 있는 일은 하나님을 기쁘시게 하는 것이다.' 내 삶의 목적이 어디 있느냐가 중요합니다. 나 자신을 기쁘게 하려고 할 때 비겁한 사람이 됩니다. 정말 하나님을 기쁘시게 한다는 확신이 가면 엄청난 용기가 폭발합니다.

재미있는 이야기가 있습니다. 프랑스 루이 14세 때 있었던 실화라고 합니다. 주일에 왕이 왕의 가족들, 왕족들을 거느리고 늘 교회에 나오곤 하였는데, 프넬론이라고 하는 대주교가 시무하고 있는 교회에 이 왕이 늘 출석을 하였는데, 좌우간 너무 많은 교인들이 모입니다. 주체못할 정도입니다. 예배당이 터지게 모이는 것입니다. 이게 정말 예수믿는 사람들인지 왕을 보러 온 사람들인지, 대주교는 그걸 알 수 없었습니다. 그래 한번은 시험을 해보았습니다. 왕과 왕족들이 마차를 타고 교회에 나와보니 교인이 하나도 없고 대주교만 있습니다. 어떻게 된 일이냐고 왕이 물었더니 대주교는 대답합니다. "아무래도 사람들이 예배하러 오는 게 아니라 왕을 만나러 오는 것 같아서 한번 제가 시험을 해보았습니다. 지난 주일에 조용히 광고하기를 '다음 주일은 왕이 못나오십니다' 하였더니 오늘 이렇게 되었습니다." 하나님을 예배하고 하나님을 기쁘시게 하는 것이 예배이거늘 친구만나러 교회나오고 왕과 악수 한번 하려고 교회나오는 이 마음, 갈데없는 불신앙이라는 것이지요. 하나님을 기쁘시게 하는 것, 하나님과 나만이 아는 직선적 관계입니다. 이것이 종교개혁자의 마음입니다. 오직 믿음으로, 오직 하나님의 영광으로, 오직 은혜로(sola Fide, sola Gloria, sola Gratia)입니다. 내가 하는 일이 오직 하나님의 영광을 위하는 것이고 내가 하나님을 기쁘시게 하고 있다고 확신할 때 아무것도 무섭지 않습니다. 바로 이것이 신앙적 용기입니다. 동기가 그렇고 목적이 그렇고, 그리고 하나님께서 늘 나와 함께 계시다, 하나님께서는 내 편이다, 언제나 하나님께서는 내 편이다, 하는 확신, 여기에 용기가 있는 것입니다. 내가 무슨 일을 해도 하나님께로부터 버림받았다고 여길 때 나는 비겁할 수밖에 없고 절대로 건강할 수 없습니다. 하나님께서 나와 함께 계시고 내 편에 계시다 ─ 이것이 용기의 바탕입니다. 나아가 하나님께서 내가 하는 일을 보증하고 계시다, 최종승리는 내것이다, 마지막은 반드시 이길 것이다 ─ 이것이 종교개혁자의 신조이자 용기였던 것입니다.

루터에 이어서 종교개혁을 완성하게되는 존 칼뱅 ─ 나는 젊었을 때 그분의 책을 읽으면서 부끄러움을 금할 수가 없었습니다. 그의 불후의 명저 「Christianae Religionis Institutio(기독교강요)」는 굉장히 방대한 책인데 기독교 교리를 잘 정리해놓은 것입니다. 이는 우리 신교 교리의 바탕이요 근본이 되는 교본입니다. '500년 전 그때에 어떻게 이런 책을 썼을까'—읽고 저는 이렇게 놀랐습니다. 이 책은 칼뱅이 스물일곱 살 때 쓴 책입니다. 스물일곱 살에 나는 목사가 되었습니다. 내가 스스로 묻기를 '너는 그동안 뭐했느냐?' 하였습니다. 참 부끄러웠습니다. 그가 프랑스에서 종교개혁을 하려고 했더니 너무 핍박이 많습니다. 그래서 모든것을 포기하고(역시 학자는 조금 약한 데가 있는지) 이 대학자가 독일의 시트라스부르크로 가서 조용하게 글이나 쓰고 제자들을 가르치면서 여생을 보내야겠다, 생각합니다. 그러던 중 제네바에 갔을 때 거기서 종교개혁을 일으키고 있는 파렐(G. Farel)을 만났습니다. 파렐은 "우리를 도와주세요. 여기서 종교개혁을 이룹시다"하고 칼뱅을 붙듭니다. 칼뱅은 고개를 가로젓습니다. "아니오. 나는 조용하게 저술이나 하렵니다." 권면하고 간청하다가 마지막에는 파렐이 심한 말을 합니다. "하나님의 섭리 가운데 당신을 우리 가운데 보내주셨는데 만일에 당신이 우리의 요청을 거부하고 저 시골로 가버린다면 당신은 저주를 받을 것이오." 여기서 큰 충격을 받고 마침내 '하나님께서 나를 이리로 보내셨다. 나를 제네바로 보내셨다. 이 날을 위해서 내가 있는 것이다'라고 확신하여 용기있게 제네바종교개혁을 이룩하는 동시에 오늘과 같은 제네바를 이루게 되고 개혁을 완성하게 된 것입니다. 여러분은 내가 하고 있는 일 그것이 무엇을 의미하고 있습니까? 거기에 얼마만한 의미를 부여하고 있습니까? 마르틴 루터는 스투트가르트라고 하는 곳에서 재판정에 서게 됩니다. 거기 한번 방문해보면 그옛날 루터가 섰던

자리를 표시해놓았습니다. 잘 찾아보아야 보입니다. 거기 한번 서보면 루터가 생사를 가름하는 재판정에 어떤 감정으로 섰겠는가, 좀 짐작해볼 수 있습니다. 그가 거기서 토로한 유명한 말이 있습니다. "Oh, God! Here I stand. I have no choice." "하나님! 나 여기 섰습니다. 나는 선택권이 없습니다." 그렇듯 담담하게 목숨을 걸었습니다. 그것이 종교개혁자의 용기입니다.

루터가 1517년 10월 31일 로마가톨릭교회의 부패를 지적하면서 95개조의 반박문을 비텐베르크성당 대문에 붙임으로써 종교개혁은 시작됩니다. 신성로마제국의 황제인 찰스 5세가 제국의회를 소집하고 루터를 소환하였습니다. 루터는 그 자리에 가야 합니다. 가면 돌아오기 어렵습니다. 그러나 그때 가면서 한 말이 너무도 유명해서 오래오래 기억되고 있습니다. "보름스의회지붕의 기왓장 만큼 마귀가 많다해도 나는 가리라." 친구들의 만류를 뿌리치고 갑니다. 그 용기, 그것이 어디서 온 것이겠습니까. 복음의 용기요 진리의 용기요 하나님의 영광을 위해서, 라고 하는 확실한 용기입니다.

거기서부터 개혁이 비롯된 것입니다. 오늘, 많은 사람이 개혁을 외치는데 개혁되는 것이 없습니다. 왜? 자기개혁이 없기 때문입니다. 왜 자기개혁이 없느냐—신앙의 문제입니다, 이것은. 하나님 앞에 정직하지 못하기 때문입니다. 그리고 내가 하는 일이 곧 하나님의 일이라고 하는 믿음이 없기 때문입니다. 내가 지금 하나님을 기쁘시게 하고 있다는 확신이 있어야 하는데 그것이 없기 때문입니다. 그리고 하나님께서 함께하시는 일이기에 최종승리가 내것이라고 하는 그 믿음이 없기 때문입니다. 여러분, 마지막승리는 우리의 것입니다. 종교개혁자의 그 용기, 그 믿음을 가지고 자기개혁을 이룰 때

가정도 사회도 세상도 달라지게 될 것입니다. 개혁자의 위대한 용기가 우리 모두에게 늘 함께하기를 바랍니다. △

정직함을 찾은 자의 고백

　허물의 사함을 얻고 그 죄의 가리움을 받은 자는 복이 있도다 내가 토설치 아니할 때에 종일 신음하므로 내 뼈가 쇠하였도다 주의 손이 주야로 나를 누르시오니 내 진액이 화하여 여름 가물에 마름같이 되었나이다(셀라) 내가 이르기를 내 허물을 여호와께 자복하리라 하고 주께 내 죄를 아뢰고 내 죄악을 숨기지 아니하였더니 곧 주께서 내 죄의 악을 사하셨나이다(셀라) 이로 인하여 무릇 경건한 자는 주를 만날 기회를 타서 주께 기도할지라 진실로 홍수가 범람할지라도 저에게 미치지 못하리이다 주는 나의 은신처이오니 환난에서 나를 보호하시고 구원의 노래로 나를 에우리시리이다(셀라)
　　　　　　(시편 32 : 1 - 7)

정직함을 찾은 자의 고백

　미국과 캐나다의 세계적인 역사학 교수들과 미국사전문 역사학자 719명이 열심히 연구해서 철저하게 해부하고 종합한 미국 역대 대통령 평가보고서가 나왔습니다. 초대 조지 워싱턴 대통령으로부터 클린턴까지, 41명을 낱낱이 심층분석 연구해서 랭킹을 매긴 책이 나온 것입니다. 「Rating the Presidents」라고 하는 책입니다. 지도력, 업적, 위기관리능력, 정치력, 그리고 인사관리 등 다섯 가지 영역에 걸쳐 대통령들을 분석, 평가하였습니다. 그리고 한편으로 성격과 도덕성을 연구하였습니다. 여기서 1위를 받은 사람은 아브라함 링컨이었습니다. 꼴찌는 29대 대통령 워런 하딩입니다. 다섯 가지를 종합해서 받은 전체 순위와 성품과 도덕성 순위가 일치한다는 것을 발견하게 되었습니다. 대통령의 능력과 그 지도력과 그의 정직성은 별도가 아니라는 것입니다. 정직한 사람이 능력이 있었고 도덕성 있는 사람이 지도력도 함께 있었다, 하는 결과입니다. 지도능력과 정직성은 정비례한다, 하는 결론입니다. 힘과 용기, 능력, 지혜, 그 모든것의 뿌리가 깨끗함에 있다고 하는 것을 우리는 잊어서는 안됩니다.
　아브라함 링컨 같은 분은 그의 사생활에서까지 정직함으로 유명하여 많은 일화가 전해지고 있습니다. 그 중에 한 가지만 봅시다. 그가 어느 때 서점으로부터 책을 빌려다 보았습니다. 그 책을 보는 중에 물이 엎질러지는 바람에 책이 조금 젖었습니다. 물론 말렸습니다. 그리고 책을 돌려주러 가서 말하였습니다. "지금은 말랐습니다마는 여기가 물에 젖었었습니다. 제가 이렇게 실수를 하였습니다." 그리고 그에 합당한 대가를 치렀습니다. 이 예화에서도 엿볼 수 있는 그 정직한 마음, 이것이 그의 지도력과 지혜와 용기의 바탕이 되었다는 것을 알아야 합니다.

후꾸야마(Francis Fukuyama)라고 하는 사람은 그가 쓴 책「트러스트」에서 국력, 경제력은 자본과 기술, 지식에 근거하는 것이 아니고 문화적 요인, 사회적 요인에 근거한다고 말합니다. 문화적 요인이다, 사회적 요인이다, 하는 것은 바로 신뢰성을 이릅니다. 얼마나 서로 믿는 사회인가, 믿을 수 있는 사람들인가, 믿을 수 있는 관계인가에 따라서 그 나라의 정치, 경제, 문화가 좌우된다는 것입니다. 자본으로 나라가 서는 것이 아닙니다. 많은 공부와 지식과 능숙한 기술이 있다고해서 경제가 되는 것이 아닙니다. 모름지기 신뢰성이 그 근본입니다. 제리 화이트(Dr. Jerry White)라고 하는 박사는 「Honesty, Morality & Conscience」라고 하는 책을 써서 많은 사람에게 알려지고 있습니다. 「정직, 도덕, 그리고 양심」이라는 책입니다. 그는 여기서 사람의 정직함을 네 가지로 분류해서 말합니다. 먼저는 일반적인 정직입니다. 거짓말을 하지 않는 정직입니다. 기초적인 것입니다. 두 번째는 법률적 정직입니다. 남이 보건 안보건 스스로 정해진 법을 잘 지켜나가는 정직입니다. 세 번째는 내면적 정직입니다. 하나님께서 주신 양심에 따라서 스스로 양심을 깨끗하게 지켜나가는 정직입니다. 네 번째는 성서적 정직입니다. 다른 사람이나 자기자신을 기준하는 것이 아닙니다. 문제는 하나님입니다. 하나님의 말씀과 성령의 감화 안에서, 하나님 앞에서 정직함을 지켜나가는 것입니다.

그런데 사람들은 정직에 대하여 큰 오해가 있습니다. 자기 스스로 생각할 때 정직하지 못한 것, 거짓말같은 것을 무슨 재능으로 착각합니다. 거짓말하면서 스스로 '나는 참 똑똑하다'고 생각합니다.

그리고 나한테 속는 저 사람은 멍청하다고 착각을 합니다. 그러나 알고보면 어느 쪽이 멍청합니까. 속이고 있는 내가 형편없이 바보스러운 사람인 것을 모르고 있습니다. 그런데도 남을 속이는 자기가 남보다 아이큐가 높고 머리가 잘돌아가고 똑똑하다고 착각을 합니다. 실은 형편없는 바보인 것입니다. 두 번째는, 이렇게 법을 어기든가 양심을 어길 때 통쾌하게 생각합니다. 아예 여기서 쾌감을 느낍니다. 차를 운전하고 가다보면 아직 붉은 신호인데도 불구하고 다른 차들은 다 기다리는 사이로 혼자서 뿅, 지나가면서 통쾌해하는, 만세라도 부르는 것같은 운전자가 있습니다. 왜 멍청하게 거기 서있냐, 나는 먼저 간다, 이것입니다. 못됐습니다. 못됐기만 합니까. 바보스럽습니다. 정말 형편없는 바보입니다. 또 한 가지는, 거짓된 것을 큰 이득으로 착각합니다. 거짓됨으로 뭔가를 많이 얻을 수 있다는 듯이, 남 못버는 돈도 벌고 남 못하는 출세도 하고 하는 듯이 착각을 합니다. 그러나 알고보면 엄청나게 잃어버리고 있는 것입니다. 우선 총명을 잃어버립니다. 거짓이 성품화하면서 인간성을 잃어버립니다. 이런 사람은 사람 만나는 것을 꺼립니다. 내가 거짓말해놨으니 다들 언젠가는 알 거라고 생각해서입니다. 결론적으로 말하여, 사람 만나기를 꺼리는 사람이면 거짓된 사람입니다. 진실한 사람은 누구를 만나도 상관없습니다. 하늘을 보나 땅을 보나 부끄러움이 없으니까요. 이것이 점점 이어지면서 모든 사람을 반가이 대하게 되는 것입니다. 스스로 사람 만나는 게 싫고 자꾸 뒤로 숨어들어가게 되거든 돌아가서 거울 한번 보십시오. 당신은 거짓되고 있습니다. 이렇듯 엄청난 것을, 자기인간성을 잃어버리고 있는데, 이런 손해를 모르고 있는 것입니다.

오늘본문에 보면 다윗은 "내가 토설치 아니할 때에"라고 말씀합니다. 내가 숨겼을 때, 내게 거짓이 있을 때, 내가 백성들 앞에, 사람들 앞에 뭔가 깊은 죄악을 숨기고 있을 때, "종일 신음하므로 내 뼈가 쇠하였도다"하고 말씀합니다. 뼈가 쇠하였다 — 뼈는 히브리원문대로 척추입니다. 척추가 말라버린다, 하는 것입니다. 저는 의학을 못해보아서 사람의 피는 뻘건 것을 보니 간에서 만들어지나보다, 하고 생각해왔었습니다. 그런데 전문가가 말하는 것을 보니 그게 아닙니다. 척추가 피를 만듭니다. 척추가 피를 생산하고 피를 맑게 하고, 척추가 모든 호르몬을 만듭니다. 모든 신경을 전부 척추가 주관합니다. 그러니 뼈가 말랐다면 이것은 끝난 것입니다. 몸도 병듭니다. 얼굴이 죽어갑니다. 온몸의 균형이 깨어져나갑니다. 다윗은, 내가 진실을 잃어버렸더니 뼈가 말라버리더라, 합니다. 얼마나 중요한 말씀입니까. "주의 손이 주야로 나를 누르시오니 내 진액이 화하여 여름 가물에 마름같이 되었나이다." 얼마나 고통스러웠으면 이렇게 피력하고 있겠습니까. 이렇게 되고나면 마침내는 내가 무엇이 잘못되었는지조차도 모르게 되고 만다는 것입니다.

거짓되는 이유가 무엇입니까. 거짓의 뿌리는 어디에 있는 것입니까. 왜 거짓말을 하고 왜 우리는 속이고 살아야 합니까. 오직 이기심 때문입니다. 뭔가 이것을 통해서 얻으려는 것입니다. 얻을 수 있다고 생각한 것입니다. 이기심, 나 자신만 아는 자기중심적인 마음이 거짓말을 하게 만듭니다. 또하나는 명예욕입니다. 체면을 생각합니다. 오랜 유교문화에 젖어서인지 우리네의 체면의식은 참 국제적으로 문제입니다. 제가 얼마전에도 미국을 가보았었습니다만 가끔 이렇게 한번씩 가보면 우리네와 다른 것을 보게 됩니다. 눈에 빨리

뜹니다. 원래 아웃사이더에게 지식이 많게 마련입니다. 저는 주로 잠은 guest house에서 자고 먹기는 세 끼 다 나가서 사먹거든요. 식당을 출입하게 됩니다. 식당에 갔다가 이번에 크게 느낀 것이 하나 있습니다. 미국사람들 뚱뚱한 것은 알아주어야 하지 않습니까. 뚱뚱했다하면 어마어마하게 뚱뚱합니다. 팔받이가 있는 보통의자에는 앉지를 못합니다. 팔받이 옆으로 뱃살이 삐죽이 밀려나옵니다. 여러분 가운데는 이렇게 뚱뚱한 분 하나도 없습니다. 혹이라도 스스로 뚱뚱하다고 착각하지 마십시오. 다들 날씬한 편입니다. 그런데 그렇게도 뚱뚱한 몸을 가지고 아주 편안하게 앉아서 웃고 식사하고 대화하는 것을 볼 때 참 존경스럽습니다. 우리한국사람들같았으면 그만큼 뚱뚱했다하면 숫제 바깥출입을 하지 않을 것같습니다. 그렇게 웃을 것도 같지 않습니다. 그분들은 아주 정직합니다. 남이 뭐라 하면 어때. 내가 좀 불편할 따름이지, 합니다. 그런데 우리네는 뭐가 그렇게 도도하고 잘난 것인지 그저 옷이 마땅찮다느니 키가 작다느니 크다느니 합니다. 체면 때문입니다. 이것이 다 거짓된 마음에서 오는 것입니다. 작으면 작은대로 크면 큰대로지 누가 뭐라 합니까. 결혼식같은 큰일이 있을 때 보면 '가문의 체면이 그럴 수 없다' 하고 없는 돈 꾸러 다니기도 합니다. 딸 셋 시집보내고나면 집안이 거덜난다고도 합니다. 왜 이 모양입니까. 없으면 없는대로 못합니까. 이것이 체면문화입니다. 체면에 노예가 됩니다. 다 거짓말이지요, 한마디로 말하면. 건성으로 생각할 일이 아닙니다. 또하나는 불신앙입니다. 하나님께서 다 아시고 하나님께서 다 보십니다. 거짓말이 통하겠습니까. 불신앙이 바로 거짓으로 통하는 것입니다. 또하나는, 현재만 생각합니다. 몇시간 뒤, 몇년 뒤에 될 일을 생각지 못합니다. 지금 내가 여기 거짓을 심으면 그 다음에 저기 가서 어떤 열매가 거두어질지를 생각지 못합니다. 아픈 아기 약 먹일 때도 쓴 약을 단 약이라 속이고 먹여놓으면 그 순간은 넘어가겠지만 먹고보니 쓰니까 이 아이, 다시는 그 약 안먹습니다. 아기의 마음에 엄청난 상처를 입히는 일입니다. 이것을 생각지 못하는 것입니다. 순간만 생각하는 이 찰나주의가 거짓을 만들어나갑니다. 또 한 가지는 무지함입니다. 나 자신을 병들게 하고 내 인격을 병들게 한다는 것을 미처 깨닫지 못한 바보스러운 사람들이 거짓의 체질에 젖어 있습니다. 나아가서는 사랑이 없습니다. 나는 속이고 좋을지 몰라도 나한테 속은 사람, 나로 인하여 실망하는 사람들의 그 아픈 마음을 헤아리지 못합니다. 사랑 없는 사람들이 정직할 수 없습니다.

　잭슨이라고 하는 사람과 루이스라고 하는 사람이 동업을 하였습니다. 아주 머리가 좋은 사람들입니다. 모조품을 사다가 진품이라고 속이면서 몇년동안 장사를 잘 하였습니다. 엄청나게 돈을 많이 벌었습니다. 그랬는데 이윽고 그 짓이 통하지 않게 되었습니다. "잭슨네서 파는 물건은 가짜더라." 소문이 났습니다. 손님이 다 끊어졌습니다. 장사를 계속할 수 없게 되었습니다. 둘이 마주앉아 다시 작전을 세웠습니다. "이럴 것이 아니라 우리 따로따로 나가서 한 5년 잡고 그 동안에 신용을 회복해야 되겠다. 5년 동안만 작전상 정직하게 장사하여 명예를 회복한 다음에 왕창 한탕 해버리자." 이렇게 작전을 세우고 5년 동안 나가서 정직하게 장사하였습니다. 아무래도 수입이 신통찮았지만 그래도 그동안이나마 진실하게 살았더니 잭슨은 꽤 좋은 이름을 얻었습니다. '정직한 잭슨'이라는 별명까지 얻었습니다. 그리고 루이스는 '고지식한 장사꾼'이라는 별명을 얻었습니다. 그렇게 5년 지내고 계획대로 둘이 만났습니다. "신용을 회복했으니 이제는 가짜를 진짜라 해도 다 믿을 게다. 한번 왕창 하자"하고 루이스가 말하자 잭슨은 말합니다. "돈은 덜 벌었지만 진실하게 사니까 마음도 편하고 잠도 잘 오고 좋더라. 그냥 이렇게 살자." 그래 그냥 살기로 하였다는 것입니다. 여러분, 정직함이 주는 이익을 모르면 안됩니다. 거짓 때문에 오는 고통이 얼마나 무섭다는 것을 모르기 때문에, 이 무지함 때문에 거짓이 지속됩니다.

시편 저자 다윗은 아주 정직한 사람입니다. 하나님께서 붙여주신 별명이 '정직한 다윗'입니다. 내 종 다윗은 정직하다, 하십니다. 아시는대로 그는 의인이 아닙니다. 그는 선한 사람도 아닙니다. 전쟁을 치른 사람이요, 많은 피를 본 사람입니다. 그러나 그는 정직한 사람이었습니다. 절대로 선한 사람 아니고 절대로 의인도 아니지만 정직하였습니다. 그런고로 하나님께서 다윗을 얼마나 사랑하셨는지 신구약성경을 통틀어 사람의 이름으로 제일 많이 나오는 이름이 다윗입니다. 무려 800번이나 나옵니다. 여러분, 깊이 생각해보십시오. 그는 엄청난 죄를 짓고 백성들 앞에 부끄러웠습니다마는 정직하게 회개하였습니다. 회개하지 아니할 때 속이 썩는 것같았지만 회개하고나니 그렇게도 자유로웠습니다. 더욱 진실했던 것은 그가 엄청난 죄를 회개한 다음에 하야(下野)하지 않았다는 사실입니다. 내 이 부끄러운 주제로 어떻게 재판하고 백성을 다스리겠는가, 나는 왕관을 벗겠다, 베들레헴으로 다시 돌아가리라, 가서 목자노릇이나 하다가 초야에 묻히겠다, 하는 유의 사람이었다면 그는 정직한 사람이 못된다고 저는 생각합니다. 정직이란 내가 어떤 죄를 지었든지 그 죄를 인정하고 나가서 그로 인해서 오는 모든 비방을 다 받을 수 있어야 합니다. 아주 달게 받을 수 있어야 합니다. 죄인 보고 죄인이라 하는데, 나쁜 놈 보고 나쁜 놈이라 하는데 뭐가 잘못이냐— 그대로 다 받습니다. 그리고 맡겨진 사명을 다하였습니다. 그래서 다윗은 정직한 사람, 위대한 사람이었습니다. 그는 죄사하심받은 기쁨을 아는 사람입니다. 하나님께서 용서하시는 것을 알았습니다. 하나님께서 용서하셨기에 내가 나를 용서합니다. 가만히 보면 하나님의 용서를 받은 사람이 내가 나를 용서하지 못하는 거기에 매여서 한평생 율법 하에 사는 사람이 있습니다. 하나님께서 내 죄를 사하실 때 나는 내 죄를 내가 용서하여야 됩니다. 그리고 정직하게 사는 것입니다. 그래서 다윗은 노래합니다. 내가 회개하고나니 하나님께서 나와 함께 계시고 홍수가 범람할지라도 나는 두려움이 없노라고.

어떤 초등학교 교사가 아이들을 가르치다가 시험을 보이게 되었습니다. 담임선생님이기 때문에 학급아이들이 누가 공부를 잘하는지 못하는지 환하게 알고 있습니다. 책을 보는 척하고 아이들 시험보는 것을 감시하고 있습니다. 제일 공부를 잘하는 아이가, 시험을 봤다 하면 100점을 맞는 아이가 가만히 보니 문제답안을 다 쓰고 하나를 못쓰고 있습니다. 아무리 해도 생각이 안나는 모양입니다. 답답해서 괴로워하는 것입니다. 선생님은 그 모습을 유심히 보고 있습니다. 안보는 척하고 봅니다. 그 옆자리의 아이가 눈치를 보니 자기는 다 썼는데 그 아이는 못썼거든요. 쉬운 걸 못쓰고 있는 것입니다. 그래 신호를 보내어 자기것 보고 쓰라고 답안지를 보여주었습니다. 그러나 공부 잘하는 그 아이는 남의 답안지 안보려고 합니다. 옆자리 아이가 다시 보여주는데도 또 고개를 반대로 돌리고… 계속 이렇게 갈등하더니 결국은 힐끗 보고 씁니다. 선생님은 '아, 저놈이 시험에 빠졌구나' 하고 여전히 모른 척하였습니다. 그런데 아이들이 시험답안지를 다 내고 나갈 때까지 그 아이는 얼굴이 벌개진 채 꼼짝않고 앉아 있더니 마침내 제 답안지를 들고 나와 선생님에게 말합니다. "선생님, 빵점 주세요. 제가 한 답안 커닝하였습니다." 선생님은 이 아이를 끌어안았습니다. "네가 마귀시험을 이기려고 얼마나 애쓰는지를 보았다. 너는 이겼다. 너는 정직하다." 울먹이면서 말하였습니다.

여러분, 깊이 생각하여야 합니다. 정직한 자에게 있는 자유함, 이 극치적인 행복을 모르기 때문에 그 많은 거짓 속에서 신음하며 살아가는 것입니다. 회개로 인한 기쁨, 정직함을 회복하는 자의 간증, 이보다 더 아름다운 것이 없습니다. 정직이 회복될 때 최고의 행복을, 극치적인 행복을 느끼게 됩니다. 다윗의 기도를 들어보십시오. "하나님이여 내 속에 정한 마음을 창조하시고 내 안에 정직한 영을 새롭게 하소서(시 51:10)." △

한 경기자의 윤리

약한 자들에게는 내가 약한 자와 같이 된 것은 약한 자들을 얻고자 함이요 여러 사람에게 내가 여러 모양이 된 것은 아무쪼록 몇몇 사람들을 구원코자 함이니 내가 복음을 위하여 모든 것을 행함은 복음에 참예하고자 함이라 운동장에서 달음질하는 자들이 다 달아날지라도 오직 상 얻는 자는 하나인줄을 너희가 알지 못하느냐 너희도 얻도록 이와 같이 달음질하라 이기기를 다투는 자마다 모든 일에 절제하나니 저희는 썩을 면류관을 얻고자 하되 우리는 썩지 아니할 것을 얻고자 하노라 그러므로 내가 달음질하기를 향방 없는 것같이 아니하고 싸우기를 허공을 치는 것같이 아니하여 내가 내 몸을 쳐 복종하게 함은 내가 남에게 전파한 후에 자기가 도리어 버림이 될까 두려워함이로라

(고린도전서 9 : 22 - 27)

한 경기자의 윤리

독일에서 출간된 지 2주일만에 7만 부나 팔렸다고 하는 베스트 셀러 책이 있습니다. 우리나라에서도 번역되어 많은 사람이 즐겨 읽고 감동을 받은 책입니다. 요시카 피셔라고 하는 분이 쓴 「나는 달린다」라고 하는 아주 평범한 책입니다. 저자는 전문작가가 아닙니다. 현재 독일연방공화국의 외무부장관이자 부총리입니다. 얼마전에 우리나라에도 다녀간 분입니다. 이 책은 정치평론서가 아닙니다. 다만 목표를 향하여 달려가는 한 경기자의 인생을 묘사한 하나의 간증서입니다. 그 자신이 경험한 인생, 그 자신의 생을 아주 진솔하게 간증함으로써 많은 사람에게 깊은 감명을 주고 있습니다. 이분은 이력도 남다릅니다. 푸줏간집 아들로 태어났습니다. 고등학교를 중퇴하고 삶의 밑바닥을 헤맸습니다. 방랑도 많이 하고 택시운전까지 하였습니다. 그러다가 35세때 연방의회에 진출합니다. 그리고 헤센 주 환경장관이 되면서부터 일약 정치가로 나타나게 됩니다. 그는 어려서부터 스포츠를 즐겼습니다. 181센티미터의 훤칠한 키에 75kg의 몸무게를 가진 아주 늠름한 청년이었습니다마는 정치적 성공을 위하여 열심히 뛰는 가운데서 과중한 업무에 시달리다보니 스트레스가 쌓이면서 먹고 마시고 하였습니다. 그 결과로 몸무게 112kg이나 나가는 거구가 되어버렸습니다. 1996년에 그의 아내는 마침내 별거를 선언하고 이혼을 하게까지 됩니다. 너무 뚱뚱하다는 것이 이유였습니다. 이제 그는 그것을 계기로해서 자신을 위한 중요한 계획을 세웁니다. '이럴 수 없다.' 우선 체중을 75kg으로 줄이자는 목표를 세웠습니다. 방법은 달리기. 그리고 원칙은 과감한 결단, 끈기있는 지속, 철저하게 현실에서 출발하는 생활, 그리고 꾸준한 인내. 이렇게 해서 75kg 을 만들었습니다. 그리고 오늘에 정치인이 되었습니다. 그의 유명한 말이 있습니다. "내 몸 하나도 내가 조정하지 못한다면 내가 무슨 일을 하겠느냐." 간단하지만 위대한 선언입니다. "내 몸 하나도 내 마음대로 못하는 인간이 무얼 하겠다는 거냐."

오늘본문에 보면 인생을 한 경기자에 빗대고 있습니다. 사람을 한 운동선수의 모습으로 비유하고 있습니다. 여기 운동하는 사람에게 주어진 몇가지의 철학이 있습니다. 첫째는 향방을 정하여야 합니다. 목적과 목표가 있어야 합니다. 목적이란 추상적인 것입니다. purpose입니다. 목표란 goal입니다. 이것은 구체적인 것입니다. 보아하면 구체적인 목표는 있는데 추상적 목적이 없습니다. 추상적 목적은 있는데 구체적인 목표가 없습니다. 둘 다 잘못하고 있는 것입니다. 목적은 언제나 추상적인 것이요, 높은 것이어야 합니다. 목표는 그에 따르는 구체적인, 내 앞에 있는 현실이어야 합니다. 운동하는 사람은 목적의식이 분명하고 동시에 목표가 분명하여야 합니다. 제가 젊었을 때 인천에서 15년 동안을 목회하였습니다. 목회하면서 동시에 신학대학에 교수로 나가고 여러 대학에 강사로 나갔습니다. 일주일에 4일을 서울로 출근하였습니다. 지금같이 차가 있는 것도 아니어서 늘 기차로 다녔습니다. 새벽부터 밤까지 어지간히도 바쁜 세월을 살았습니다. 기차 안에서 시간을 낭비할 수가 없어서 책을 읽었습니다. 그래 기차 안에서 읽은 책이 많습니다. 서울역에 나가서 인천행 기차를 타고 으레 책을 펴듭니다. 아무리 시끄러워도 나는 집중적으로 책을 봅니다. 한번은 책을 한참 보다가 차창을 내다보니 바깥경치가 틀립니다. 보던 경치가 아닌 것입니다. '이거 웬일인가'

하고 알아보았더니 기차를 잘못탄 것입니다. 인천으로 가야 할 사람이 안양으로 가고 있었습니다. 그날따라 수요일저녁이었습니다. 빨리 돌아가서 설교를 하여야 되겠는데… 안양에 내려 버스를 탔습니다. 그런데 이 버스가 어찌나 느린지 좌우간 가까스로 예배시간에 도착하였습니다. 그래서 그날은 저녁도 먹지 못한 채 설교를 하였습니다. 그런 경험이 있습니다. 이 경험을 통하여 저는 중요한 진리를 하나 깨달았습니다. 아주 평범한 것입니다. '아무리 바빠도 기차는 바로 타라.' 바쁘다고 기차를 바꿔타서야 되겠습니까. 목적을 분명히하라, 이 말씀입니다. 요사이 '노하우(know-how)'라는 말을 많이 듣습니다. 노하우, 노하우, 노하우… 노하우는 있는데 know-why가 없습니다. 결정적인 약점입니다. 여기에 허점이 있습니다. 어떻게 하느냐에 대해서는 '도사'의 경지인 것같은데, 기술자도 있고 지식인도 있는데, know-why가 없습니다. 목적을 잃었습니다. 여러분, 무슨 일을 하든지 우리는 D-day를 생각하여야 합니다. 시간이 이대로 머물러 있는 게 아니지 않습니까. 저 마지막, 종착점을 생각하여야 합니다. 최종목표를 생각하여야 합니다. 가끔 제자나 후배들이 찾아와서 "내가 앞으로 어떻게 하고 지금 어떻게 하고…" 이런 이야기를 나눌 때가 있습니다. 저는 이런 때에 언제나 하는 말이 하나 있습니다. "십년 후에 당신이 어떤 사람으로 나타나 있을 것같은가? 십년 후에 나는 어떤 사람이 될 것이냐, 그것을 정하고 오늘을 결정하라, 오늘의 이 한 사건이 중요한 게 아니라, 십년 후에 내가 어떤 사람이 되어 있을 것인가—그때를 생각하고 오늘의 문제를 해결할 것이다." 해주고 싶은 말은 하나 더 있습니다. 내가 죽을 때는 어떤 모양으로 죽을 것인가—이것을 생각하고 오늘을 살아야 할 것입니다.

final goal, ultimate concern, 궁극의 문제, D-day의 문제를 소홀히해서는 안됩니다. 그것부터 미리 생각해놓고 그에 따라서 오늘 하루하루를 결정해나가야 하는 것입니다. 운동선수는 골인점을 먼저 생각합니다. 마지막 승부를 생각하고 그날을 위하여 오늘을 삽니다. 어찌 그 현장에 나가서 뛰는 것만 있겠습니까. 마지막 그 하나의 순간을 위하여 일생 전부를 집중적으로 투자해나가는 것입니다.

본문 26절에 보면 "허공을 치는 것같이 아니하여"라고 말씀합니다. 이것은 의미의 문제입니다. 허공을 친다—현재 철학의 가장 무서운 과제가 nihilism입니다. 허무주의입니다. 의미를 잃어버렸다는 것입니다. 무슨 일을 해도 그것에 담긴 아주 무거운, 확실한 의미가 있어야 하는데 의미창조에 구멍이 났습니다. 거기에 문제가 있습니다. 요즘의 젊은이들을 상대로 전문연구기관에서 통계를 내보았습니다. '결혼은 꼭 하여야 되느냐?' 하고 물었더니 응답자의 17%만이 결혼을 하여야 한다고 생각하고, 40% 이상이 '그거 꼭 해야 할 이유가 없다' 하였습니다. 물론 제 마음대로 하겠지요. 그러나 분명한 것이 있습니다. 싱글로 살다가 오륙십대가 되고보면 땅을 치고 후회할 것입니다. 당장의 편리만 생각하는 것, 이로 말미암아 미래를 잃어버리는 것입니다. 삶의 의미마저 잃어버리는 것입니다. 저는 맥아더 장군의 기도문을 종종 외어봅니다. 참 좋은 기도문이기 때문입니다. 영어로 읽어나가다보면 맨마지막에 그는 이렇게 기도합니다. '하나님이여, 그리하여 나로 하여금 헛된 생을 살지 아니하였다 하게 하옵소서.' 나에게 이런 아들을 주시옵소서, 내 아들이 이렇게 살아가기를 바랍니다, 하고나서 '그리하여 나로 하여금 헛된 생을 살지 아니하였다 하게 하옵소서' 하는 것입니다. 이것이 가정입니다. 가정에서 삐꺽하면 인생은 완전히 헛된 것이 되고맙니다. 남는 게 뭐겠습니까. 뭘 남긴다는 것입니까. 무엇으로 이어지는 것입니까. 순간의 일만 생각하고 의미없는 헛된 영광을 추구하는 그 군상이 바로 오늘의 현실이란말입니다. 목회상담학자 하워드 클라인벨이 쓴 「Well Being」이라고 하는 책이 있습니다. 그 책의 'Empowering your mind' 라는 chapter에 이런 내용이 있습니다. 사람의 마음에 힘을 주는 일이라는 게 어디서 오느냐 — 첫째는, 하나님께서 내게 주신 가치를 지니고 태어난 존재라고 하는 자기존재의식, 곧 자존감이 있어야 한다는 것입니다. 의미있게 태어난 것입니다. 내가 알건모르건 하나님께서 내게 꼭 어떤 의미를 담아서 나로 세상에 존재하게 하셨다, 그런고로 나는 소중하다, 하는 자기자존감이 있어야 합니다. 둘째는, 해야 할 일이 있기 때문에 그것을 위해서 내가 기술과 지식을 습득하여야 한다, 즉 능력을 얻어야 한다는 것입니다. 능력은 거저 얻어지는 게 아닙니다. 능력을 얻어서 능력의 사람이 되어야 합니다. 셋째는, 스스로를 이끄는 내적인 힘이 있어야 한다는 것입니다. 자신감이 있어야 합니다. 내가 나를 못믿는다면 누가 나를 믿어줍니까. 내가 나를 못믿는 주제에 누구보고 나를 믿어라, 할 것입니까. 내가 나를 믿는 사람이 되어야 한다, 그러기 위해서 나 자신을 사랑하라, 그리고 이웃을 사랑하라, 내가 하고 있는 일을 사랑하라, 하였습니다. 여러분, 의미가 없는 일, 참 피곤한 일입니다. 의미창조, 이것이 우리에게 주어진 가장 소중한 문제입니다.

그리고 "내가 몸을 쳐 복종하게" 한다, 하였습니다(27절). 내 몸을 쳐서 복종케 한다 — 이 말씀은 한 단어입니다. 헬라말로 '둘라고고' 입니다. '둘로스' 라는 말은 '노예' 라는 말이고 '아고르' 라는 말은 '인도한다' 라는 뜻입니다. 노예를 인도한다, 곧 의역을 하면 '노예를 길들인다' 하는 뜻입니다. 내 몸을, 내 몸을 그렇게 길들여야 되는 것입니다. 내 마음, 내 몸을 내 마음대로 못합니다. 가장 가까운 내 몸을 내 마음대로 못한대서야 아무 일도 할 수 없습니다. 운동선수는 내 몸을 강하게 훈련해서 길들여나갑니다. self-discipline, 자기를 훈련시킵니다. 그러기 위해서, 버리는 훈련이 있어야 합니다. 욕심을 버리고 시기를 버리고 헛된생각을 버리고 게으름을 버리고… 버려야 할 것을 과감하게 버리는 그 용기가 있어야 합니다. 그 훈련이 필요한 것입니다. 그리고 얻어야 할 것이 있습니다. 온유와 겸손과 진실, 좋은 습관을 길들여나가야 합니다. 몸을 길들여야 됩니다. 우리 가운데는 새벽기도에 나오는 분들이 많습니다. 제가 아는대로는 '나도 새벽기도에 나오고 싶다' 하고 마음에는 원이로되 못하는 사람이 많습니다. 작심하고 며칠 나와보았더니 하루종일 정신이 없더라 합니다. 졸려서입니다. 그래 나보고 "아이고, 목사님은 그렇게 한평생 하시고 어떻게 사십니까?" 합니다. "나 살아 있지 않소. 당신보다 내가 건강한데요" 하고 나는 말합니다. 여러분 생각에는 일찍 일어나면 약해질 것같지요? 나하고 내기 합시다. 아침일찍 일어나야만 건강하게 되어 있는 게 사람입니다. 그런데 이거 하나를 못하는 것입니다. 빠지지 않고 3년을 해보십시오. 3년은 하여야 몸이 길들여집니다. 바이오리듬(biorhythm)이라는 게 있습니다. 몸은 하나의 리듬을 타는데 이 리듬이 삐뚤어진 것을 바로잡으려면 무려 3년이 걸린다는 말씀입니다. 모든 일에 시간이 필요합니다. 내 몸 내가 원하는대로 돌아가는 요만한 일에도 3년이 걸립니다. 그걸 하루아침의 결심으로 해결하려듭니까. 하물며 내 마음이겠습니까. 진실한 마음,

겸손한 마음, 내가 바라는바 바람직한 마음을 가지는 데, 이거 하나 훈련하는 데는 얼마나 많은 시간이 걸리겠습니까. 내 마음을 내 마음대로 할 수 없기 때문입니다. 많은 훈련이 필요합니다.

뿐만아니라 오늘본문에는 '절제한다' 하였습니다(25절). 절제가 무엇입니까. self-control, 내가 나를 다스리는 것입니다. 절제 없는 운동선수에게는 바랄 것이 없습니다. 오랜전 이야기입니다. 실례가 되기에 제가 그 이름은 대지 않겠습니다. 여러분도 아는 권투선수입니다. 세계타이틀전에 여러 번 도전해서 어렵게 타이틀을 획득하였습니다. 1차방어전을 일본에서 가졌습니다. 그 한 번의 방어전에서 KO 패 당했습니다. 신문에 해설 난 것을 보고 제가 한참을 생각해보았습니다. 왜 패했는가—일본 가서 이 선수는 시합하기 전날 술을 마셨습니다. 당연히 패하지요. 이 사람이 어찌 챔피언 되겠습니까. 더 기다려볼 것 없는 선수입니다. 그거 하나 이기지 못하는데. 절제 없는 사람에게는 아무 일도 바랄 게 없습니다. 긴 훈련 끝에 내가 나를 다스릴 수 있어야 합니다. 디모데후서 2장 5절에 보면 "경기하는 자가 법대로 경기하지 아니하면 면류관을 얻지 못할 것이며"하였습니다. 법대로 경기하는 것도 훈련입니다. 긴 시간 훈련을 하여야 법을 지키게 되어 있는 것이지 하루아침에 지켜지는 것이 아닙니다. 거기에 아무리 무서운 형벌을 가한다 하더라도 그것가지고 되는 게 아닙니다. 준법도 오랜 기간 훈련을 필요로 합니다. 특별히 중요한 것은 time managing입니다. 시간을 관리할 줄 알아야 됩니다. 운동선수에게는 시간이 금입니다. 생명입니다. 2시간 동안 달려야 한다면 이 2시간 동안 힘을 안배하여야 합니다. 마구 뛰다가는 중도에 쓰러집니다. 또, 마지막에 힘이 남도록 하여도 안됩니다. 그러므로 시간조정을 잘하여야 됩니다. 시간이란 하나님께서 주신 유일한 자산입니다. 우리에게는 주어진 만큼의 시간밖에 없습니다. 이걸 가지고 우리가 어떻게 살아가느냐가 중요합니다. 외국에 다니다보면 우리 한국에서 나가 공부하는 유학생들을 봅니다. 열심히 공부하는 학생도 있지마는 어떤 학생은 좀 빈둥거립니다. 그래서 마음이 아픕니다. 얼마나 귀한 돈을 쓰는데, 얼마나 귀한 기회인데, 얼마나 소중한 시간인데, 그래 이 시간을 빈둥거리고 보내어도 되는 것입니까. 안될 일입니다. 큰 죄입니다. 죄송하지만, 제가 한 5년 유학을 하였는데 저는 여름방학을 방학(放學)으로 지내본 적이 없습니다. 지금도 옛날에 알던 분들 만나면 그분들은 말합니다. "당신은 참 미련한 사람이오. 그래, 여름방학 한 번도 놀지 않고 밤낮 기숙사에 있더니 오늘의 곽목사가 되셨구먼요." 어떻게 놀 수가 있습니까. 미국사람은 놀아도 좋을는지 모르나 한국사람인 내가 공부하러 미국가서 어떻게 놀 수가 있겠습니까. 그 얼마나 금쪽같은 시간인데. 일생에 딱 한 번 주어지는 기회인데. 누구에게나 시간은 소중한 것입니다. 요것밖에 없습니다. 이걸 우리가 어떻게 manage하느냐가 참 중요합니다. 요새는 '시(時)테크'라고 합디다. time technology, 시간을 어떻게 기술적으로 사용하느냐가 인생의 운명, 세계의 운명을 좌우합니다. 하나님께서 내게 주신 시간입니다.

오늘성경은 말씀합니다. "내가 내 몸을 쳐 복종하게 함은 내가 남에게 전파한 후에 자기가 도리어 버림이 될까 두려워함이로라." 실격자가 될까 두려워한다, 합니다. 지도자가 누구입니까. 지도자란 누구를 지도한다는 사람이 아닙니다. 누구를 인도하겠다고 떠드는 사람이 아닙니다. 자기스스로 자기를 다스리는 사람이 지도자입니다. 그리고 한걸음 앞서가는 사람입니다. 그에게 감동을 받아서 모든 사람이 그 뒤를 즐거운 마음으로 따라가게 되는 것입니다. 이것이 지도자입니다. 자기를 구원하지 못하고 남을 구원할 수가 없습니다. 내가 남을 인도한다, 가르친다, 뭘 한다 뭘 한다, 해놓고 나는 실격자가 될까 두렵다—사도 바울의 간증입니다. 위대한 사도 바울의 간증입니다. 내가 나를 구원하는 일이 먼저입니다. 그리하고 남을 구원하게 될 것입니다. 경기자들의 모습을 보십시오. 그 중에 내가 있습니다. 운동장에서 내가 지금 뛰고 있습니다. 나는 지금 어디로 가고 있는 것입니까? 어디까지 왔습니까? △

이 사람의 감사

예수께서 여리고로 들어 지나가시더라 삭개오라 이름하는 자가 있으니 세리장이요 또한 부자라 저가 예수께서 어떠한 사람인가 하여 보고자 하되 키가 작고 사람이 많아 할 수 없어 앞으로 달려가 보기 위하여 뽕나무에 올라가니 이는 예수께서 그리로 지나가시게 됨이러라 예수께서 그곳에 이르사 우러러 보시고 이르시되 삭개오야 속히 내려오라 내가 오늘 네 집에 유하여야 하겠다 하시니 급히 내려와 즐거워하며 영접하거늘 뭇 사람이 보고 수군거려 가로되 저가 죄인의 집에 유하러 들어갔도다 하더라 삭개오가 서서 주께 여짜오되 주여 보시옵소서 내 소유의 절반을 가난한 자들에게 주겠사오며 만일 뉘 것을 토색한 일이 있으면 사 배나 갚겠나이다 예수께서 이르시되 오늘 구원이 이 집에 이르렀으니 이 사람도 아브라함의 자손임이로다 인자의 온 것은 잃어버린 자를 찾아 구원하려 함이니라

(누가복음 19 : 1 - 10)

이 사람의 감사

이번달(2000년 11월)의 「가이드 포스트」지에 보면 'Pay a Pilgrim's Thank' 라고 하는 제목으로 간단한 article이 실려 있습니다. 여기에 하나의 질문이 있습니다. '신대륙에 도착한 첫해에 미국의 청교도들은 어떻게 살아남았는가?' 라는 제목을 걸고 이렇게 묻고 있습니다. 어떤 고통을 겪었기에 그토록 감사하지 않고는 견디지 못했던가. 평안해서가 아닙니다. 성공해서도 아닙니다. 어떤 고통을 겪었기에 감사하지 않고는 견디지 못했던가. 여러분, 감사가 어디에 있는 것입니까? 진정한 감사, 가슴이 터질 것같은 그런 감격은 사실은 우리가 흔히 생각하는 번영과 자유와 무슨 형통함과 성공과 영광, 그런 것에 있는 것이 아닙니다. 오히려 병든 곳에, 오히려 가난한 곳에, 아주 절박한 곳에, 그 고통 중에 진정한 감사가 있습니다. 저는 종종 식탁에서 내 일생에 제일 음식으로 감사했던 때, 제일 큰 감사를 드렸던 때가 언제인가, 그때생각을 하곤 합니다. 그래 저는 어떤 일이 있어도 밥투정은 하지 않습니다. 왜요? 그때의 사정이 있기 때문입니다. 혼자서 피란을 나왔을 때, 1951년 정월, 너무나도 어렵고 춥고 배고프고 괴로운데 혼자서 지나가다가 고구마 굽는 사람을 보았습니다. 군고구마 냄새가 코에 싹 들어오니까 발걸음을 옮길 수가 없는 것입니다, 도저히. 차고 있던 팔목시계를 풀어서 고구마 장수한테 주었습니다. 돈은 통하지 않는 때였으니까. 시계를 끌러주고 고구마를 달라고 했더니 고구마 네 개를 줍디다. 요새는 팔목시계가 흔하지만 그때는 우리 동리에서 시계찬 사람 나밖에 없었습니다. 이 귀중한 시계를 풀어주고 고구마 네 개를 손에 들고, 서서 하나님께 감사기도를 드릴 때 눈물이 걷잡을수없이 뚝뚝 떨어집니다. 그때의 감사하던 그 마음은 일생동안 잊을 수 없는 것입니다. 지금 아무리 좋은 음식, 아무리 좋은 여건에 있어도 그때의 그 감사함에는 비할 수가 없습니다.

청교도들이 아메리카대륙에 첫발을 딛고 감사했던 것, 이제 그 뜻을 알 것같습니다. 저들은 어떤 고통을 겪었기에 그토록 감사하지 않고 견디지 못했던가. 그들은 먼저 건강을 감사하였습니다. 1620년 12월, 한창 추운 때였습니다. 백열 명으로 출발한 사람들이 긴긴 항해 중에 괴혈병과 각종 바이러스병으로 48명이 죽고 겨우 절반이 살아남았습니다. 살아남은 데 대한 감사가 없을 수 없습니다. '이만큼' 건강을 지킨 데 대한 감사, 이것이 첫째감사였습니다. 또한 이제 의복과 거처가 문제입니다. 낯선 곳이니 아무것도 없습니다. 여기서 그들은 나무를 찍어서 통나무오두막집 일곱 채를 지었습니다. 그 통나무집에 들어가서 불을 피워놓고 저들은 하나님 앞에 감사하였습니다. 음식으로 말하면 Plymouth라고 하는 그 낯선 땅에는 수확할 아무것도 없습니다. 저들이 가지고 온 종자 몇가지뿐이었습니다. 그 중 보리와 밀을 심어보았지만 토양이 달라서 완전히 실패하였습니다. 오히려 아메리칸인디언들의 도움을 받았습니다. 그들 덕분으로 옥수수를 약간 추수할 수가 있었습니다. 이 옥수수를 갖다놓고, 그리고 들에 뛰어다니는 칠면조를 잡아다 구워놓고 감사의 예배를 드렸습니다. 추수감사절은 여기서 유래하였습니다. Thanksgiving Day — 지금도 미국에서는 이때쯤 되면 어느 식당 어느 가정에든지 온통 칠면조입니다. 아무리 먹어보아도 칠면조는 별맛 없습니다. 나만 그런가 해서 미국학생들한테 물어보았습니다. "너희들 칠면조 맛있냐?" 역시 맛없다는 것입니다. "닭하고 칠면조, 어느 쪽이 맛있냐?" 여러 사람한테 물어보았습니다. 닭이 더 맛있다고 대답합니다. 그럼 왜 칠면조를 먹느냐, 물었더니 우리조상들이 이것을 놓고 하나님께 감사하였기 때문이다, 그 전통을 따라서 이렇게 먹는 거다, 합니다. 여러분, 참된 감사가 어디에서 있습니까? 가장 어렵고 절박한 중에, 고난 중에, 바로 거기에서 눈물로 진실한 감사를 드리게 되는 것입니다.

신학자 폴 틸리히(Paul Tillich)는 「Courage to Be」라고 하는 유명한 그의 저서에서 이렇게 역사를 정리하고 있습니다. 고대인의 불행은 숙명과 죽음의 문제에서 왔습니다. 모든것을 숙명으로 받아들였습니다. 어떤 고난도 팔자요, 숙명이요, 운명이라고 여겼습니다. 그렇기 때문에 운명에 저항할 생각을 못했습니다. 그대로 그 많은 고생을 치르며 수천 년을 살아오게 됩니다. 중세기사람들의 불행은 '죄와 벌' 의식에 있었습니다. 모든것은 저주다, 죄에 내리시는 신의 저주다, 하였습니다. 죄와 벌! 그 무서운 심판 앞에서 벌벌떨었습니다. 흑사병이 돌아도 '저주다' 하였습니다. 홍수가 나도 '저주다' 하였습니다. 이렇게 몰아치는 무서운 저주 속에서 저들은 헤어나지 못하고 고생을 했습니다. 현대인은 그 불행의 원인이 생이 무의미하다는 의식에서 비롯된다고 이 신학자는 말합니다. 무의미함, 의미를 잃어버렸습니다. 배가 고픈 것도 아닙니다. 집이 없는 것도 아닙니다. 왜 그렇게 걱정이 많습니까. 왜 그렇게 고독해하는 것입니까. 왜 의미를 느끼지 못하고 있는 것입니까. 왜 감사가 없고 왜 감격이 없습니까. 그만하면 감사감격할만도 한데. 무엇 때문이겠습니까. 끝없는 욕심 때문입니다. 더 가지려는 마음이 저 앞에 가 있기 때문에 지금 가진 것으로는 만족을 못합니다. 또 교만하기 때문입니다. 하나님을 부인하는 불신앙 때문입니다. 어느 사이에 인간의 생각과 철학이 세속화하면서 사람은 불행으로 치닫기 시작하였습니다. 목적과 의미를 잃어버렸습니다. 그런고로 고마운 마음, 감사한 마음, 그 고마움에 따르는 행복이 없습니다.

오늘본문에 나타난 이 사람 삭개오는 특별한 감사를 드렸다고 생각합니다. 그는 현대인의 이미지를 가진 독특한 성격의 감사를 하나님께 드리고 있습니다. 삭개오라는 사람에 대해서 다시한번 생각해봅시다. 그 당시로 돌아가 생각해봅시다. 그는 세리장입니다. 로마가 온세계를 지배하고 있을 때입니다. 로마를 떠나서, 로마를 피해서 살 수가 없습니다. 로마권력이 온세계를 지배하는 때에 유대나라 역시 로마권력 아래 있습니다. 삭개오는 바로 이런 때에 정치적 대세를 잘 이용한 사람입니다. 세상을 잘 요리한 사람입니다. 그래서 나름대로 성공한 사람입니다. 세속적으로는 그는 세리의 장이요 권력자요 요샛말로 '실세'입니다. 그리고 부자입니다. 로마를 대표한 총독 이하 군인들은 세리장같은 사람을 가장 귀중하게 여겼습니다. 그들의 도움을 얻지 못하면 정치도 되지 않습니다. 로마세력도 소용없습니다. 누구든지, 어느 군인이든지 마을에 들어서면 세리장 앞에 무릎을 꿇게 되어 있습니다. 왜요? 그는 실세요 부자이기 때문입니다. 그는 자기보다 더 높은 권력자하고 친하기 때문입니다. 이것이 세리입니다. 세상적으로는 성공한 사람입니다. 권력 있지, 부귀하지, 돈있지… 자, 그런데 이 사람들에게 고민이 있습니다. 그것은 종교적 고민입니다. 신앙적으로 하나님을 등진 것같은, 죄를 짓고 사는 것같은 고민이 있습니다. 또하나의 고민은 사람들이 자신들을 가리켜 반민족주의자라고 손가락질하는 것입니다. 로마를 위해

일하고 있으니까요. 로마의 힘을 빌어서 권력과 부를 취하고 있으니까요. 이런 갈등이 그 마음에 있습니다. 민족을 배반한 듯한 고통이 있습니다. 적어도 이만한 고통이 있는 사람입니다. 그래서 그에게는 이스라엘사람나름의 독특한 의식이 있습니다. 메시야를 기다립니다. 왜요? 이대로는 안될 것이라고 생각하기 때문입니다. 이 현실대로는 안된다는 생각입니다. 세상이 이대로 오래갈 수는 없다, 어서어서 메시야가 와서 새로운 질서, 새로운 평화, 새로운 세계를 만들어주기를 바라는 그런 Messianic expectation, 메시야 대망사상을 가지고 있는 사람의 하나입니다. 그래서 그는 예수님을 만나고자 하였습니다. 더 큰 부자가 되기 위해서도 아닙니다. 더 큰 세력을 얻기 위해서도 아닙니다. 더 잘살기 위해서 예수를 만나겠다는 것이 아닙니다. 그 누구처럼 병고치려고 예수를 만나겠다는 것도 아닙니다. 그의 예수를 만나려 하는 생각은 독특합니다. 그는 소문에 들었습니다. 예수님께서는 좋지못한 별명을 얻고 있습니다. 세리와 죄인의 친구라고 하는 별명입니다. 그리고 예수님의 열둘밖에 없는 제자 중에 마태라고 하는 세리가 있습니다. 세관에 앉아 있는 그 현장에서 부르시고 제자로 세우셨습니다. 예수, 도대체 어떻게 된 분인가, 어떻게 세상사람들이 다 천대하고 온이스라엘이 미워하는, 죄인의 대명사로 불리는 세리를 제자로 세우신단말인가, 세리를 제자삼은 그 사람, 도대체 누구인가, 세리의 친구라고 하는 말을 들으면서까지 세리를 사랑한 그분은 누구인가—그분을 보고 싶었던 것입니다. 자신도 세리이기 때문입니다. 그러나 그는 키가 작았습니다. 많은 사람이 옹위하고, 많은 사람이 밀어닥치니 키도 작은 그는 도저히 예수님 모습을 볼 수가 없습니다. 그래 그는 체면이고뭐고 불구하고 뽕나무로 기어올라갔습니다. 거기 매달려 군중 가운데 계신 예수님을 내려다뵙게 됩니다. 그는 이 은총적 기회를 놓칠 수가 없었습니다. 일생에 단 한 번 있을 이 중요한 시간을 놓칠 수가 없었습니다. 그리고 그는 무엇을 기대한 것입니까. 뽕나무에서 예수님을 멀리 내려다뵙고 있습니다. 이것이 오늘본문에 나타난 상황입니다.

이제 예수님께서 그를 어떻게 대하셨나 보십시오. "우러러보시고"하였습니다(5절). 쳐다보셨습니다. 오히려 이상하게 된 셈입니다. 삭개오가 예수님을 우러러본 것이 아니라 예수님께서 삭개오를 보시게 된 것입니다. 보셨다, 하는 것이 중요합니다. personally, 개별적으로, 개인적으로 보아주신 것입니다. 얼굴과 얼굴, 눈과 눈이 마주치는 시간입니다. 이것은 아주 소중한 시간입니다. 많은 사람을 보시듯이 그렇게 보시는 것이 아닙니다. 지명하여 한 사람을 집중적으로 보신 것입니다. 삭개오를, 즉 나를 보신 것입니다. 또한나는, 삭개오의 마음을 읽으셨습니다. 주고받는 말은 여기 없습니다. 그러나 예수님께서는 충분히 아셨습니다. 왜 저 사람이 뽕나무에 올라갔는지, 왜 나를 보려고 하는지, 왜 저렇게 간절한 마음으로 메시야를 기다리고 있는지, 그 마음을 예수님께서 읽으셨습니다. 그의 고민, 그의 깊은 관심, 그의 궁극적 관심을 예수님께서 읽으셨습니다. 다 아셨습니다. 무슨 긴 말이 필요합니까. 삭개오는 충분히 알았습니다. 예수님께서 삭개오의 마음을 충분히, 다 알아주셨습니다. 그의 말을 통하지 않고 그의 행동을 통해서 그의 깊은 고민을 다 알아주셨습니다. 삭개오는 이에 감격하고 있습니다.

"내가 오늘 네 집에 유하여야 하겠다"하십니다. 예수님께서 하신 첫번째 말씀입니다. 여기에 이렇다할 설명이 없습니다. 다만, 내가 오늘 네 집에 유할 것이라, 하실 뿐입니다. 세리의 집입니다. 세리—온유대사람이 상종도 인사도 하지 않는 존재입니다. 심지어는 거지도 세리의 돈은 받지 않았다고 합니다. 장님도 돈을 받았다가 세리의 돈인 줄 알면 던져버렸다고 합니다. 이같은 세리인데 그를 보고 예수님께서는 오늘밤 너희집에서 자겠다, 하십니다. 세상에 이렇게 고마울 데가 어디 있습니까. 여러분은 가장 큰 사랑이 무엇이라고 생각하십니까? 물질을 주는 것입니까? 지식을 주는 것입니까? 가장 소중한 사랑은 내 의를 주는 것입니다. 의(義). 의인이 죄인의 집에 오십니다. 메시야가 죄인의 집에 오심으로써 나의 신분을 바꾸어놓는 시간입니다. 이것이 너무나도 감사한 것입니다. 조선시대에 있었던 이런 일화가 전해집니다. 난리가 나서 왕이 피란을 갑니다. 변장을 하고 신하들과 더불어 몰래 도망을 해서 어느 시골로 숨어들었습니다. 어느 촌부의 집에 들어 유하기를 청했습니다. 누구들인지는 모르지만 점잖은 사람들이 며칠 유하겠다 하니 아무것도 캐묻지 않고 맞아들여 정성껏 잘 대접을 했습니다. 이윽고 상황이 바뀌어 왕이 환궁을 합니다. 환궁하고 생각하니 그 촌부가 퍽 고맙습니다. 그 난리를 피하게 해주었으니 말입니다. 왕은 그 촌부를 불러들였습니다. 왕궁에 불려들어가 보니 전날에 그저 '이서방'이라고만 알았던 저 사람, 바로 임금님이 아닙니까. "전날 자네가 나를 도와준 것 참 고맙네. 소원이 있으면 한 가지만 말해보게. 내 들어주지. 땅도 좋고 벼슬도 좋고… 뭐든지." 이에 촌부는 말하였습니다. "저는 바랄 것이 아무것도 없습니다. 다만, 며칠후면 제 환갑날입니다. 아이들과 함께 환갑잔치를 하게 됩니다. 그 자리에 한번 와주십시오." 왕이 이 소원을 들어주지 않겠습니까. "그러지." 왕이 촌부의 환갑잔치에 오신다는 소문이 나자, 예나 오늘이나 다름없이 사방에서 얼마나 많은 뇌물이 들어오는지… 이 촌부, 하루아침에 떵떵거리는 부자가 되었다고 합니다. 보십시오. 왕이 우리집에 한번 오신다, 왕을 내 집에 한번 모신다―이것이 뭘 의미하는 것입니까. 내 신분이 달라지는, 내 의가 달라지는, 사람이 달라지는 시간입니다, 이 시간은. 예수님께서 우리집에 오셨다―굉장한 것입니다.

그리고 예수님 말씀하십니다. "오늘 구원이 이 집에 이르렀으니…" 임마누엘입니다. 구원이 이 집에 이르렀다, 이는 아브라함의 자손이다, 완전한 의롭다 하심을 입는 엄청난 복을 내리십니다. 이제 봅시다. 이 사람의 감사가 무엇입니까. 삭개오는 바로 이 시간, 이 은혜 가운데서 첫째, 즐거워하였습니다(6절). 그렇습니다. 기뻐해야 됩니다. 감사는 기뻐하는 데 있습니다. 기쁨이 없는 감사란 감사가 아닙니다. 기쁜 마음으로 기쁜 얼굴로 고맙다고 하여야 됩니다. 고맙다는 말도 억지로 하는 것은 고맙다는 말이 아니겠지요. 기쁨 자체가 은혜에 대한 가장 정확한 응답이거든요. 그런데 중요한 것은 물질을 얻었다는 것도 아니고 권세를 얻었다는 것도 아닙니다. 예수님께서 우리집에 오신다는 것 때문에 그는 기뻐하고 있습니다. 임마누엘 때문에 기뻐하고 있습니다. 만족한 기쁨입니다. 그리고 그를 영접하였습니다. 정성을 다하여 영접하였습니다. 또하나는, 마음이 열렸습니다. 당장 입이 터졌습니다. 마음이 열리면서 "내 소유의 절반을" 가난한 자에게 주겠다고 말합니다. 이게 무슨 말입니까. 예수님께서는 삭개오의 마음을 읽으셨습니다. 삭개오는 지금 예수님의 마음을 읽었습니다. '예수님은 가난한 자를 돕는 분이시다.' 알았습니다. 예수님의 마음으로 돌아갔습니다. 내 재산의 절반을 내어 가난한 사람을 돕겠습니다, 하고 마음이 열립니다. "토색한 일이 있으면 사배나 갚겠나이다"합니다. 이 말은 율법을 지키겠다는 말입니다. 율법이 그렇게 명하고 있습니다. '이제부터 나는 율법을 지키는 자로 살겠습니다' 라고 고백하는 것입니다.

여러분, 참된 감사가 어디 있습니까? 원래 참된 감사는 생각하는 데서부터 시작합니다. think, thank는 어원이 같은 말이라고 합니다. 생각이 없으면 감사하지 못합니다. 어느 방향으로 생각하느냐, 무엇을 생각하느냐에 따라서 감사하게 됩니다. 잃어버린 것을 생각하는 사람은 감사 못합니다. 얻은 것을 생각하고 내가 받은 것을 생각하고 할 수 있는 것을 생각하고 은혜를 생각할 때 감사할 수 있습니다. 식물인간된 남편을 위해서 수고하는 부인이 이렇게 말하는 것을 들어보았습니다. 십년 동안을 시중해도 아무 보답이 없습니다. 말 한마디가 없습니다. 너무 답답하고 괴로워서 이렇게 말합디다. 눈을 한번 뜨고 "여보 고맙소"하는 말 한 번만 해주어도, 그 말 한마디만 들어도 한이 없겠다, 합니다. 아무리 수고해도 소용이 없습니다. 반응이 없습니다. 말이 없습니다. 느낌이 없습니다. 깨달음이 없습니다. 이게 사람을 피곤하게 만듭니다. 감사하는 마음, 이 얼마나 귀중한 것입니까. 깨달음 속에 있습니다. 생은 무상하다, 하는 것을 알면 불교인입니다. 인간의 삶의 도리를 알면 유교인입니다. 은혜를 알면 기독교인입니다. 오직 은혜를, 모든것이 은혜로 말미암았다는 것을 알면 그가 바로 그리스도인이요 신앙인입니다. 누구를 막론하고 입에 감사가 없으면 그리스도인이 아닙니다. 범사에 감사할 것입니다. 특별히 감격하는 것입니다. 감격으로 모든것을 해석하고 또한 감격이 간증으로 나타나고 행동으로 나타납니다. 그래서 내 재산의 절반을 가난한 자에게 주겠습니다, 하는 실천상황이 여기서 나오고 있습니다. 베푸는 마음, 이것이 감사입니다. 기뻐하는 마음이 감사입니다.

여러분, 깊이깊이깊이 은혜를 깨닫고, 하나님의 엄청난 은혜를 깨닫고 다시한번 생각해보십시오. 그리고 감격하고 이 감격한 마음을 행동에 옮겨보십시오. 이제부터 새로운 삭개오의 생이 시작될 것입니다. 우리가 즐겨 부르는 찬송 405장에 있습니다. '나같은 죄인 살리신 그 은혜 고마워…' 존 뉴턴(John Newton)이라고 하는 분은 본래 노예상인이었습니다. 극악한 사람이었는데 회개하고 예수믿고 하나님의 사람이 되고 목사가 되었습니다. 그는 입버릇처럼 말합니다. 나같은 죄인 살리신, 나같은 죄인 살리신 은혜! 감격, 감격합니다. 그 감격으로 주를 찬양하며 피곤없이 한평생 복음을 전하고 살았습니다. 여러분, 성공이 뭐겠습니까? 감사하는 것이 성공이요 기뻐하는 것이 행복입니다. 좋은 울려 소리가 나야 종입니다. 그 마음에 벅찬 감격이 있고 감사가 있으면 바로 그가 행복한 자요 성공한 사람인 것입니다. △

여기 있는 것이 좋습니다

또 저희에게 이르시되 내가 진실로 너희에게 이르노니 여기 섰는 사람 중에 죽기 전에 하나님의 나라가 권능으로 임하는 것을 볼 자들도 있느니라 하시니라 엿새 후에 예수께서 베드로와 요한을 데리시고 따로 높은 산에 올라가셨더니 저희 앞에서 변형되사 그 옷이 광채가 나며 세상에서 빨래하는 자가 그렇게 희게 할 수 없을 만큼 심히 희어졌더라 이에 엘리야가 모세와 함께 저희에게 나타나 예수로 더불어 말씀하거늘 베드로가 예수께 고하되 랍비여 우리가 여기 있는 것이 좋사오니 우리가 초막 셋을 짓되 하나는 주를 위하여, 하나는 모세를 위하여, 하나는 엘리야를 위하여 하사이다 하니 이는 저희가 심히 무서워하므로 저가 무슨 말을 할는지 알지 못함이더라 마침 구름이 와서 저희를 덮으며 구름 속에서 소리가 나되 이는 내 사랑하는 아들이니 너희는 저의 말을 들으라 하는지라 문득 둘러보니 아무도 보이지 아니하고 오직 예수와 자기들 뿐이었더라

(마가복음 9 : 1 - 8)

여기 있는 것이 좋습니다

　미국에서 미식축구의 인기는 하늘을 찌를 정도입니다. 어느 마을에 있든지 이 경기가 시작되면 수만 명이 한자리에 모여서 함성을 지르는 굉장한 열기를 볼 수 있습니다. 미식축구의 결승전티켓을 구하기란 가위 하늘의 별 따기입니다. 이러한 에피소드가 있습니다. 바로 그 결승전 열리는 날, 한 남자가 어렵사리 입장권을 하나 구했습니다. 그리고 먼길을 차를 몰아 경기장까지 가서 제 시간에 입장을 하고 보니 자기좌석이 그 큰, 십만 명이나 모이는 큰 축구장 맨뒷좌석이었습니다. 거기서 바라보니 선수들의 백넘버도 보이지 않을 정도로 경기장이 가물가물합니다. '이거 참, 좌석표 싼 걸 샀더니…' 표를 잘못구했구나, 했습니다. 하지만 거기 들어와 앉았다는 것만으로 만족하게 생각했습니다. 구경을 하다가 보니 저멀리 앞쪽에 한 자리가 비어 있는 것이 보였습니다. '저기가 왜 비어 있을까?' 슬금슬금 내려가서 그 옆자리에 있는 사람 보고 "저 여기 앉아도 될까요?" 물었습니다. "앉으세요." 그는 감격해서 또 물어보았습니다. "어떻게 이 자리가 비어 있습니까?" "제 아내를 위해서 샀던 표인데 이렇게 비어 있습니다." "그럼 부인은 왜 여기 못왔습니까?" "죽었어요." "그러면 다른 친지라도 모시고 올 것이지 이 귀한 자리를 어떻게 비워놨습니까?" "그 친지들 다 장례식에 갔어요." 이렇듯 구경에 미친 사람 참 많습니다. 우리나라에도 그런 사람 많습니다. 제가 아는 한 분도 야구 좋아하는 분인데 늘 병원에 입원해 있는 처지이면서 때마다 병상을 비우곤 합니다. 경기장에 가 앉아 있는 것입니다. 그렇게 의사를 골탕먹이는 친구입니다.

오늘본문에 "여기 있는 것이 좋사오니"하는 말씀이 있습니다. 여기, 지금 이 시간이 좋습니다—아무리 생각해도 이해하기 어려운 이야기입니다. 여기가 좋습니다, 지금이 좋습니다—한마디 덧붙이고 싶습니다. '이대로 죽어도 좋습니다.' 여러분은 이런 경험을 해보았습니까? 생각하면 지금보다 그 당시는 이러기가 더 어려운 때입니다. 정치, 경제, 문화, 그리고 가정… 베드로는 가정을 가진 사람입니다. 그런데 지금 가정은 안중에도 없는 것같습니다. 자기만의 기분에 취해 있습니다. '여기 있는 것이 좋습니다. 이대로 살아버리겠습니다.' 이런 생각을 하고 있습니다. 그 부끄러운 과거에 대한 생각 없습니다. 암담한 미래에 대한 걱정도 없습니다. 오로지 만족합니다. 아무 생각도 없이 만족합니다. '여기 있는 것이 좋습니다.' 극치적인 행복을 이렇게 말하고 있습니다. 정신분석학자 롤로 메이(Rollo May)가 쓴 「The Discovery of Being」이라고 하는 책에 보면 사람의 삶의 형태를 세 가지 유형으로 말하고 있습니다. 학술적이지만 상식적인 이야기입니다. 독일어로 Umwelt, 곧 환경세계라고 하는 것을 생각합니다. 우리는 이 환경과 나와의 관계에서 행복이 좌우됩니다. 환경의 문제, 집이라든가 거처라든가 공기라든가 하는 주변환경과 나와의 관계에서 행복이 이루어지지 않습니까. 또하나는 Mitwelt입니다. 공동세계입니다. 공동체, 사람들의 세계입니다. 지금 내가 혼자입니까. 여기 친구가 있고 친척이 있고 부모님이 있고 자식이 있고, 그리고 많은 민족이 있습니다. 많은 사람들 속에 내가 있는 것입니다. 많은 사람과 이웃으로 관계하는 가운데서 내가 어떻게 인정을 받느냐에 따라 행복하기도 하고 불행하기도 합니다. 또 한 가지는 Eigenwelt입니다. 자아세계라고 하는 것입니다. 자아성찰적 존재, 이것이 인간입니다. 환경도 좋고 모든 관계가 다 좋다고 하지만 그 관계도 알고보면 나 자신의 문제들입니다. 나 자신을 어떻게 평가하고 어떻게 성찰하느냐에 따라서 행복하기도 하고 불행하기도 합니다. 그런데 오늘본문의 "여기 있는 것이 좋사오니"하는 말씀을 보면 모든것이 다 충족되고 어쩌면 Eigenwelt가 증발하였습니다. 내가 누구냐, 내가 어떠냐, 내가 죄인이냐, 내가 의인이냐, 내가 얼마나 인정을 받느냐… 이런 것은 전혀 관계가 없어보입니다. 그대로 여기가 좋습니다, 합니다. 이 순간이 가장 자유로운 시간입니다. 가장 만족스러운 극치의 시간이라고 생각됩니다.

여러분, 이 말씀은 대단히 중요한 의미를 가졌습니다. 예수님께서 십자가를 불과 몇주일 앞두고 제자들에게 이같은 놀라운 체험을 하게 하셨습니다. 십자가사건을 앞에 보시면서입니다. 예수님께서도 십자가를 져야 하고, 어쩌면 제자들도 십자가를 져야 됩니다. 이런 엄청난 사건이 앞에 있을 때 그들에게 이런 환상의 세계를, 아름다운 세계를 보여주시고 체험하게 하십니다. 요샛말로 언어를 바꾸어 말하면 '고난과 위기에 대한 대처'의 자세를 가르치시는 것입니다. 위기극복능력을 가르치시는 것입니다. 어려운 일은 어떻게 해결해야 되느냐? 그 지혜를 우리에게 가르치시는 것입니다. 세상문제가 세상을 들여다본다고 해결되는 것이 아닙니다. 요새 보는대로 문제 해결 한다고해서 검찰이다 뭐다, 아무리 나서서 쑤셔보아도 해결되지 않습니다. 안된다는 것쯤은 이제 알아야 될 것입니다. 보십시오. 이 위기, 무엇으로 극복할 것입니까. 누가 극복할 수 있을 것같습니까. 어떤 자세로 임하면 문제가 아주 편안하게 해결될 수 있을 것같습니까.

오늘 본문에 예수님께서 변형되셨다는 말씀이 있습니다. 변형, transfiguration입니다. '변형되사' — '메테모르포데' 곧 모양이, 폼이, 형체가 변화한 것입니다. 여기서 우리가 생각하여야 할 것이 있습니다. 이것이 변화하신 것이냐, 아니면 본래의 모습으로 나타나신 것이냐입니다. 여러분 한번 깊이 생각해보십시오. 예수님께서는 본래 하나님이십니다. 말씀이 육신이 되사 우리 가운데 거하십니다. 본래 영광된 형체를 가지신 분입니다. 그런데 잠시 육체를 입으사 사람의 모양으로 이땅에 오셔 계십니다. 또 이제 십자가를 지시고 부활하시고나서는 다시 또 원점으로 돌아가 영광된 형체로 존재하십니다. 영광에서 영광으로—그 사이에 잠깐 있는 작은 사건이 있습니다. 이것이 고난이요, 이것이 십자가입니다. 그런고로 예수님께서는 십자가문제를 놓고도 제자들에게 이렇게 말씀하신 바 있습니다. "조금 있으면 나를 보지 못하겠고 또 조금 있으면 나를 보리라(요 16:17)." 세상에 십자가사건 만큼 엄청난 사건이 어디 있습니까. 그러나 예수님께서는 이 사건을 아주 작은 사건으로 보셨습니다. 다시 한번 생각해보십시오. 무엇이 true fact입니까. 정말로 본체적인 사실이 무엇입니까. 참사건이 무엇입니까. 그것은 지금 눈앞에 나타난 현상이 아니고 영광된 세계인 것입니다. 영광된 세계 그것이 본체요 지금 눈앞에 있는 것은 자그마한, 잠깐 지나가는 사건들일 뿐입니다. 예수님께서 제자들에게 일러주시고 싶었던 것이 이것입니다. 보여주시고 싶었던 것이 이것입니다. 장차는 이렇게 된다, 그것을 바라보면서 오늘을 견디라, 이것입니다. 그러니 문제가 아니지요. 저것만 확실하다면 이것은 문제가 아닙니다. 어쨌든 이런 굉장한 사건이 있을 때, 잠깐 영원한 세계가 번쩍 열렸을 때 이 끼어들기를 좋아하는 적극적 성격의 베드로가 무엇인가를 말하고 싶은데 말이 잘 안 되는 것입니다. 기껏 한다는 소리가 이것입니다. '여기가 좋습니다.' 그러나 거기까지는 잘한 편입니다. 그 다음말이 멍청한 소리입니다. "초막 셋을 짓되"—이러고 나옵니다. 정신없는 소리 하였다고 성경에도 해석을 하였습니다. 이것은 정신이 없이 한 소리다, 합니다. 이 영광 중에 초막이 왜 필요합니까. 초막이야 자기들이 필요하지, 이 슬맞지 않게. 예수님의 영광, 엘리야와 모세, 거기에 왜 초막이 필요합니까. 한심한 제자입니다. 그뿐입니까. 초막을 셋만 짓겠다, 합니다. 엘리야를 위하여, 모세를 위하여, 예수님을 위하여. 그러면 자기네는 어떻게 하겠다는 것입니까. 초막이 필요하다면 자기네한테 필요한데. "그리고 따로 큰 초막 하나 더 지어 저희들이…"라고 하였다면 또 모르겠습니다. 자기네는 노숙을 하겠다는 것입니까. 이래저래 정신없이 한 소리인 것입니다. 초막만 있어도 안되지요. 먹을것이 있어야지, 담요도 있어야지… 북녘땅 나진에 지금 우리교회에서 큰 고아원을 하나 지었습니다. 한 천 명 수용하게 됩니다. 이부자리 500개도 장만하여 보내주었습니다마는, 아무튼 집을 지어놓고보니 집만 짓는다고 되는 것이 아닙니다. 밥그릇에서부터 이것저것 필요한 것이 많습니다. 게다가 그곳은 물이 좋지 않아서 펌프를 만들고, 전기가 오락가락하니 전기발전기도 있어야 되고… 지금 그런 것이 걱정입니다. 여러분, 돈있으면 좀 내놓으십시오. 참 많이 필요합니다. 뒤따르는 일이 너무 많습니다. 계속 공급되어야 하는 것입니다. 천 명의 식량만해도 그게 예삿일입니까. 우유를 갖다주어야 하니 우유를 싣고다닐 자동차도 있어야 합니다.

초막만 덩그라니 있으면 그만이 아닙니다. 베드로 이 사람, 하도

황홀한 나머지 그만 정신없는 소리 한 것입니다. 지금 이대로 여기가 좋습니다, 내내 여기 그대로 있고 싶습니다. 아내도 생각 없습니다, 어느 누구도 데려올 생각 없습니다, 이대로가 좋습니다, 이것입니다. 참 기가막힌 시간입니다. 이것이 진짜같습니다. 이것이 진짜 행복인 것같습니다. 내가 지금 좋다고해서 딴사람생각 나고 하면 그 행복이 다 깨어지지요. 저는 가끔 좋은 음식을 대할 때면 속으로 '아이고 참, 우리어머니는 이런 것도 못잡숴봤는데…' 합니다. 그러면 입맛이 날아가버립니다. 재미가 없어집니다. 그런 생각도 사실은 없어야 맛이 있는 것 아니겠습니까. 이대로가 좋습니다, 합니다. 그런데 주께서는 미래지향적인 약속된 현실을 보여주신 것입니다. 로마서 8장 18절에서 사도 바울은 "생각건대 현재의 고난은 장차 우리에게 나타날 영광과 족히 비교할 수 없도다"하고 말씀합니다. 이 요절을 읽을 때마다 생각나는 분이 있습니다. 종교개혁자 칼뱅입니다. 그는 세상떠날 때 이 요절을 스물일곱 번 외었다 합니다. 똑같은 이 말씀을. "현재의 고난은 장차 나타날 우리의 영광과 족이 비교할 수 없도다. 비교할 수 없도다……"하다가 스물일곱 번째는 다 외지 못하고 숨을 거두었다고 합니다. 우리 앞에 나타날 영광과 현재, 비교할 수가 없다—너무나도 아름다운 세계를 바라보면서 세상을 떠났습니다. 고린도후서 4장 17-18절에서는 이렇게 말씀합니다. "우리의 잠시 받는 환난의 경한 것이 지극히 크고 영원한 영광의 중한 것을 우리에게 이루게 함이니 우리의 돌아보는 것은 보이는 것이 아니요 보이지 않는 것이니 보이는 것은 잠간이요 보이지 않는 것은 영원함이니라." 영원한 세계를 바라봅니다. 그럴 때에 오늘 당하는 고난은 잠깐이요, 작은 것이요, 경한 것이요, 지나가는 것이요, 아무것도 아닌 것으로 간주될 수 있다는 말씀입니다.

현대를 가리켜 '3F시대'라고도 합니다. feeling, female, fiction의 시대라는 것입니다. 먼저 feeling 곧 감성의 시대입니다. 옛날에는 사람을 보되 인물이 좋고나쁘고 학벌이 좋고나쁘고 재주가 있고없고… 이랬지마는 지금은 그렇지 않습니다. 요새젊은이들은 우선 'feel'이 있냐없냐' 한다고 합니다. 느낌이 있으면 되는 것입니다. 느낌으로 사는 것입니다. 그 참 일리가 없지는 않습니다. 그런가하면 현대는 또 female의 시대입니다. 전날은 근골위주의 시대였습니다. 일이란 것이 완력이 있어야만 할 수 있는 일들이었습니다. 노동자, 농민, 농사, 공장, 망치질… 그런데 지금은 이른바 사이버시대, 정보의 시대 곧 여성적 시대가 되었습니다. 여성들이 아주 훌륭하게 남자 못지않게, 동등하게 더 잘할 수도 있는 그런 세대가 되어서 지금은 여성시대다, 그렇게 말합니다. 중요한 것은 fiction의 시대라는 것입니다. 사이버문화의 시대요 가상현실에 익숙한 시대입니다. 가상현실—그런고로 자아, 정체의 문제가 근본적으로 문제되고 있습니다. fiction입니다. 상상의 시대입니다. 그것이 지금 현실로 다가옵니다. 깜짝놀랄 일들이 자꾸 다가옵니다. 미래학자들의 결정적인 이야기는 2020년이 되면 인류의 7%밖에는 생산직에 종사할 사람이 없다고 합니다. 이제 나머지는 다 어떻게 살아야 합니까. 요새 직장이 있다없다, 합니다마는 없게 되어 있습니다, 세상이. 이제는 몇사람만 일하고 나머지는 일할 것이 없습니다. 자, 이런 시대가 다가옵니다. 이것은 현실입니다. 그런데 이런 추상적인 이야기가 현실로 가까워지고 있습니다. 보다 더 추상적인 상상의 세계가 가까이 오고 있습니다. 좀 더 멀리 내다봅시다. 우리에게는 하나님의 나라가 가까이 오고 있습니다. 그리고 오늘을 생각합니다. 현실을 생각합니다. 현실의 의미는 과거도 아니고 현재도 아닙니다. 미래에 있는 것입니다. 깊이 생각하여야 합니다. 「타이타닉」이라고 하는 영화가 있었지요. 근래에 와서 최고로 흥행이 되었고 11개부문에서 아카데미상을 받은 작품입니다. 많은 분들이 보았을 줄 압니다. 그 영화의 주제가를 부른 사람이 세계적인 팝싱어 셀린 디옹이라고 하는 여자입니다. 그는 지금 절정에 있는 가수입니다. 그런데 그 영광과 그 모든 명예를 다 버리고 그는 가정으로 돌아갔습니다. 왜 그 화려한 영광을 버리고 가정으로 갔는가―그는 말합니다. 사랑하는 남편과 같이 있고 싶어서라고. 사랑하는 남편은 지금 후두암에 걸려서 고생을 하고 있습니다. 그분과 함께, 사랑하는 그와 함께 있는 것이 행복하기 때문에 이 화려한 영광은 나와 상관이 없다고 그는 말하였습니다.

여러분, 정말 그리스도와 함께 있다고 하는 것이 얼마나 중요합니까. 예수님을 보십시오. 그 많은 비난을 받고 수욕을 당하면서 빌라도법정에 섰을 때, 그 가소로운 사람들이 소리지르고 비난하고 비방하고 있는 그 빌라도법정이야말로 문자그대로 '빌라도법정' 입니다. 이야말로 부정부패와 악의 극치입니다마는 그 순간에도 예수님께서는 다 바라보십니다. "인자가 구름을 타고 오는 것을 보리라." 어떻습니까? 예수님의 생각은 벌써 저기에 가 있습니다. "인자가 구름을 타고 오는 것을 보리라." 이 마음으로 오늘의 비난을 이기고 십자가를 지시는 것입니다.

그 놀라운 영광을 보여주셨을 때 예수님께서는 제자들에게 말씀하십니다. "아무에게도 이르지 말라(9절)." 비밀을 지켜라, 하십니다. 「예수의 웃음」이라고 하는 책에 보니 그 영광된 장면을 잘 그렸습니다. 보고 만약 비밀을 지키지 않고 얘기하고 다니면 사람들이 미쳤다고 손가락질할 것 아니냐, 그 오해가 얼마나 많을 것이냐, 그렇게되면 다시 또 이쪽도 흔들리게 된다, 그것입니다. 그런고로 아무에게도 말하지 말라, 마음에만 신비롭게 간직하고, 비밀로 하고, 그리고 고난을 이겨라, 하십니다. 그리스도인의 마음속에 이것이 있습니다. 나만이 아는 비밀이 있습니다. 나만이 지닌 비밀한 행복이 있습니다. 나만이 바라보는 또다른 창이 있습니다. 그리고 행복한 것입니다. 오늘의 고난을 다 쉽게 이길 수 있는 것입니다. 이것이 그리스도인입니다. 순교자는 그래서 하늘을 우러러보며 밝은 얼굴로 원수를 용서하고 가는 것입니다. 오늘 하루하루, 우리는 순교적 신앙을 가지고 그 영광된 세계에 대한 비밀을 간직하고 살아갈 것입니다. △

선행을 배우라

너희 소돔의 관원들아 여호와의 말씀을 들을지어다 너희 고모라의 백성아 우리 하나님의 법에 귀를 기울일지어다 여호와께서 말씀하시되 너희의 무수한 제물이 내게 무엇이 유익하뇨 나는 수양의 번제와 살진 짐승의 기름에 배불렀고 나는 수송아지나 어린 양이나 수염소의 피를 기뻐하지 아니하노라 너희가 내 앞에 보이러 오니 그것을 누가 너희에게 요구하였느뇨 내 마당만 밟을 뿐이니라 헛된 제물을 다시 가져오지 말라 분향은 나의 가증히 여기는 바요 월삭과 안식일과 대회로 모이는 것도 그러하니 성회와 아울러 악을 행하는 것을 내가 견디지 못하겠노라 내 마음이 너희의 월삭과 정한 절기를 싫어하나니 그것이 내게 무거운 짐이라 내가 지기에 곤비하였느니라 너희가 손을 펼 때에 내가 눈을 가리우고 너희가 많이 기도할지라도 내가 듣지 아니하리니 이는 너희의 손에 피가 가득함이니라 너희는 스스로 씻으며 스스로 깨끗케 하여 내 목전에서 너희 악업을 버리며 악행을 그치고 선행을 배우며 공의를 구하며 학대받는 자를 도와주며 고아를 위하여 신원하며 과부를 위하여 변호하라 하셨느니라

(이사야 1 : 10 - 17)

선행을 배우라

개와 닭이 말다툼을 합니다. 개가 닭에게 "너는 아침에 일찍이 '꼬끼오' 하고 울어서 주인이 새벽에 일어날 수 있도록 깨워줄 사명을 지녔는데 요새는 왜 벙어리같이 울지를 않느냐?" 하였습니다. 닭이 대답합니다. "요새는 세상이 달라져서 주인이 언제 자는지 언제 깨는지 알 수가 없는데다 자명종을 필요한 때에 맞추어놓고 자기 때문에 내가 울 필요가 없다." 닭은 덧붙여 "너, 개는 도둑을 보면 짖는 것이 사명인데 요새는 도둑이 수없이 들끓는데도 어째서 도대체 짖지를 않느냐?"하고 나무랐더니 개는 말합니다. "주인이 도둑인데 짖긴 왜 짖냐!"

요새 우리는 '총체적'이라는 말을 많이 듣고 삽니다. 죄인도 죄인이요, 죄인을 다루는 자도 죄인이요, 죄인을 재판하는 자도 죄인이거든요. 몽땅 죄인이거든요. 어디서부터 어디까지 생각해야 할지 알 수 없는 그런 세상에 우리가 살고 있습니다. 그래서 총체적 부패니 총체적 불황이니 총체적 위기니 하는 소리를 많이 듣고 삽니다. 그러나 그런 소리의 뜻을 자세히 분석해보면 특징이 몇가지 있습니다. 하나는 환경적 위기를 말하고 있는 것입니다. 우리는 바깥에 있는 외적인 무엇인가가 잘못됐다고 생각합니다. 그래서 경제, 정치, 사회… 이런 문제에 대해서 자꾸만 신경을 쓰고 '이거 큰일났다' 하는 것같습니다. 내적인 문제, 인간성 그 자체가 파괴되어가고 있는 것, 이에 대해서는 별로 관심을 기울이지 않는 것같습니다. 그리고 제도적 위기, 구조적 위기를 자꾸 생각합니다. 그래서는 걸핏하면 '구조조정'입니다. 어떤 구조만 바꾸면 무엇인가 될 거라고 생각합니다마는 '사람'이 바뀌지 않는데 '구조조정' 가지고 해결이 되는 것입니까. 또하나는, 전부가 나 외의 다른 것들, 다른 사람들에 대한 얘기입니다. 나를 중심해서 나는 빼놓고 다른 모든것들이 다 잘못되었다, 합니다. 나 자신의 잘못이라고, 나 자신에게 문제 있다고 말하거나 생각하는 사람이 없습니다. 간혹 "내가 잘못했습니다"하는 사람도 얼핏 보입디다마는 거기에 곧 이어서 "그러나"하고 딴 사람이 더 나쁘다, 합니다. 아주 못됐습니다. 또하나는, 많은 사람들이 뭐가 문제다, 뭐가 문제다, 하고 문제제기는 하는데 해결책이 없는 것입니다. 누구 하나 합당한 처방을 내놓는 사람이 없다는 것, 참으로 마음아픈 일입니다. 그래서 이른바 총체적 위기라 하는 것이겠습니다.

나우언(Henri J.M. Nouwon)이라고 하는 분이 있습니다. 이분을 소개하고 싶은 것은 특별한 분이기 때문입니다. 심리학자로서 예일대학과 하버드대학에서 교수로 지내는 사람인데, 자기의 삶의 풍요로움에 대해서 죄책감을 느끼고 적어도 이렇게 살아서는 안되겠다, 생각을 하고 하나님의 뜻을 더 바로 알기 위하여 현재의 모든 생활을 다 정리하고 캐나다에 있는 정신지체장애인 공동체인 유명한 'Day Break'에 가서 한평생을 봉사하다가 1996년에 심장마비로 세상을 떠났습니다. 그는 적어도 내가 사는 풍요로움은 그 자체가 죄라고 생각하였습니다. 그만큼 그는 죄에 대해서, 의에 대해서, 하나님의 뜻에 대해서 민감하고 그것을 생활에 옮긴 사람입니다. 그가 현대인을 세 가지로 특징지어 말하고 있습니다. 그 하나가 'the inwardness'라고 하는 것입니다. 내향적 세대다, 합니다. 개인적입니다. 극단적 개인주의입니다. 모든 생각이 자아 속으로 움츠러들어 자기 외에는 생각을 전혀 못한다는 것입니다. 이웃까지, 세계까지는 못가더라도 옛날에는 최소한 제 자식은 생각했습니다. 요새는 제 자식도 안중에 없습니다. 아내에게 남편도, 남편에게 아내도 없습니다. 철저하게 이기적입니다. 자기중심적입니다. 이 자체가 큰 위기요 이게 병이라는 것입니다. 이리되면 자신도 무너지고 세상도 무너지기 때문입니다.

또하나는, 부성상실(父性喪失)의 시대라는 것입니다. 'the fatherlessness'— 아버지가 없다는 말입니다. 누구를 욕할 때 흔히 '애비 없이 자란 놈'이라는 말을 합니다. 그런데 요새는 거의들 애비가 없습니다. 거의가 '애비 없는 자식'들입니다. 왜요? 버릇없거든요. 남의 권위를 인정하지 않습니다. 도대체 윗사람이 없습니다. 제가 아는 어느 젊은 교수가 대학에 사표를 내고 나한테 와서 눈물을 흘리는 것을 보았습니다. 곡절을 알고보니 이러했습니다. 학생들이 한창 데모하는 와중에 들어갔다고 합니다. 자기는 젊기도 하고 딴에는 그래도 학생들과 제일 잘 통하는 사이라고, 서로 잘 이해하는 터수라고 생각한 것입니다. 그런데 어느 학생이 이 교수 보고 느닷없이 "야, 잘 가르쳐!"하고 소리치더라고 합니다. 깜짝놀라 부리나케 돌아왔는데, 생각해보니 맞다, 잘못 가르쳤다, 싶은 것입니다. 나 교수 못하겠습니다, 사표를 내고 말았다는 것입니다. 도대체가 권위를 인정하지 않습니다. 선후배도 없습니다. 어른이 없습니다. 막돼먹었습니다. 그게 바로 오늘의 시대다, 이것입니다.

그런가하면 또 강박적 시대라 하였습니다. convulsiveness — 강박관념에, 스트레스에 시달리는데, 그래서 행동이라는 것은 경기(驚氣)요 경련이요 발작적인 것입니다. 도대체 앞뒤를 살피지 않습니다. 보니 어느 유명인사도 발작이 나가지고, 한 번 실수해서 지금 큰

망신을 당하고 있습니다. 뭐 이렇게까지 발작을 일으킵니까. 도대체 앞뒤를 생각지 않고 순간적인 것, 우발적인 것, 경련적인 것, 이것이 현대인의 특징이라고 말합니다.

오늘본문은 전적으로 타락한 인간의 그 총체적 타락에 초점을 맞춘 말씀입니다. 거슬러올라가서 5절로 6절을 보면 "너희가 어찌하여 매를 더 맞으려고 더욱더욱 패역하느냐 온 머리는 병들었고 온 마음은 피곤하였으며 발바닥에서 머리까지 성한 곳이 없이 상한 것과 터진 것과 새로 맞은 흔적 뿐이어늘 그것을 짜며 싸매며 기름으로 유하게 함을 받지 못하였도다"하고 말씀하십니다. 하나님께서 당신의 백성의 죄를 향하여 진노하셨습니다. 그리고 매질을 하셨습니다. 때리셨습니다. 호되게 터졌습니다. 그런데 아직 그 상처가 아물지도 않았는데 또, 또 매맞을 짓을 합니다. 때리시는 하나님께서 지치셨습니다. 어찌하여 더 맞으려고 하느냐—이 하나님의 아픈 마음을 우리가 읽을 수 있습니다.

하나님께서 말씀하시기를 무수한 제물, 헛된 제물을 내게 가져오지 마라, 하십니다. 성회로 모이는 것도 안식일을 지키는 것도 월삭을 지키는 것도 제사드리는 것도 지겨워 견딜 수가 없다, 다 그만둬라, 하십니다. 내 앞에 예배하러 나오는 것까지도 다 그만둬라—이렇게까지 말씀하십니다. 왜 그러시겠습니까. 마음이 멀기 때문입니다. 이 백성이 입으로는 나를 가까이하며 내 앞에 나오지만 마음은 멀다, 하십니다. 마음이 없습니다. 몸부림을 치는 것같으나 진실이 없습니다. 몸은 나왔지만 마음은 나온 바가 없습니다. 제사는 드리지만 정성이 없습니다. 오늘 이 세대의 결정적인 흠이 이것입니다. 마음과 정성과 진실이 없는 것입니다. 그런고로 하나님 말씀하십니다. '더는 이런 제물 드리지 말라, 지겹다.' 마음이 없습니다.

그런가하면 동기에 문제가 있습니다. 드릴 때에 받고자 하는 마음이 더 큽니다. 어쩌다가 선한 일 조금 하고는 '기자회견'부터 먼저 합니다. 제 이름 내느라고, 소문내느라고. 도대체 무엇을 위해서 하는 일입니까. 은밀한 것이 없고 은근한 진실이 없습니다. 목적이 잘못됐습니다. 형식주의에 빠졌습니다. 내용이 없습니다. 사랑의 형식은 있는데 사랑의 내용이 없습니다. 선한 일을 한다고 하나 그 목적이 자기자신에게 있더라, 그 말씀입니다. 그런고로 하나님께서 더는 이런 것 하지 말라고 말씀하십니다.

또, 손에 피가 가득하다, 하십니다. 손을 내밀 때, 기도한다고 손을 드는데 그 손에 피가 있는 것입니다. 남을 억울하게 하고 남을 아프게 하고 남의 것을 빼앗고 남을 죽이고… 손에 피가 묻어 있습니다. 그런고로 손을 들고 기도해도 들을 수가 없다, 오래 많이 기도해도 절대로 응답치 아니하겠다, 하십니다. 여러분, 우리가 하나님 앞에 예배하고, 하나님 앞에 기도합니다마는 손에 피가 있어서는 안됩니다. 그래서는 복을 받을 수가 없습니다. 나 때문에 우는 사람, 나 때문에 가슴을 치는 사람, 나 때문에 일생을 망친 사람이 주변에 있는데 내가 이제 하나님 앞에 복받겠다고 몸부림친다해서 이 기도가 하나님 앞에 상달할 것입니까. 네 손에 피가 있는고로 네 기도는 듣지 아니하겠다, 하십니다.

오늘의 말씀은 여기서 그치지 않습니다. 이 불쌍한 사람들을 위해서 하나님께서는 구체적으로 복음의 말씀을 주십니다. 해결책을 주십니다(16,17절). 첫째는, 스스로 씻으라, 하십니다. 이제 아무도 원망하지 맙시다. 내게 문제가 있는 줄 알고 스스로 씻읍시다. 정결에 대해서 관심을 가져야 하겠습니다. 많이, 뭔가 잘못됐습니다. 씻어야 하겠습니다. 마음을 씻어야 하겠습니다. 시기, 질투, 욕망, 씻어버려야 합니다. 모든 근심걱정, 절망, 그 원인이 어디 있습니까. 더러운 교만이 있기 때문입니다. 교만을 깨끗이 씻어버릴 것입니다. 스스로 씻을 것입니다.

또, 악업을 버리라, 하십니다. 악행을 그치라, 하십니다. 어떤 분이 나보고 "목사님, 제가 명색이 집사이긴 하지만 아직도 담배를 못끊었습니다. 담배 좀 끊게 해달라고 기도해주세요" 합니다. "글쎄요" 하고 말았습니다마는 그게 저는 못마땅합니다. "목사님, 제가 담배를 끊었습니다. 다시 피우지 않게 기도해주세요" 하는 것이면 말이 되지만 지금 담배를 떡 물고 "안피우게 해주세요" 하다니요. 악한 일을 하면서, 그대로 계속하면서 "이 일 안하게 해주세요" 하는 것이 기도입니까. 스스로 버리고 악을 정죄하고 "하나님이여, 이길 수 있는 힘을 주세요" 하는 것, 내가 사랑하고 봉사하고 "하나님이여, 뜨거운 마음을 주시옵소서" 하는 것, 이것이 바른 기도입니다.

그리고 선행을 배우라, 하십니다. 우리가 그동안에 잘못된 것은 잘못배웠기 때문입니다. 잘못배웠기 때문에 무엇이 잘하는 일인지 무엇이 잘못된 것인지도 모릅니다. 나는 차를 손수 운전하기 때문에 차 몰고 나갔을 때마다 하루에도 몇차례씩 보는 것에 참 기분좋지 않은 것이 있습니다. 앞에 가는 차에서 사람이 담배를 피우다가 창문을 열고 담뱃재를 밖에다 터는 것입니다. 그런가하면 담배에 아직도 불이 붙어 있는데 그걸 차창밖으로 휙 내던집니다. 그런 걸 볼 때마다 '이걸 어떻게 하면 좋단말인가!' 합니다. 따라가서 보면 멀쩡하게 '사람'으로 생겼습니다, 이게. 넥타이도 맸어요, 보니. 그런데 왜 그 모양이겠습니까. 잘못배운 것입니다. 죄가 다른 데 있지 않습니다. 무식이 죄입니다. 내가 지금 뭘 잘못하고 있는지를 모르는 것입니다. '이까짓거야 뭐…' 우리가 왜 이렇게 어렵습니까. 죄를 죄인 줄 모릅니다. 죄인 줄로 모르니까 회개도 없습니다. 회개가 없으니까 구원도 없습니다. 그렇게 악순환이 되고 있는 것입니다. 이게 바로 우리의 현실입니다.

역대의 뉴욕시장 중 가장 뛰어났다고 하는 이름난 시장이 있습니다. 라과디아 시장이라고, 그분에 대한 이야기가, 일화가 많이 전해지고 있습니다. 이분이 즉결재판소에 판사로 있을 때의 일입니다. 어떤 나이많은 노인이 겨울날 배가 고파 후들후들 떨고 다니다가 빵집을 보고 다가가 빵을 하나 훔쳐먹었습니다. 이걸 들켰습니다. 그래 끌려왔습니다. 끌려올 때, 끌고오는 것도 문제이지마는 '너무 안됐다' 싶어서 그 동네 사람들이 우 따라왔습니다. '어떻게 재판하나 보자. 노인이 배가 고파 빵 하나 훔쳐먹었는데, 자기도 모르게 손이 나갔다는데, 그걸 어떻게 잡아가느냐. 어떻게 판결내리는지 보자.' 사람들이 궁금해하였습니다. 라과디아 재판장은 그 자리에서 "벌금 10불!"하고 선고하였습니다. 방청객들이 웅성웅성합니다. '아니 저 노인한테 10불 벌금형을 내리다니…' 재판장은 판결봉을 땅땅땅 치고나서 자기주머니를 뒤적이더니 10불을 턱 꺼내놓고는 노인 보고 말합니다. "할아버지, 이거 가지고 가서 벌금 내세요. 이 돈은 이렇게 배고픈 사람이 있다는 것을 잊어버리고 내가 먹는 음식만 즐기고 있은 데 대한 벌금이오. 내가 내야 하는 벌금이오." 여러분, 우리는 지금 어디까지 왔습니까? 우리는 내가 무슨 죄를 범하고 있는지를 모르고 있습니다. 엄청난 죄를 지으면서도 눈썹하나 까딱하지 않습니다. 내 돈 내 마음대로 쓰는데 어떠냐고요? 무슨 소리 하는 것입니까. 그러고도 이 나라가 견딜 수 있는 것입니까?

선행을 배우라, 하십니다. 너무 잘못됐습니다. 잘못이 습관화하고 문화화하여버렸습니다. 우리는 이런 악한 습관 속에서 전혀 죄를 의식하지 못하고 있습니다. 그게 문제입니다. 이제 죄가 있다면 이것이 큰 죄입니다. 예수님 십자가 상에서 기도하십니다. "아버지여, 저희를 사하여주옵소서 자기의 하는 것을 알지 못함이니이다(눅 23:34)." 모르는 것이 문제입니다. 호세아에 보면 "내 백성이 지식이 없으므로 망하는도다" 하셨습니다(호 4:6). 지식이 없으므로 망합니다. 모르는 게 문제입니다. 아는 것같은데 아무것도 모릅니다. 정말로 모릅니다. 이래서 '총체적 위기'로 치닫고 있는 것입니다. "선행을 배우라" 하시는 것은 기회를 주시는 것입니다. 소망을 주시는 것입니다. 다시 시작하라, 배우라, 하십니다. 어디서부터인가 다시 배우고, 배울 뿐만 아니라 이제 생활 속에 익혀야 합니다. 마음에 익히고 성품화하고 생활로 익힙니다. discipline입니다. 다시 훈련을 받아야 되겠다는 말씀입니다.

선한 사마리아사람 비유를 봅시다. 여리고로 가는 길에 불한당 맞은 사람이 누워 있는데 지나가는 아무도 안돌아보았지만 한 사마리아사람이 저를 돌아보았다, 하는 이야기인데 이것에 대해서 '만일에 현재 시장 한가운데서 이런 사건이 일어났다면 어떻게 될까?' 하는 재미있는 글이 있습니다. 첫째, 매스컴에서 떠들 것입니다. 이 신선한 선행에 대해서 대서특필 할 것입니다. 이런 좋은 일 하는 사람이 있었다, 하고. 두 번째는 경찰에서 찾아와 현장보존을 훼손했다고 '공무집행방해죄'를 들고나올 것입니다. 가만 놔둬야 되는데 왜

치워버렸느냐, 할 것입니다. 또하나는, "왜 여관으로 갔느냐, 병원으로 가야지. 그 사람 선행을 잘못했다"하고 잘난소리 하는 입들입니다. "저 사람 매스컴을 타느라고 선한 일 했구만." 이런 비아냥도 있을 것입니다. 그렇습니다. 선한 일 할 때 군소리 들을 생각 하십시오. 단순하여야 합니다. 이로 인해서 어떤 소리를 들을까, 하지 맙시다. 가난하고 어려운 가운데서 선행을 하면 "제 앞가림도 못하는 주제에"라는 소리도 들을 것입니다. 여러분, 선한 일은 단순하여야 합니다. 단순하여야 선행을 배울 수가 있습니다. simple mind가 필요합니다. 사람들이 뭐라고 비방을 할는지 상관할 것 없습니다. 모름지기 순수한 마음이어야 합니다.

넬러(G. F. Kneller)라고 하는 분이 그의 저서 「Introduction to the Philosophy of Education」에서 사람의 지식을 몇가지로 나누어 규정하고 있습니다. 첫째는 계시적 지식입니다. 영감으로, 우리 양심에 비춰주시는, 하나님께서 우리에게 본질적으로 주시는 지식이 있습니다. 또하나는 이성적 지식입니다. 합리적으로 이해하는 그런 지식입니다. 또하나는 경험적으로, 많은 경험에 부딪히면서 알게 되는 지식입니다. 또하나는 감상적 느낌을 통해서 얻어지는 지식입니다. 그러나 가장 중요한 지식은 권위적 지식이라고 말합니다. 무슨 말인고 하니 내가 지금은 납득하지를 못하지만 그분이 말씀하시니까 나는 따르는 것입니다. 거기서 그 지식이 내것이 됩니다. 내가 존경하는 분, 내가 사랑하는 분이 내게 말할 때 나는 그를 믿고 그를 따릅니다. 거기서 새로운 지식이 이루어집니다.

여러분은 누구를 존경합니까? 누구를 신뢰하고 있습니까? 다 알고 살겠다고 할 것 없습니다. 다 잊어버리십시오. 예수 그리스도를 우러르고 하나님말씀을 받들고 나보다 더 잘믿는 성도들을 존경하고 신뢰하고 순종하고 따라보십시오. 여기서 새로운 지식이 이루어질 것입니다.

　'총체적 위기' 타령 이제 그만합시다. 더는 한숨을 쉬지 맙시다. 그리고 조용히 다시 시작을 합시다. 선행을 배우라, 하십니다. 조용히 나부터, 먼저 작은 일에서부터 선행을 배웁시다. 선행을 생활화할 것입니다. 그리할 때 하나님께서는 우리의 기도를 들어주실 것입니다. △

받은바 은사의 확증

그런즉 이 일에 대하여 우리가 무슨 말 하리요 만일 하나님이 우리를 위하시면 누가 우리를 대적하리요 자기 아들을 아끼지 아니하시고 우리 모든 사람을 위하여 내어 주신 이가 어찌 그 아들과 함께 모든 것을 우리에게 은사로 주지 아니하시겠느뇨 누가 능히 하나님의 택하신 자들을 송사하리요 의롭다 하신 이는 하나님이시니 누가 정죄하리요 죽으실 뿐 아니라 다시 살아나신 이는 그리스도 예수시니 그는 하나님 우편에 계신 자요 우리를 위하여 간구하시는 자시니라 누가 우리를 그리스도의 사랑에서 끊으리요 환난이나 곤고나 핍박이나 기근이나 적신이나 위험이나 칼이랴 기록된바 우리가 종일 주를 위하여 죽임을 당케되며 도살할 양같이 여김을 받았나이다 함과 같으니라 그러나 이 모든 일에 우리를 사랑하시는 이로 말미암아 우리가 넉넉히 이기느니라 내가 확신하노니 사망이나 생명이나 천사들이나 권세자들이나 현재 일이나 장래 일이나 능력이나 높음이나 깊음이나 다른 아무 피조물이라도 우리를 우리 주 그리스도 예수 안에 있는 하나님의 사랑에서 끊을 수 없으리라
(로마서 8 : 31 - 39)

받은바 은사의 확증

어떤 아버지가 사랑하는 아들과 함께 사막을 여행하게 되었습니다. 사막은 불같이 뜨거웠습니다. 아무리 걷고 걸어도 끝이 보이지도 않았습니다. 두 사람은 목이 타고 지쳤습니다. 아들은 원망하듯 아버지를 쳐다보고 말했습니다. "이제 우리에게 남은 것은 죽음뿐입니다. 더는 걸을 필요가 없습니다. 그냥 이 자리에 주저앉아서 편하게 죽음을 맞을 것입니다." 그러나 아버지는 아들을 격려했습니다. "애야, 조금만 더 가면 틀림없이 맑은 물과 마을이 나올 것이다. 오아시스가 우리를 기다릴 것이다. 용기를 내어라. 힘을 내어라." 이렇게 조금 더 가는데 저 앞에 커다란 무덤이 하나 나타났습니다. 이것을 보자 아들은 더욱 절망에 빠졌습니다. "우리처럼 죽은 사람의 무덤이잖아요. 우리도 이 사람처럼 죽어서 여기에 묻히고 말 거예요. 이제는 절망입니다." 그러나 아버지는 생각이 전혀 달랐습니다. 정반대의 이야기를 합니다. "애야, 무덤은 희망의 징조다. 무덤은 마을이 가까이 있다는 것을 확증해주는 것이다. 시체가 있는 것이 아니라 무덤이 있다는 것은 산 사람이 죽은 사람을 묻어주었다는 것을 의미하는 것이다. 그러니 안심하여라. 용기를 내어라."

성도 여러분, 여러분은 무엇을 보고 있습니까? 그것이 무슨 징조이며 무엇을 확증해주고 있습니까? 그 증거를 통하여 우리는 무엇을 보고 있는 것입니까? 어떠한 미래를 내다보고 있는 것입니까? 인간에게 가장 중요한 것은 소망입니다. 그 어느 시간에도 소망이 있어서 살고 소망이 있어서 용기를 얻고 소망이 있어서 지혜를 얻는 것입니다. 소망이란 우리의 욕망을 이룬다는 것도 아니고 유토피아의 세계에 도달한다는 것도 아닙니다. 소망은 곧 사랑을 의미합니다. 소망은 사랑을 깨닫고 사랑을 느끼고 사랑의 확증을 얻는 데 있습니다. 사랑은 믿음으로만 가능합니다. 아무리 엄청난 사랑을 받고 있더라도 그 사랑을 모르면 소용없습니다. 또 사랑의 깨달음이 없으면 소용없습니다. 그리고 사랑을 받아들이게 될 때에라야 사랑이 능력으로 나타나고 생명력으로 나타나게 되는 것입니다.

상담학자 데이비드 시맨즈(David Simans)는 평생 많은 사람들을 상담하였습니다. 많은 사람의 문제를 같이 의논하고 해결을 위하여 애쓴 분입니다. 그 많은 경험에서 그는 이렇게 결론을 내립니다. 「Christianity Today」라고 하는 잡지에 기고한 논문에서 그는 말합니다. '오랫동안 나는 복음주의적 신앙을 가진 많은 사람들을 만나보았습니다. 그 그리스도인들이 겪는 정서적 문제의 주요원인은 첫째로 무조건적인 은혜와 용서를 깨닫지 못하고 받아들이지도 않고 누리지 못하는 데 있습니다. 둘째는, 그 무조건적인 사랑과 용서를 베풀 줄 모르는 데 문제가 있습니다.' 사랑을 베풀면서 참사랑을 깨닫고 배우게 되어 있는 것인데 베풀지 않으니 받은 사랑도 모르게 되더라는 것입니다.

사랑이란 본래 절대적인 것입니다. 그런데 사람들은 사랑 아닌 것을 사랑으로 착각합니다. 전혀 사랑이 아닌 것을 사랑으로 오해하는 데서부터 불행을 사게 되는 것입니다. 여기서 이를테면 동물의 세계를 봅시다. 나는 제일 사랑스럽게 보는 것이 새입니다. 새가 알을 낳아서 품고 고생하다가 또 그걸 깨워서 새끼를 먹이고 키웁니다. 여느 동물들은 보통 젖을 먹이든가 아니면 내버려두든가 합디다마는 새는 그게 아닙디다. 어미새가 모이를 물어다 새끼를 먹이는가

하면 어떤 새는 놀랍게도 어미가 먹이를 먹었다가 그걸 토해내어 새끼를 먹입니다. 토해 먹일 때 새끼가 어미의 목구멍까지 주둥이를 밀어넣어가지고 꺼내 먹읍디다. 몸을 비틀기까지 하면서 먹이려고 애쓰는 어미에 받아먹으려고 애쓰는 새끼—그 관계는 기가막힌 것입니다. 그러나 여러분, 여기서 알아야 할 것이 하나 있습니다. 그렇게 애써서 키웠다고하여 어미새가 새끼새의 효도를 기대하는 법 없습니다. 저 혼자 설 수 있도록 새끼를 키워놓으면 스스로 훨훨 날아가버리고 맙디다. 이런 면에서 사람이란 새만도 못해보입니다. 변변치 않은 사랑을 베풀면서 대가를 요구하는 것입니다. 사랑은 절대적인 것입니다. 우리가 부모로부터 사랑을 받았지 않습니까. 엄청난 사랑을 받았습니다. 그 받은 것으로 끝난 것입니다. 절대적 용서, 절대적 사랑을 받았고 이제 그것을 또 다음 세대에 베풀 따름입니다. 베풀었으면 된 것입니다. 더는 바라는 것이 있어서는 안됩니다. 사랑을 베풀고나서 뭘 바라는 것, 이것은 사랑의 타락입니다. 참사랑이란 절대적이고 완전한 것입니다. 이게 원천적 진리인데, 이것을 떠나고 이것을 잊어버리기 때문에 문제가 있다는 것입니다.

하나님은 사랑이십니다. 그는 우리를 사랑하십니다. 사랑하시되 우리를 의롭다 하시면서 사랑하십니다. 죄인으로 사랑하시는 것이 아니라 당신의 의를 덮어서 의롭다 하시고 당신의 자녀로 사랑하시는 것입니다. 우리는 그 사랑을 받고 오늘을 삽디다. 그 사랑 안에 우리가 있습니다. 문제는 내가 그 사랑을 믿지 못하는 것입니다. 믿지 못하니까 깨닫지도 못하는 것입니다. 깊은 문제가 여기에 있습니다.

저는 누가복음 15장에 있는 '탕자비유'를 자주 상고하곤 합니다. 이 탕자가 집을 나가 어떻게 살았을까? 성경은 간단하게 그저 "허랑방탕하여"라고만 말씀하지만 그 많은 세월을 허랑방탕만 하였겠습니까. 사업도 해보았을 것입니다. 딴에는 사업으로 돈을 벌어 부자가 된 다음에 아버지 앞에 떡 나타나서 아버지의 아들 됨을 자랑하고 싶었을 것입니다. 집에서 아버지를 받들고 있는 형님 앞에 우쭐거리고도 싶었을 것입니다. 그런데 이게 뜻대로 안된 것입니다. 거듭거듭 실패하고 실패하고, 그 타락성에서 벗어나지 못할 때, 자, 그는 무엇을 생각하였겠습니까. '나는 집에 돌아갈 수 없다. 나는 아버지의 사랑을 받을 수 없다. 다시 아버지를 대할 낯이 없는 사람이다' 라고 생각하여 그냥 버티어보고자 했을 것입니다. 그러나 결국은 굶어죽게 되었습니다. '아이고, 이러다간 나 죽겠다!' 이래서 집으로 돌아옵니다. 돌아와보았더니 아버지는 진작부터 나를 기다리고 있습니다. 기다렸을 뿐 아니라 그지없이 만족하고 기뻐합니다. 나를 아들로 영접합니다. 부끄럽기 짝이 없습니다마는 그때에 이 아들은 무슨 생각을 하였을까요? 저는 성경에 괄호치고 아들의 그 생각을 넣어보았으면 좋을 것같습니다. 꼭 이렇게 생각했을 것같습니다. '이럴 줄 알았더면 진작 돌아올 것을. 너무 많은 세월을 밖으로 돌았구나. 너무 많은 세월을 잘못살았구나.' 아니그렇겠습니까? 아버지가 나를 이렇게 사랑하고 있다는 것을 몰랐기에, 믿지 못했기에 밖으로 나돌았던 것입니다. 사랑을 몰랐던 것입니다. 이미 사랑을 받았고 사랑 안에 내가 있다는 것을 모르고 있었던 것입니다. 우리는 분명히 알아야 합니다. 사랑에 대한 수용성이 문제입니다. 오직 겸손한 자만이 사랑을 믿을 수 있고 사랑을 믿는 자만이 사랑을 깨닫고 받아들일 수가 있는 것입니다. 생각하면 모든것이 사랑입니다.

사랑 안에 우리가 살고 있습니다.

 신학자 칼 바르트가 시카고대학에서 강연을 하고 나오는데 학생 하나가 따라나와 묻습니다. "당신은 많은 책을 쓰고 또 가르쳐왔습니다. 그런데 당신이 그동안 연구하고 배운 심오한 진리는 한마디로 무엇입니까?" 이에 칼 바르트는 어릴적 부르던 찬송을 부릅니다. '예수 사랑하심은 거룩하신 말일세…' 예수 사랑하심은 거룩하신 말씀—바로 그것이 내가 생각한 진리라고 대답한 것입니다. 그의 유명한 말이 있습니다. 저는 책에서 읽은 이 한 요절을 두고두고 외웁니다. 'God's love does not find its object but creates it.' 하나님의 사랑은 대상을 찾으시는 것이 아니라 대상을 창조하신다—우리는 사랑의 대상을 찾아 헤맵니다. 사랑을 받겠다고. 사랑을 받으려고. 하나님의 사랑은 창조적 사랑입니다. 기다리시는 사랑만이 아닙니다. 창조적 사랑입니다. 그것이 십자가에 나타납니다. 왜 우리가 그 사랑을 모르겠습니까. 왜 그것을 은사로 깨닫지 못하겠습니까. 왜 우리는 그것을 믿지 못하겠습니까. 이것은 자기의에 집착하기 때문입니다. 오늘도 자기의를 생각하는 그 고집 때문에 하나님의 사랑을 받아들일 수가 없는 것입니다. 깊이깊이 생각하여야 합니다. 진작부터 하나님께서는 나도모르게 벌써 나를 사랑하셨습니다. 많은 사랑을 우리는 받았습니다. 그리고, 현재 잡다한 사건들이 많이 있습니다마는 이 모든 사건들이 나에게 주시는 사랑의 은사라고 하는 것을 알아야 합니다. 언젠가는 깨닫게 될 것입니다. 빨리 깨달을수록 좋겠습니다, 이 모든 사건이 하나님께서 나를 사랑하심으로 주시는 일이라는 것을. 그리고 우리는 십자가를 바라보면서 그 앞에 있는 하나님의 사랑을, 그 약속을 확증받게 됩니다. 틀림없이 앞으로도 하나님께서는 우리를 사랑하실 것이니까 말입니다.

　제가 인천에서 목회할 때에 경험한 일입니다. 방직공장에 다니는 아주머니가 있었습니다. 그 남편이 방직공장에서 일하다가 순직했기 때문에 그 부인이 대신 그 공장에 취직하게 되었습니다. 유복자를 낳아가지고 기숙사에 갖다놓고, 일하고 나와서 젖먹이고, 일하고 나와서 젖먹이고… 이렇게 키웠습니다. 어느날 그 기숙사에 불이 났습니다. 불이 활활 타오를 때, 들어가서는 안된다고 소방서원들이 말리는데도 이 부인은 뿌리치고 뛰어들어가더니 아기를 품고 뛰쳐나왔습니다. 머리털이 홀랑 타고 얼굴도 타서 얽어버렸습니다. 그런 분입니다. 그 어린아이가 잘 자랐습니다. 이 아이 철없을 때, 유치원 다니고 초등학교 다니고 할 때입니다. 아이들은 서로 다투다보면 곧잘 상대방의 약점을 건드립니다. 이 아이는 싸울 때 이런 소리를 들었습니다. "니네 어머니는 곰보다!" 그러면 이 아이는 집에 돌아와서 어머니를 원망합니다. "엄마는 왜 다른 엄마들처럼 예쁘지 않고 곰보야?" 그리고는 바락바락 악을 쓰고 우는 것입니다. 이런 답답한 노릇이 있나. 기막힙니다. 이 아이가 조금 더 컸을 때, 어머니는 자신의 결혼사진을 아이에게 보여주고 "보아라. 엄마도 이렇게 예뻤단다"하고, 이렇게 예쁘던 얼굴이 왜 얽어버렸는지, 사연을 이야기해 주었습니다. 이 아이, 새삼 엄마의 얼굴을 쳐다보았습니다. 울음이 북받쳤습니다. 감격하였습니다. 이후로 아이는 누가 "니네 엄마는 곰보다" 하여도 "시끄럽다. 우리엄마는 천사다. 우리엄마는 세상에서 가장 예쁜 분이다"하고 대꾸합니다. 이제는 확증받은 것입니다. 엄마가 용돈을 주든 안주든, 책망을 하든 칭찬을 하든, 어머니의 모든 것이 나에 대한 사랑이다—그렇게 받아들입니다. 사랑의 확증을 얻은 것입니다. 그러므로 이제는 문제가 없는 것입니다.

오늘성경은 힘있게 말씀합니다. "자기 아들을 아끼지 아니하시고 우리 모든 사람을 위하여 내어주신 이가 어찌 그 아들과 함께 모든 것을 은사로 주지 아니하시겠느뇨." 아들을 주셨다―이 말씀은 사랑의 극치를 표현한 것입니다. 그 이상의 사랑이 없습니다. 내 목숨 주는 것보다 내 아들 주는 것이 더 어려운 법입니다. 그런데 아들을 아끼지 아니하시고 내어주시는 그러한 사랑이 여기 있습니다. 그러한데 무엇을 아끼시겠습니까. 왜 안주시겠습니까. 주시든 안주시든 그 모두가 사랑입니다. 바로 이것을 깨달으면 깨달을수록, 믿으면 믿을수록 사랑의 사람, 용기의 사람, 창조적 인간이 될 수 있는 것입니다.

여러 해 전에 제가 우리교회 사무실에서 겪은 일입니다. 아마도 내 일생 오래도록 기억될 일입니다. 제가 안양교도소에 가서 수감자들에게 세례를 베풀 때 나로부터 세례를 받은 한 청년이 이제 출소를 하여 제 사무실로 찾아온 것입니다. 전과 7범입니다. 나더러 직장을 소개하라는 것입니다. 그러나 그가 누구인지도 모르거니와 전과 7범인데 어느 직장에 쉽게 소개할 수 있겠습니까. 그래 망설이고 있었더니 이 청년 하는 말이 "그럴 줄 알았다구요. 사랑을 외치고 사랑을 부르짖지만 사랑은 없습니다. 우리어머니는 나를 낳아서 고아원에 내버렸습니다. 어디에 가서 사는지 모릅니다. 자기자식을 내버리는 그런 세상입니다. 내가 거기서 자랐고 열네 살 때 담장을 넘어 도망을 해서 오늘까지 방탕, 방황, 전과 7범이 됐는데 사랑이 어디 있단말입니까. 쓸데없는 이야기 하지 마세요. 사랑은 없습니다"하고 몸부림을 칩니다. 참 난감합디다. 제가 다시 그 청년을 붙들고 이야기하기 시작했습니다. "잘 생각해보자. 다른 사람들은 자기자식이기 때문에 먹이기도 하고 입히기도 한다. 그러나 너의 경우, 너하고는 아무 상관도 없는 사람이 너에게 젖을 먹이고 네 기저귀를 갈아주었다. 네가 모르는 사이에 너는 너와 아무 상관도 없는 사람들의 사랑을 받아 살아났고 건강하게 자랐고, 네가 한 번도 농사한 적 없지마는 너는 오늘까지 먹고살았다. 이래도 사랑이 없다는 거냐. 너는 다른 사람이 받지 못한 특별한 사랑을 받은 것이다." 그제야 이 청년이 마음을 돌립니다. 고아원 원장을 생각하고 자기를 사랑해주던 아주머니들을 생각하는 것입니다. 그러더니 목을놓아 웁니다. "제가 잘못생각했습니다. 정말 저는 사랑을 많이 받았습니다." 그러고는 일어섭니다. "직장은 어떻게 하고?" 그랬더니 "상관없습니다. 이 세상에 사랑이 있다는 것을 알았으니, 나를 사랑하는 분들이 있다는 것을 알았으니 이제는 아무 문제 없습니다." 얼굴이 환하게 되어 인사하고 나가는 모습을 보고 나 자신도 크게 감격했었습니다.

모든 문제의 근본은 사랑을 모르는 데 있습니다. 내가 받은 사랑, 지금도 내가 그 사랑 안에 있음을 몰랐습니다. 오늘성경은 말씀합니다. 아들도 아끼지 않고 내어주신 이가 아들과 함께 모든것을 은사로 주지 아니하시겠느뇨—우리 앞에 있는 모든것에 은사적 의미가 있습니다. 하나님께서 내게 주시는 은혜적 선물입니다. 카리스마입니다. gift입니다. 그것을 잊지 말아야 합니다. "은혜로 주지 아니하시겠느뇨."

그런고로 생각하여야 합니다. 나의 고독의 원인은 나의 고집 때문입니다. 내가 절망하고 있는 것은 내가 믿음이 없기 때문입니다. 사랑을 못받아서 그런 것이 아닙니다. 사랑을 깨닫지 못해서 그런 것입니다. 과거에 이미 사랑을 받았고, 앞에 사랑의 약속이 있고, 오늘 내가 처한 처지, 모든 현실 속에 하나님의 사랑이 확증되어 있습니다. 여러분, 십자가를 쳐다보면서 다시한번 생각해보십시오. 그 안에 무궁무진한 하나님의 사랑이, 나를 향한 구체적인 사랑이 계시되어 있습니다. 그 사랑 안에 내가 있고 그 사랑 안에 나의 삶의 의미가 있고 내 미래가 있는 것입니다.

"자기 아들을 아끼지 아니하시고 우리 모든 사람을 위하여 내어주신 이가 어찌 그 아들과 함께 모든 것을 우리에게 은사로 주지 아니하시겠느뇨." 그리고 "우리를 사랑하시는 이로 말미암아 우리가 넉넉히 이기느니라" 하였습니다. 여기에 사랑의 승리가 있는 것입니다. △

나는 섬기려 왔노라

열 제자가 듣고 그 두 형제에 대하여 분히 여기거늘 예수께서 제자들을 불러다가 가라사대 이방인의 집권자들이 저희를 임의로 주관하고 그 대인들이 저희에게 권세를 부리는 줄을 너희가 알거니와 너희 중에는 그렇지 아니하니 너희 중에 누구든지 크고자 하는 자는 너희를 섬기는 자가 되고 너희 중에 누구든지 으뜸이 되고자 하는 자는 너희 종이 되어야 하리라 인자가 온 것은 섬김을 받으려 함이 아니라 도리어 섬기려 하고 자기 목숨을 많은 사람의 대속물로 주려 함이니라

(마태복음 20 : 24 - 28)

나는 섬기려 왔노라

문학가 쉘 실버스타인의 작품 중에 「아낌없이 주는 나무」라고 하는 유명한 글이 있습니다. 그 일부를 소개합니다. 한 소년의 집 근처에 커다란 나무 한 그루가 있었습니다. 소년은 어린 시절 이 나무에 올라가 놀기도 하고 나뭇가지에 그네를 매어 타기도 하였습니다. 그 그늘에서 마냥 즐겁게 놀았습니다. 나무는 소년에게 이같은 놀이터를 제공한 것입니다. 소년은 자라나 그네는 타지 않게 되고 이제는 나무열매를 구하게 되었습니다. 다행히도 나무는 좋은 열매를 줄 수 있었습니다. 그래서 그 나무는 행복했습니다. 소년은 청년이 되었습니다. 집에 땔감이 필요했습니다. 나무는 말했습니다. 내 가지를 베어다가 불을 때라고. 소년은 이제 장년이 되었습니다. 돈을 벌어와야겠다고 나서려니 배가 필요했습니다. 나무는 말했습니다. 나의 몸통을 베어다가 배를 만들어 타고 목적지로 가라고. 그러고도 나무는 행복했습니다. 멀리 떠난 그는 한동안 돌아오지 않았습니다. 그가 백발노인이 되어 집에 돌아왔습니다. 나무는 밑동만 남아 있었습니다. 노인은 밑동에 걸터앉아 쉬었습니다. 이 글의 마지막은 이렇게 끝납니다. '나무는 너무나 행복하였습니다.'

여러분, 무엇을 생각하십니까? 인간을 가장 슬프게 하는 것이 무엇입니까. 삶의 목적을 모르는 것입니다. 왜 살아야 하는지를 모르고 있는 것입니다. 왜 세상에 내가 존재해야 하는지, 존재의 의미를 바로 모르고 있는 데 있습니다. 또하나는, 행복의 길을 모르고 있는 것입니다. 내가 그처럼 원하는 행복, 그 행복을 지향하는 길이 어디 있는지를 몰라서 그저 구름을 잡듯이 행복을 찾아 몸부림치고 헤매다가 그 많은 세월 다 흘러갔습니다. 영국속담에 재미있는 것이 있습니다. '하루 동안 행복하려면 이발을 하라. 일 주일 동안 행복하려거든 여행을 하라. 한 달 동안 행복하려거든 집을 사라. 일 년 동안 행복하려거든 결혼을 하라. 일평생 행복하려거든 이웃을 섬기라." 이웃을 섬기는 것, 바로 거기에 행복의 길이 있건만 우리에게는 대체로 섬김을 받으려 하는 마음뿐입니다. 섬김을 받으려 하는 한 여러분은 영영 행복할 수 없을 것입니다. 섬기는 마음으로 마음을 바꿀 때라야 비로소 자유할 수 있고 참행복을 경험하게 될 것입니다. 현대인은 그렇게도 불행에 시달리면서 불행의 원인을 모르고 있습니다. 내가 왜 불행한지를 모르고 있습니다. 영영 모르고 죽어갑니다. 빨리 생각을 고쳐야 하겠는데 고치지 못하고 허무한 생을 삽니다. 목적도 없습니다. 가장 불행할 수밖에 없는 길을 택했습니다. 그것은 극단적 이기주의입니다. 이기주의의 노예가 된 지 오래되었습니다. 그러나 아직도 그 길에 행복이 있을 거라고 착각하고 있습니다. 영영 불행할 수밖에 없습니다.

철학자 이마누엘 칸트의 「이기주의」라고 하는 논문이 있습니다. 그는 이기주의를 아주 철학적으로 설명합니다. 그것이 불행의 원인이 되고 있다는 것입니다. 첫째는 논리적 이기주의입니다. 자기의 판단은 언제나 옳다고 하는 생각입니다. 그것이 불행의 원인입니다. 나의 생각, 나의 이론은 항상 옳다고 생각합니다. 여러분, 일이 이렇게 되고보면 친구도 없습니다. 아무도 그를 존경하지 않습니다. 아무도 그를 따라주지 않습니다. 저는 가끔 결혼하는 젊은이들 보고 이런 얘기도 합니다. "이제 결혼하지? 잘난 체하지 마라. 그리고 50%는 양보하여라. 네 생각만 옳은 것이 아니다. 너만 잘난 것이 아니다. 50%는 스스로 굽힐 생각을 하고 출발하여라. 내 뜻만을 다 주장하고 '너는 나를 따르라' 하는 건방진 생각 가지고는 절대로 가정이 행복할 수 없다." 다시 말합니다. '왕따' 되는 사람이 어떤 사람입니까. 하나같이 제생각만 옳다는 사람들입니다. 그것이 불행의 씨앗입니다. 또하나는, 미학적 이기주의입니다. 자신의 심미적 취향에 만족하고 자기느낌을 항상 옳다고 여깁니다. 자기기분만 존중하고 자기의 생각, 자기의 감성을 절대화합니다. 바로 거기에 또다른 불행이 있습니다. 또하나는, 도덕적 이기주의입니다. 자기자신이 모든 행동의 목적과 중심이 되고 자기에게 유익하지 않은 일은 다 나쁘다고 생각합니다. 옳고그름의 객관적 기준이 있는 게 아니라 내가 기준이 되어서 내게 이익이 되면 이로운 것이요 내게 손해가 되면 다 악한 것이라고 단정합니다. 이런 사람은 영영 구제불능입니다. 불행에서 살다가 불행으로 끝날 수밖에 없는 것입니다.

오늘본문에 보면 예수님께서는 뚜렷한 목적을 가지고 오시고 사시고 죽으셨음을 알 수 있습니다. 섬기려 이 세상에 왔노라, 오로지 섬김을 위하여 살 것이다, 하십니다. 대속물로 주려 하신다는 말씀은 죽으심을 말씀하시는 것입니다. 섬기려 오시고 섬기며 사시고 섬김으로 죽으셨습니다. 확실하고 본래적인, 근본적인 목적이 있으셨던 것입니다. 그리고 그대로 사셨습니다. 섬기는 것, 디아코니아— 어떻습니까? 우리는 어느새 섬김을 받는 일에 익숙합니다. 섬김받는 자가 행복한 줄로 착각을 합니다. 유교적 문화가 늘 그렇습니다. 그것이 성공이요, 그것이 높은 자리인 줄로 생각하는데 사실은 그렇지 않습니다. 섬기는 것에 행복이 있습니다. 섬기는 자에게 확실한 행복이 보장되는 것입니다. 섬긴다는 것, 이것은 본래적이고 자발적이고 자원적이라야 합니다. 자발적이지 않은 것은 섬김이 아닙니다. 그리고 의도적이어야 합니다. 확실한 목적적 행위이어야 합니다. 다시 말하면 똑같은 행동인데 빼앗기는 일이 있고 주는 일이 있습니다. 내 마음으로부터 주면 '주는 것'이고 마음이 없이 주면 '빼앗기는 것'입니다. 물리적 행동에 문제가 있는 게 아닙니다. 내 마음의 자세에 문제가 있습니다. 그런데 빼앗기는 것이 아니고, 부득이한 것이 아니고, 숙명적인 것도 아니고, 또 무지함에서 오는 것도 아닙니다. 다 알고 하는 일입니다. 그것만이 섬김이 된다는 말씀입니다. 우리는 때때로 이런 소리를 합니다. "팔자다." 그저 체념을 합니다. 운명이다, 합니다. 운명적이라고 생각합니다. 이런 생은 섬김의 생이 아닙니다. 그런 생각으로는 한평생 좋은 일을 했다해도, 수절했다해도, 한평생 가정에 봉사했다고 해도, 그것은 섬김이 아닙니다. 그런 섬김에는 기쁨이 없고 행복이 없고 축복이 없습니다. 어떻게 살았느냐가 아니라 어떤 마음으로 살았느냐가 문제입니다. 진정으로 섬길 때 그 사람에게 기쁨이 있는 법입니다.

 스위스의 유명한 심리학자요 의사인 폴 투르니에는 많은 책을 썼습니다. 저도 이 분의 책을 거의 다 가지고 있고 또 즐겨 읽습니다. 그는 인간의 삶을 3단계로 간단하게 설명을 하는데, 깊은 의미가 있습니다. 첫째가 아동기라고 하는 어린아이 시절입니다. 어린아이 시절에 열망하는 바는 소유입니다. 먹는 것, 가지는 것만이 행복의 기준입니다. 보다 더 많은 것을 가지려고 합니다. 소유했을 때 좋아하고 제 손에서 떠나갈 때 웁니다. 이게 아동기적인 인간입니다. 두 번째는 청년기입니다. 이때는 경험에의 열망이 있습니다. 많은 지식을 얻고 많은 세계를 경험하고 많은 것을 체험하려듭니다. 경험에의 열망이 있어서 경험할 수 있을 때 그것이 행복인 줄 압니다. 경험하지 못할 때 불행이라고 생각을 합니다. 그래서 보다 더 많은 것을 경험, 체험하려고 하는, 자신의 세계를 넓게 확장하려 하는 그런 시절입니다. 세 번째는 인격에의 열망입니다. 장년기가 되면 이제는 행복이 소유에 있는 것도 아니고 체험에 있는 것도 아니라는 것을 알게 됩니다. 그것은 부질없는 것이다, 가져보아야 별것 아니다, 가지고 싶은대로 가질 수도 없다, 합니다. 또 가진다는 것이 도대체 무엇입니까. 체험한다고해서 그 체험이 어떻게 됩니까. 제가 제일 우습게 보는 것이 있습니다. 에베레스트같은 높은 산에 올라가서 깃발 하나 꽂아놓고는 "산을 정복했다"하고 소리지르는 것입니다. 누가 뭘 정복했습니까. 올라갔다 내려왔을 뿐입니다. 뭘 정복했다는 것입니까. 그리고 무슨무슨 지위에 한번 올라가보고, 권좌에 한번 올라가보고는 "나는 성공했다"하는데 뭘 성공했다는 얘기입니까. 다 부질없는 것입니다. 그런고로 이제 장년기에 들어서 깨닫는 것이 있습니다. 그것이 바로 '베푸는 것만이 남는 것이다' 하는 것입니다. 베푸는 것만이 남는 것이다, 행복은 베푸는 것에 있다, 소유하는 것이 아니라 주는 것이 행복이다, 소유하는 기쁨은 유치한 것이고 주는 기쁨이 영원한 것이다—이것을 깨닫고, 그리고 인생을 마치는 것입니다. 그런데 이것을 영영 깨닫지 못하고 죽어가는 불쌍한 사람이 많습니다. 거기에 슬픔이 있습니다.

　　예수님께서 말씀하십니다. 나는 섬기려 하고 내 목숨을 많은 사람의 대속물로 주려 함이니라—주는 것, giving이 목적이다, 하십니다. 생명을 주시고 사랑을 주시고, 특별히 예수 그리스도께로서 우리가 알아야 할 것은 뭐냐하면 당신의 의를 주신 것입니다. 물질을 받는 것, 그것은 대단한 것이 아닙니다. 대단한 것은 명예를 받고 의를 받는 것입니다. 의롭다 하심—그래서 우리가 죽을 대신 그가 죽으셨습니다. 우리를 살리기 위해서 그가 죽으십니다. 우리를 의롭다 하시기 위해서 그가 죄인이 되십니다. 의를 주셨습니다. 주시기 위하여 오셨습니다. 대신 죽으셨습니다. '주는 것도 좋고 베푸는 것도 좋지만 그래도 죽기 전에 어떻게 좀 알아주기라도 해야지'—우리는 이런 생각을 하기 쉽습니다. 누군가가 알아주기라도 하기를 바라는 마음이 있습니다. 이것도 실패입니다. 그 마음도 없어야 되는 것입니다. 여러분은 가정교육을 어떻게 생각하십니까? 자녀들이 말썽을 부립니까? 이제 한번 간단하게 생각해보십시오. 아낌없이 주십시오. 그러면 자녀들은 무럭무럭 저희 힘껏 자랍니다. 그런데 어딘가모르게 뭘 받으려는 마음이 있어서 문제입니다. 네가 공부 잘하고 좋은 대학에 떡 들어가야 내 체면이 살지, 합니다. 체면을 받겠다는 것입니다. 이렇게 뭔가를 받겠다는 마음이 딱 걸려 있기 때문에 당신도 불행하고 자식은 자식대로 곁길로 나가는 것입니다. 나는 그저 주노라, 아무 조건 없이 주노라, 그리고 죽노라, 해보십시오. 그러면 No problem. 내외간의 사랑도 그렇습니다. 나는 당신을 위하여 살고 당신을 위하여 죽노라, 해버리세요. 그러면 아무런 문제가 생기지 않습니다. 되돌려받으려고 하는 마음이 있어서 문제입니다. 손익계산 하느라고 바쁩니다. 나는 손해보았다, 합니다. 그렇게 계산하는 한 당신은 영영 불행에서 헤어나지 못합니다.

    우스운 얘기요 좀 극단적인 얘기입니다마는 강간과 사랑에 무슨 차이가 있는지 아십니까? 같은 행동입니다. 그런데 사랑하는 마음으로 대하면 그것이 사랑이고 사랑 없이 대하면 그게 강간입니다. 요새 한창 문제되는 것이 있지요. 성추행이니 성희롱이니 하는 것입니다. 요새 '희롱' 잘못하면 큰일납니다. 성희롱죄가 어디에 속합니까. 내가 존경하고 사랑하는 사람으로부터 성희롱을 받으면 그것을 애무라고 합니다. 그렇지를 않고 사랑이 없이 문제가 될 때 이게 바로 추행죄가 되는 것입니다. 결국은 어떤 마음이냐가 문제입니다. 사랑 없이 한평생을 한 남자와 살아놓고 마지막에는 이런 푸념 하는 여자도 있습다. "나는 일생동안 강간당하고 살았다." 보십시오. 마음을 바꾸면 이거야말로 가장 아름다운 생활인 것인데 마음을 닫고보니 그렇게 비참할 수가 없습니다. 이것을 알아야 합니다. 섬김, 거기에 행복이 있습니다. 빼앗긴다는 것과 준다는 것 사이는 종이 한 장 사이입니다. 요컨대 마음가짐입니다. 비록 내 자식에게 주는 것이라해도 기쁜 마음으로 '하나님께서 나에게 자녀를 주시고 하나님께서 나에게 은혜를 주시고 또 이렇게 줄 수 있는 대상이 내게 있으니 이 얼마나 좋은 일이냐. 그래그래, 가져라' 하고 주면 이게 사랑이 됩니다. 그러나 '어쩌다가 자식은 많이 낳아가지고 또 이렇게 빼앗기는고' 하고 강도만난 마음으로 죽어 있으면 진짜로 강도만납니다. 꼼짝없이 강도만납니다. 이런 당신의 일생이라면 구제불능입니다. 마음을 확 돌립시다. 베푸는 마음, 주는 마음, 섬기는 마음으로 내 마음을 바꾸면 세상이 딴판으로 아름다워질 수 있습니다. 이것을 알아야 합니다.

흔히 '그동안 모아둔 재산을 사회에 환원한다' 하는 내용의 기사를 신문에서 볼 때가 있습니다. '많은 돈을 세상에 환원하다'—대서 특필 합니다만 나는 그런 것 볼 때마다 마음이 참 언짢습니다. 어차피 못가지고 가는 거 내놨는데 그게 무슨 선행이 되겠습니까. 좀 진작에 내놨어야지. 모질게 움켜쥐고 있다가 이제 죽게 되니까 내놓는 것, 안내놔도 사회로 돌아갑니다. 어차피 자기것 안될 재산입니다. 좀더 일찍이, 내가 쓸 것, 내게 꼭 필요한 것, 나를 희생시키면서 내놓고 쓰고 섬기고 해야 이게 아름다운 일인데, 왜 사람들이 이렇습니까. 우리가 이 방면에 대해서는 너무도 잘못배웠습니다. 기독교인은 많은데 이걸 못배웠습니다, 아직도. 저도 여러 해 동안 외국가서 장학금 받아 공짜로 공부하였습니다. 빚을 많이 졌습니다. 어떻게 이 빚을 갚나, 해서 학교에서들 강의하러 오라고 할 때는 꼼짝못하고 시간을 내어 일주일씩도 갑니다마는, 제가 가서 공부할 때도 보니 학생의 98%가 장학금을 받습디다. 안경도 사주고 텔레비전도 사줍디다. 이런 공짜가 어디 있습니까. 그래주면서 '공부하라' 하는 것입니다. 그렇게 하고도 거기서 나올 때 "안녕"하고 맙디다. 갚아야 한다는 게 없습니다. 그런데 우리는 왜 이렇게 조건이 많습니까. 학교마다 유명한 학교들은 돈이 남아돌아갑니다. 장학금이 남아돌아서 '이걸 어떻게 쓰나?' 고민하는 것입니다. 또 학교가 아무나한테서 기부금 받는 것도 아닙니다. 이것이 아름다운 세상입니다. 돈을 쓸 줄 압디다. 그런데 우리는 벌 줄만 알지 쓸 줄은 모르는 편입니다. 줄 줄을 모르고 섬길 줄을 모르더니 결국은 망하고맙디다. 이 불행하지 않습니까. 깊이 생각하여야 합니다.

사도행전 20장 35절에도 예수님 말씀하신 바를 인용하여 말씀합니다. "주는 것이 받는 것보다 복이 있다." 재미있는 이야기가 있습니다. 페르시아 왕 퀴로스(Kyros)가 전쟁 중에 적국의 왕자와 그 아내와 아이들을 생포했습니다. 이제 재판을 해서 그들을 죽이려 합니다. 왕은 그 왕자 보고 이렇게 질문을 했습니다. "만일에 내가 그대를 죽이지 않고 풀어준다면 어떻게 하겠는고?" 그 왕자는 이렇게 대답합니다. "내가 가진 재산의 절반을 드리겠습니다." 퀴로스왕이 다시 "이 아이들을 놓아준다면 어떻게 하겠는고?" 하였더니 "내 재산 전부를 드리겠습니다" 합니다. "그대의 아내를 놓아준다면?" 이에 왕자는 이렇게 대답합니다. "내 생명을 드리겠습니다." 퀴로스왕은 놀랐습니다. 이렇게 아름다운 사랑이 있단말인가. 썩 감동하여 "다 풀어줘라" 하였습니다. 이제 그날밤 귀환하여 왕자는 축하파티를 합니다. 사랑하는 아내를 보고 말했습니다. "오늘 보니 퀴로스왕은 참 훌륭합디다. 내가 보니 참 미남입디다. 의젓하고 지혜롭고 훌륭합디다" 하고 말했습니다. "당신은 어떻게 생각하오?" 그의 아내는 이렇게 대답합니다. "저는 왕의 얼굴을 본 일이 없습니다." "그럼 무얼 봤소?" "나를 위하여 대신 죽겠다고 하는 한 남자를 보았습니다. 당신의 얼굴을 보느라 나는 다른 아무것도 볼 수가 없었습니다." 자못 아름다운 이야기입니다.

우리를 위하여 죽으신 예수 그리스도를 바라뵙고 거기에 초점을 맞추고—이것이 그리스도인의 생활입니다.

성도 여러분, 우리는 그리스도를 주로 고백할 뿐 아니라 그를 따르고 그를 본받고 그를 배웁니다. 특별히, 그가 어떻게 사셨는지, 어떻게 죽으셨는지, 얼마나 행복하셨는지, 그것을 배워야 합니다. 그것을 따라야 합니다. "내가 곧 길이요 진리요 생명이니" 하고 말씀하십니다. "나로 말미암지 않고는 아버지께로 올 자가 없느니라" 하십니다. 여러분, 주님이 우리 삶의 길입니다. 섬기려 왔노라, 하십니다. 그 길을 따라서만이 그가 누리던 행복을 누릴 수 있는 것입니다. 나는 섬기려 왔노라—예수님 친히 하시는 말씀에 귀를 기울입시다.

"한 알의 밀이 땅에 떨어져 죽지 아니하면 한 알 그대로 있고 죽으면 많은 열매를 맺느니라"하십니다(요 12:24). 그것이 주님의 말씀이요, 주님의 사시는 길이요, 주님의 행복입니다. △

주의 길을 예비하라

너희 하나님이 가라사대 너희는 위로하라 내 백성을 위로하라 너희는 정다이 예루살렘에 말하여 그것에게 외쳐 고하라 그 복역의 때가 끝났고 그 죄악의 사함을 입었느니라 그 모든 죄를 인하여 여호와의 손에서 배나 받았느니라 할지니라 외치는 자의 소리여 가로되 너희는 광야에서 여호와의 길을 예비하라 사막에서 우리 하나님의 대로를 평탄케 하라 골짜기마다 돋우어지며 산마다, 작은 산마다 낮이지며 고르지 않은 곳이 평탄케 되며 험한 곳이 평지가 될 것이요 여호와의 영광이 나타나고 모든 육체가 그것을 함께 보리라 대저 여호와의 입이 말씀하셨느니라

(이사야 40 : 1 - 5)

주의 길을 예비하라

옛 헬라철학자들 사이에서 전해지는 전설같은 이야기입니다. 한 장님이 친구집에 초대받아 늦도록 즐거운 시간을 보내고 일어나 집으로 돌아가기 위해 밤길을 나섭니다. 그를 초대했던 그 친구는 걱정이 되어 이 장님친구의 손에 등불을 들려주었습니다. "당신은 다른 사람을 보지 못해도 다른 사람은 이 등불을 볼 것이니 당신과 부딪치는 일이 없을 것이오." 장님친구는 그 등불을 손에 들고 길을 갑니다. 그런데 어느 골목에서 그만 어떤 사람과 되게 충돌하고 말았습니다. 장님은 버럭 역정을 냈습니다. "이 사람이 눈이 멀었나! 이 등불을 보고도 사람을 들이박다니, 뭘 보고 다니는 거야?" 상대방을 향하여 호통을 쳤습니다. 그러자 그 사람은 천연스럽게 대꾸합니다. "당신의 손에 있는 등은 이미 불이 꺼졌소." 여러분, 우리는 스스로가 보지 못하는 것도 문제이지만 보지 못하면서도 내 손에 있는 등불이 이미 꺼진 것조차도 모르고 있습니다. 매우 비참한 일입니다.

「가장 절망적일 때 가장 큰 희망이 온다」라고 하는 제목의 책이 있습니다. 잭 캔필드와 마크 빅터 한센이 공저로 내놓은 책인데 그 주제는 소망에 관한 것입니다. 많은 사람들의 어리석음을, 혹은 지혜를 모아서 몇마디로 정리해놓았습니다. '가장 큰 핸디캡은 공포다'라고 하였습니다. 우리가 무슨 일을 할 때 핸디캡이라고 하면 물리적이거나 경제적이거나 혹은 육체적인 핸디캡은 생각합니다마는 정신적 핸디캡은 생각하지 못합니다. 가장 큰 핸디캡은 용기가 없는 것입니다. '두려워하고 있다.' 용기가 없다면 아무것도 되지 않는 것입니다. '가장 좋은 날은 언제나 오늘이다.' 그런데 어리석은 사람은 그것이 어제라고 생각합니다. 또 어떤 사람은 먼훗날 어디엔가 좋은 날이 있을 거라고 생각합니다. 아닙니다. 다시한번 생각해봅시다. 가장 좋은 날은 항상 오늘이라는 것을 알아야 합니다. '가장 범하기 쉬운 것은 실수다. 가장 소용없는 재산은 자존심이다.' 자존심 지키느라고 여러분 수고 많이 합니다. 그러나 소용없는 수고입니다. 여러분이 가지고 그렇게 소중히 여기는 자존심, 그것이 망조입니다. 가장 소용없는 재산입니다. '가장 큰 실수는 자기자신을 포기하는 것이다. 가장 큰 장애는 이기주의다.' 무슨 일을 할 때 이기주의에 딱 걸려듭니다. 이기주의가 중간에 나서면 되는 일이 없습니다. 이것은 큰 장애물입니다. 사랑도 친구도 사회도 공부도, 심지어는 운동도 이기주의가 딱 작용을 하면 망조입니다. 이것은 큰 장애입니다. '큰 위안은 잘 끝을 내는 일이다. 가장 불쾌한 사람은 불평만을 말하는 사람이다.' 불평하는 사람 구제불능입니다. 그런 사람과 사귀다보면 나까지 아주 어지러워집니다. 불평하는 사람 가장 불쾌한 사람입니다. '가장 큰 파산은 열정을 잃어버리는 것이다. 가장 큰 필요는 상식이다.' 우리는 높은 지식을 원하지만 가장 필요한 것은 상식입니다. 상식에서 떠나기 때문에 문제가 생기는 것입니다. '가장 사악한 기분은 다른 사람의 성공을 질투하는 것이다.' 가장 못된 마음, 우리마음을 괴롭히는 가장 몹쓸것은 질투입니다. '가장 좋은 선물은 용서다.' 용서받는 것도 최고의 선물입니다. 남을 용서하는 것도 가장 큰 선물입니다. '가장 위대한 순간은 죽음이다. 가장 큰 지혜는 하나님이다. 이 세상에 가장 좋은 것은 사랑이다.' 그 책은 이렇게 그 사상을 정리하고 있습니다.

 오늘본문에 보면 하나님께서 이렇게 말씀하십니다. "내 백성을 위로하라." 어떻게? "복역의 때가 끝났고 그 죄악의 사함을 입었느니라" 말씀하시고 "여호와의 길을 예비하라" 말씀하십니다. 신약에서는 "주의 길을 예비하라" 하였습니다. 주의 길을 예비하라—이 무슨 뜻입니까. 다가오는 미래를 생각하라는 뜻입니다. 미래를 예비하라는 것입니다. 미래에 대하여 관심을 가지라는 말씀입니다. 현재와 미래, 생각할 때 우리는 현재에서 미래가 있다고 생각합니다. 과거에서 현재로 현재에서 미래로—이렇게 생각합니다마는 사실은 미래를 위해서 현재가 있는 것입니다. 미래란 하나님께서 주시는 것입니다. 그 미래를 위해서 현재가 있다는 것을 잊지 말아야 합니다. 좀더 나아가, 보이는 것과 보이지 않는 것, 이것을 생각할 때 우리는 보이는 대로 보이지 않는 것도 좌우된다고 생각을 합니다. 그렇지 않습니다. 보이지 않는 것에 의해서 보이는 것이 움직여지는 것입니다. 보이지 않는 것이 원인입니다. 보이지 않는 것이 결과요, 보이지 않는 것이 더 위대하고 큰 것입니다. 그런데 어리석은 사람은 보이는 것만 생각합니다. 보이지 않는 것은 소중히 여길 줄도 모르고 거기 관심을 가질 줄도 모릅니다. 지혜로운 사람은 언제나 보이지 않는 것을 보는 것보다 더 크게 생각합니다.

제가 결혼주례 할 때 말하는 것이 있습니다. "지금 이 자리에는 없지만 그대 두 사람 살아가는 중에 태어날 자녀를 생각해보자. 또 그 후손도 생각해보자. 지금은 신랑 신부이지만 좀 있으면 아빠 엄마가 되고 그 다음에는 할아버지 할머니도 된다. 그때를 생각하고 오늘을 살아가야 한다." 이것이 중요합니다. 순간만 생각하기 때문에 사람들이 잘못되는 것입니다. 보이지 않는 것, 지금은 보이지 않는 저 미래를 보는듯이 생각하는 것, 그게 곧 믿음입니다. 그래서 히브리서에서는 신앙을 이렇게 정리하고 있는 것입니다. "믿음은 바라는 것들의 실상이요 보지 못하는 것들의 증거니(히 11:1)"라고. 그것이 믿음입니다. 미래가 더 큰 것입니다. 현재에 의해서 미래가 있는 것이 아니라 미래에 의해서 현재가 있습니다. 현재에 의해서 미래를 보는 학문을 미래학, futurology라고 합니다. 그런데 재미있는 것이 있습니다. 많은 미래학자들이 글을 씁니다. 미래학분야의 책이 많은데 누가 그에 대하여 이렇게 비판하는 글도 썼습니다. '미래학자의 예언치고 맞는 일이 하나도 없다. 그러나 미래학자들의 말을 사람들은 믿는다.' 그것이 인간의 어리석음입니다. 왜냐하면 미래학이란 과거로부터 현재로, 현재로부터 미래를 생각합니다. 그러나 종말론이라는 것, eschatology는 먼저 하나님께서 주시는 미래를 생각합니다. 하나님의 말씀에 있는 미래를 생각하고 그 미래로부터 현재를 생각합니다. 그것이 종말론이요 바른 신앙입니다. 예비한다는 말이 있습니다. 준비한다, 예비한다, 그것은 현재에 있으면서 미래를 생각하는 것입니다. 저녁에 살면서 아침을 생각하는 것입니다. 금년에 살면서 내년을 생각하는 것입니다. 이 미래를 생각하는 마음, 그것이 예비한다는 것입니다. 그런가하면 미래에 대한 확실한 것을 믿어야 합니다. 중요한 것은 이것입니다. 내가 믿거나말거나 미래는 다가올 것입니다. 그러나 더 중요한 것은 다가오는 미래에 대한 믿음을 가져야 한다는 것입니다. 그것도 가장 확실한 문제에 대해서. 결정적 미래에 대해서는 양보가 있을 수 없습니다. 그대로 받아들여야 합니다. 받아들이면서 오늘을 생각합니다. 미래를 위해서 오늘을 사는 것, 바로 그것이 지혜요, 그것이 신앙생활입니다.

이곳 한양아파트 앞에 가면 '로데오거리' 라고 하는 데가 있는데 저녁에 거기 가보면 굉장합니다. 내가 알기에 서른넘은 사람은 갈 데가 못됩니다. 맨 젊은이들만 와글와글합니다. 제가 그곳 어느 찻집에를 들어갔다가 휘 돌아보고 낯뜨거워서 앉아 있을 수가 없었습니다. 조금 나이든 사람이 거기 들어가면 나가달라고 부탁을 한다는 것입니다. 영업 안된다고. 제가 그 젊은이들의 거리를 한바퀴 돌아보면서 이런 생각을 했습니다. 좀 나쁜 생각이지만 '너희들도 두고 봐라 이제. 그 젊은이때가 그대로 항상 있을 줄 아느냐. 너희 젊음이 항상 있는 줄 아나, 시간문제다, 그건. 나도 너희들때가 있었다.' 이것을 알아야 됩니다. 젊음이라는 것이 항상 있는 게 아니거든요. 항상 있는 줄로 착각하는 젊은이라면 멍청한 젊은이지요. 소년은 장년을 생각하고 장년은 노년을 생각하는 것입니다. 산 사람은 죽는 시간을 생각하고 살아야 합니다. 이걸 생각하지 못한다면 바보 중에도 바보입니다. 인간이 그게 동물과 다른 것입니다. 동물과 다르다는 게 바로 여기에 있는 것입니다. 시작이 있다면 끝이 있을 것 아닙니까. 대학에 입학했으면 졸업을 생각해야 될 것 아닙니까. 흔히들 말하는 '인기학과' 라는 게 무엇입니까. 공부가 재미있다고요? 그게 아닙니다. 졸업한 다음에 취직이 잘되느냐 안되느냐에 따르는 것입니다. 입학하면서부터 취직을 생각합니다. 취직도 안되는 과목 해서 뭘하노, 합니다. 그 공부 해가지고 누굴 굶어죽이려고, 합니다. 벌써 입학하면서부터 졸업하면 앞으로 한평생 무엇을 하느냐, 생각을 해야 하지 않습니까. 그냥 좌우간 입학이나 하고 볼 거다, 부정입학이든 뭐든 입학하고 볼 거다, 합니다. 요새 그 무슨 부정입학 했다는 얘기 들을 때마다 나는 그 부모들을 한번 만나보고 싶습니다. 그런 멍청한 부모가 어디 있단말입니까. 아이가 일생동안 그걸 괴로워하고 살 것이라는 것을 생각못합니다. 자기자식에게 단 한 번도 진실하라, 공부하라, 하는 말은 한마디도 못하는 이런 바보를 만들 것인데 말입니다. 거기에다 돈을 몇억씩이나 내고 입학을 시킨 것입니다. 참 이렇게도 어리석을 수가 있습니까. 이것을 생각해보십시오. 미래를 예비하는 것입니다. 다가오는 미래를 위하여 예비하는 마음이 있어야 합니다.

예비한다는 것은 몸은 현재에 있으나 생각은 벌써 앞에 가 있다는 것입니다. 저 먼 앞에까지 가서 생각을 하는 것입니다. 예수님께서 주신 메시지, 특별히 그 많은 비유들은 전부가 종말론적인 것입니다. 종말론적으로 말씀하신 것입니다. 대표적인 비유가 열 처녀 비유 같은 것들입니다. 신부가 신랑을 위해서 준비한다, 처녀이면 결혼하고, 결혼하면 신랑을 위해서 내가 무엇을 할 것인가, 지금 미리 준비해야 된다는 것입니다. 그것이 바로 신앙입니다.

성경에 보면 참 유감스럽게도 어처구니없는 아이러니가 있습니다. 예수님당시의 유대사람들사상을 단 한마디로 말하면 Messianic expectation, 메시야대망사상입니다. 유대사람들의 모든 철학과 종교 신앙은 거기에 집중되어 있었습니다. 메시야가 오신다, 메시야의 나라가 온다—이것을 전문적으로 연구하고 가르치는 사람이 제사장, 바리새인, 서기관들이었습니다. 그런데 예수님께서 오셨습니다. 오시고나니 그들은 예수님을 십자가에 못박고 말았습니다. 이런 어처구니없는 아이러니가 있는 것입니다. 왜 이런 일이 있었을 것같습니까. 저들은 그리스도를 통해서 자기소원을 이루려고 했습니다. 나는 부동자세입니다. 내 욕망, 내 처지는 그대로인 현재라고 하는 직선상에서 메시야를 맞으려고 했습니다. 내 소원, 내 욕망을 그대로 두고 거기에 집착하면서 예수님을 맞았는데 예수님이 내 마음에 들지 않습니다. 메시야가 내 마음에 안듭니다. 결국은 예수님을 십자가에 못박고 말았습니다. 과거와 현재에 집착하고 있는 사람, 자기자신을 비울 줄 모르는 사람은 예수를 믿어도, 예수를 위하여 열심을 내어도 마찬가지입니다. 그는 참으로 예수를 영접할 수가 없습니다.

예수님 친히 말씀하시기를 나를 따라오려거든 자기십자가를 지고 나를 좇을 것이니라, 하십니다. 자기를 부인하고 자기십자가를 지고 나를 좇으라, 이 세 가지로 말씀하십니다(마 16:24). 먼저, 자기를 비우라, 자기를 부인하라, 하십니다. 자기십자가 무엇입니까. 십자가는 곧 죽음입니다. 나 자신을 죽여버리고 나 자신의 고집, 나 자신의 철학, 나 자신의 과거, 절망, 교만 할것없이 나 자신이라고 하는 존재를 완전히 십자가에 못박아 죽여버리고, 그리고 나를 좇으라, 하심입니다. 이것이 예수님께서 말씀하시는 확실한 메시지입니다.

오늘성경에서 우리는 봅니다. "예비하라." 무엇을 예비합니까. 대로, 큰길을 준비하라, 하십니다. 영어로 번역할 때는 주로 하이웨이라고 합니다. 고속도로입니다. 무릇 길이라는 것이 참 중요합니다. 좋은 길, 그러면 가기가 얼마나 편합니까. 제가 저 북녘땅에 갔을 때, 비포장도로가 많아서 좀 튼튼한 차를 가지고 갔습니다마는 가다가 펑크가 났습니다. 스페어 타이어를 갈아끼웠습니다. 그것이 또 펑크가 났습니다. 내 일생에 스페어 타이어까지 펑크나는 것은 처음 겪어보았습니다. 그래 가도오도 못하는 것입니다, 이 지경으로는. 이런 덜컹거리는 길을 달린다는 게 이렇듯 힘든다는 것입니다. 자동차가 좋으면 뭐합니까. 다 망가지고 맙니다. 그런데 이렇게 험한 길 다니다가 고속도로, 포장된 도로에 딱 나서면 운전하시는 분들 얼마나 좋습니까. 그 기분이야 이루 말도 못합니다. 그때마다 저는 주의 길을 예비하라, 하신 말씀을 생각합니다. 길이라는 게 이렇게도 중요한 것이구나, 합니다. 여러분의 마음속에도 고속도로가 있는 사람이 있습니다. 마음이 활짝 열리고 마음에 주의 길이 예비된 사람, 한 말씀 한 말씀이 그대로 마음속에 들어오는 사람, 이런 사람은 귀한 열매를 맺습니다. 그러나 마음속에 장애물이 많아서, 마음이 돌짝밭과 같아서 도대체 말씀을 바로 받아들이지를 못하는 사람이 있습니다. 이런 사람, 참으로 힘든 사람입니다. 저는 한 40년 신학대학에서 강의를 하고 있습니다마는 제가 강의할 때 좀 엄하게 하는 일이 하나 있습니다. "내가 강의하는 동안 중간에 질문하지 마라. 내 강의 다 들어두고 집에 가서 생각해보고 다음에 와서 질문을 하라" 합니다. 왜요? 듣는 도중에 마음에 의심이 생겨서 "교수님!" 해가지고 물어보고 하면 여러 사람에게 방해가 될 뿐더러 나도 강의하다가 헷갈리고 너 자신이 손해를 보는 거다, 지금 들을 때는 이 말씀이 진리라고 생각하고, 100% 옳다고 생각하고 그냥 들어두어라, 합니다. 그게 중요한 것입니다. 여러분은 말씀들을 때 어떤 자세로 듣습니까? 마음을 활짝 열어 고속도로가 되어 있고 아무 장애물이 없어 말씀이 그냥 들어와야 됩니다.

또 말씀하십니다. "골짜기마다 돋우어지며 산마다, 작은 산마다 낮아지며…" 교만한 사람은 낮추어 겸손하게 하고 절망하는 사람은 소망을 가지라, 평정해서, 여기서 고속도로를 만들어서 주님을 영접하라, 하는 말씀입니다. 그리고 '대로'라고 한 것은 즉시 받아들인다고 하는 뜻에서입니다. 천천히 받아들이는 게 아니라 그대로 확 들어오도록 받아들이라, 하는 뜻입니다. 마르틴 루터의 설교 중에 재미있는 예화가 있습니다. 어느날 사단이 사람들을 미혹시키려고 부하들을 세상에 파송하는 자리에서 훈시하는 중에 이렇게 질문을 합니다. "가서 어떻게 해야 많은 사람을 유혹해서 지옥으로 끌고오겠느냐?" 한 부하가 말하기를 "나는 하나님이 안계시다고 돌아가면서 얘기하겠습니다"하니 사단은 "그건 오래전부터 해먹은 수법이다. 그 방법으로는 안된다"합니다. 다른 한 사단이 "나는 돌아가면서 지옥이 없다고 말하겠습니다. 그러면 사람들이 죄를 많이 지을 것같습니다"라고 말하자 사단은 씩 웃고 말합니다. "그렇지 않아도 지옥을 안 믿어." "그러면 고난을 주겠습니다. 고통을 많이 주어야 되겠습니다." "고통을 주면 그 사람들 순교하고, 그리스도의 이름으로 욕을 당한다고 더 기뻐한다." "그러면 어떻게 하면 좋습니까?" 사단은 이렇게 지시합니다. 가서 그냥 이렇게만 말해라. '서둘 것 없소. 천천히 예수믿으시오'라고. 천천히—누구나 생각은 합니다. 그런데 천천히입니다. 그러다가 세월 다 가는 것입니다. 선한 일도 천천히, 뭐든지 좀 후에, 조금 더 있다가—바로 이것이 예비되지 아니한 마음입니다. 예비된 마음이라면 들으면서 바로 받아들입니다. 즉시 받아들이고 즉시 순종합니다. 그에게만 구원의 역사가 있습니다.

특별히 성경에는 말씀하십니다. "여호와의 길을 예비하라." 그리고 주님의 속성에 대해서 말씀하십니다. 주의 길을 예비하라—내 길이 아닙니다. 주의 길입니다. 엘마 레더맨이라고 하는 분은 보험 세일즈를 아주 독보적으로 잘하는 사람입니다. 그래서 큰 부자가 되었습니다. "어떻게 보험을 세일합니까? 성공비결이 뭡니까?" 사람들이 물었습니다. 그는 이렇게 대답하였습니다. "내가 한 사람을 만나려 할 때는 그 사람을 위해서 일 주일 동안 준비합니다. 그 과거가 어떤지, 그 가정이 어떤지, 처지가 어떤지, 다 연구를 해가지고, 속속들이 알아가지고 만납니다. 만나면 '당신을 위해서는 이러이러한 것이 필요합니다' 라고 말합니다." 준비하는 것입니다. 준비 없이 무작정 길가는 사람잡고 보험들라 해서는 일이 되지 않는 것입니다. 우리가 주님을 맞이하려면 주님을 위해서 많은 준비를 하여야 됩니다. 많은 성경지식을 얻고, 내 마음을 비우고 맞이하여야 됩니다. 예수님당시에 그렇게도 많은 사람이 메시야를 기다렸으면서 정작 오시니까 예수님을 박해하였습니다. 그렇게도 소원하면서 예비된 마음이 없었기 때문입니다. 마음의 빈 그릇이 없었기 때문입니다. 여러분, 오물이 가득한 더러운 그릇에 무엇을 담을 수 있겠습니까. 금년 성탄에 우리는 마음을 비웁시다. 절망이든 교만이든 성공이든 실패든 다 버립시다. 작은 성공이 큰 미래를 망칩니다. 깨끗이 비워버립시다. 아주 어린아이의 마음으로 돌아가서 주의 길을 예비하고 오시는 주님을 영접할 수 있는 가장 소중한, 가장 큰 기적이 나타나는 성탄이 될 수 있기를 바랍니다. △